《竞新集 2020》编委会

主　编：刘　炜

副主编：李晓延

编　委：徐咏梅　蔡　芬　王秀花　沈玉洁

　　　　马晓玲

竞新集

2020

宁夏职业技术学院
宁夏开放大学
教科研论文精选

刘 炜/主编

黄河出版传媒集团
阳光出版社

图书在版编目(CIP)数据

竞新集. 2020 / 刘炜主编. -- 银川：阳光出版社，
2021.5

ISBN 978-7-5525-5888-3

I.①竞… II.①刘… III.①高等职业教育—宁夏—文
集②远程教育—宁夏—文集 IV.①G718.5-53 ②G728-53

中国版本图书馆 CIP 数据核字（2021）第 093833 号

竞新集 2020

宁夏职业技术学院、宁夏开放大学教科研论文精选 　　　　　　　刘　炜　主编

责任编辑 李少敏
封面设计 张亚静
责任印制 岳建宁

黄河出版传媒集团
阳 光 出 版 社 出版发行

地　　址 宁夏银川市北京东路 139 号出版大厦（750001）
网　　址 http://www.ygchbs.com
网上书店 http://shop129132959.taobao.com
电子信箱 yangguangchubanshe@163.com
邮购电话 0951-5047283
经　　销 全国新华书店
印刷装订 宁夏银报智能印刷科技有限公司
印刷委托书号 （宁)0022102

开　　本 787mm×1092mm 1/16
印　　张 19.75
字　　数 330 千字
版　　次 2021 年 6 月第 1 版
印　　次 2021 年 11 月第 1 次印刷
书　　号 ISBN 978-7-5525-5888-3

定　　价 38.00 元

目录

竞新集 2020

应用研究（农科）

其他研究

竞新集 2020

管理方略

教育为何能阻断贫困代际传递 *

李晓延

摘要:在实施教育精准脱贫政策的实践中,习近平总书记既强调要通过"扶教育之贫"来推动贫困地区教育事业优先与快速发展,办人民满意的教育;也高度重视要"靠教育扶贫",使教育成为为脱贫攻坚与全面建成小康社会提供强大人才支持与智力支撑的"母机"与"基地"。

关键词:教育;贫困;代际传递

作者简介:李晓延,宁夏职业技术学院、宁夏广播电视大学副校长。
* 本文发表于《人民论坛》2017年10月下期。

习近平总书记高瞻远瞩地指出,"让贫困地区的孩子们接受良好教育,是扶贫开发的重要任务,也是阻断贫困代际传递的重要途径"。在这里,教育被赋予为阻断贫困代际传递做出更大更好贡献的历史新使命。教育的历史新使命具有内在科学逻辑,客观上要求我们提高认识、明晰路径、切实推进。

一、教育精准扶贫的内在科学逻辑

从社会学、教育学、人类学等角度看,代际贫困实际上属于代际继承效应的一种,主要是指在物质匮乏、资源短缺、教育不足、自身努力不够等条件下,贫困在代与代之间不断"遗传",以致不能有效消除贫困传递。研读习近平总书记关于教育的新论断、新观点、新思想,就可看出他的众多科学论述特别是关于教育精准扶贫的论述深刻揭示了教育在阻断贫困代际传递时所具有的积极能动作用与巨大价值。

教育具有育民启民的巨大功能与价值,因此要坚持"治贫先治愚"。从历史与现实的角度看,贫困地区贫困家庭孩子因经济、文化、教育等影响而不能得到良好启蒙,在"贫困文化"与"贫困环境"中形成胆怯自卑、怕生怕事、自立精神不足等不良习惯并影响到其一生成长发展,造成贫困代际传递。对此现象,习近平总书记在《摆脱贫困》中明确提出扶贫脱贫一定要克服只从经济单向度认识贫困的局限,而要通过改变人的意识与行为来彻底摆脱贫困,这就是著名的"弱鸟先飞"意识、"滴水石穿"精神、"治贫先治愚""扶贫先扶志"等思想的由来。正是在充分看到教育对人类个体具有的精神启蒙、思想启迪、习惯养成、智力发育等巨大价值的基础上,习近平总书记在领导全国脱贫攻坚时反复强调:"要紧紧扭住教育这个脱贫致富的根本之策,再穷不能穷教育,再穷不能穷孩子。"

教育具有安民富民的巨大功能与价值,因此要坚持"扶贫必扶智"。在准确观察、深入思考、不断探索彻底摆脱贫困的理论与实践中,习近平总书记极为敏锐地发现贫困家庭特别是代际贫困的成因除物质因素外,还有着文化、精神因素——文化、精神贫困也是贫困的具体表现之一,并常常还是造成物质贫困的重要原因。因此,他一再强调要在脱贫攻坚中坚持"扶贫必扶智""治贫先治愚"的发展原则与战略思路。显然,"扶贫必扶智""治贫先治愚"的逻辑前提是优先发展教育,而优先发展教育的必然结果就是增强人口特别是贫困人口的科学文化素质,使其成为有知识、有文化、有技能的劳动者,进而靠知识、凭技能来摆脱贫困、迈向幸福生活。这实际上就是人们说的可通过"富脑袋"来实现"富口袋"。

教育具有化民强民的巨大功能与价值,因此要坚持"扶贫先扶志"。国外曾有《贫穷的本质》(*Poor Economics*)一书,分析指出贫穷者有时虽比富裕者付出了更多心血,但收益往往比不上富裕者。究其原因,这与贫困者受教育程度较低所导致的视野不广、素质不高、能力不强、判断不准等因素有关。就是说,贫困者常常是因"贫困的脑袋"造成了"贫困的口袋"。这一现象的存在告诉我们在消除贫困时既应加大外部"输血",更要重视内部"造血"。正是基于这一辩证认识与科学分析,习近平总书记一再强调要通过发展教育来不断激发贫困地区的人民群众通过自强不息、自力更生、艰苦奋斗来摆脱贫困,这就是"扶贫先扶志"的真正内涵。如此看来,通过教育特别是价值观念、艰苦奋斗、战胜困难等精神文化的教育,可有效调动贫困人口摆脱贫困的内生动力,使其迈向小康。

概括看,由于以项目、资金等为主要手段与途径的扶贫脱贫多属"授人以鱼",虽常有直接效应,但缺乏持久长远的功效。而具有开发人、发展人、完善人作用的教育虽对扶贫脱贫无直接效应,但更具持久性、长久性而属"授人以渔",因而就成为消除贫困与阻断贫困代际传递的最有效途径与最重要方式。这就是习近平总书记"治贫先治愚""扶贫必扶智""扶贫先扶志"的教育精准扶贫观的内在科学逻辑。

二、关于推进教育精准扶贫的路径规划

一方面,要以倾斜政策切实帮扶贫困地区教育事业优先发展,实现"扶教育之贫"之目的。鉴于教育在民族振兴、国家富裕、家庭幸福、个体发展各方面具有的巨大价值,特别是在扶贫脱贫攻坚中的积极能动功能,习近平总书记一再强调要以积极措施、倾斜政策来加快贫困地区教育发展步伐,要坚持以贫困人口文化素质的提高来实现持久性脱贫。

就现阶段我国教育发展现实情况看,贫困地区特别是集中连片特困地区的教育短板主要表现在学前教育与高等教育两方面。在学前教育领域,在推动脱贫攻坚中要真正实现"扶教育之贫",就应在已有"学前教育三年行动计划"取得明显成效的基础上,继续组织实施贫困地区农村学前教育普及工程,并通过加大公共财政投入、强化政府购买农村学前教育服务行为、有效激发社会力量办园积极性、大力鼓励慈善机构设立救助性幼儿园等多种政策与措施,促进贫困地区农村学前教育发展提高,有效缩小与城市(镇)和发达地区的差距。在高等教育领域,在教育精准扶贫中除承袭已有东西部高校对口帮扶、省部共建等支持政策外,还要积极通过办学体制机制的创新,实现《中西部高等教育振兴计划(2012—2020 年)》提出的发展目标,真正推动"扶中西部高等教育之贫"目标的实现。

另一方面,要以结构调整来推动贫困地区教育事业科学发展,实现"靠教育扶贫"之目的。在实施教育精准脱贫政策的实践中,习近平总书记既强调要通过"扶教育之贫"来推动贫困地区教育事业优先与快速发展,办人民满意的教育;也高度重视要"靠教育扶贫",使教育成为为脱贫攻坚与全面建成小康社会提供强大人才支持与智力支撑的"母机"与"基地"。教育要为脱贫攻坚做贡献,就要优化结构、激发活力。

具体来看,习近平总书记关于"靠教育扶贫"政策行动路径的论述主要有以下几点:第一,要加大对职业教育的扶持力度。由于职业教育侧重于技能传递从而使受教育者掌握一技之长并进而实现"使无业者有业,使有业者乐业"之目的,因此其在帮助贫困人群摆脱不利处境时具有普通教育难以比拟的直接经济效应。第二,要不断提高教育质量,为脱贫攻坚提供强大人才支持。习近平总书记在北京市八一学校座谈时就明确指出,"基础教育要树立强烈的人才

观,大力推进素质教育,鼓励学校办出特色,鼓励教师教出风格"。对职业教育,他曾专门作出重要指示,要求"营造人人皆可成才、人人尽展其才的良好环境,努力培养数以亿计的高素质劳动者和技术技能人才"。第三,要加强理想信念教育,为脱贫攻坚提供强大精神支撑。在《摆脱贫困》一书中,习近平总书记深刻地、具体地分析了两种"精神"贫困现象——"意识和思路的贫困"与"信念和信心的贫困",并明确指出一个地区、一个家庭要想彻底摆脱经济(物质)上的贫困,就必须先通过教育来摆脱"意识和思路的贫困"与"信念和信心的贫困"。这一论述,启迪我们在教育改革发展与脱贫攻坚实践中必须加强对处境不利人群价值观和理想信念方面的教育。

习近平总书记指出,"教育决定着人类的今天,也决定着人类的未来",这一论断深刻阐释了教育对人类社会发展的重要价值。同样,教育对贫困地区的贫困人口彻底摆脱贫困也具有决定性作用。因为只有教育才能改变人、发展人、提高人、完善人与成就人,通过"授人以渔"来持久性地改变处境不利人群的生存发展状态,使之最终摆脱贫困。

参考文献
[1]习近平.摆脱贫困[M].福州:福建人民出版社,2014.
[2]习近平论扶贫工作——十八大以来重要论述摘编[J].党建,2015(12).

宁夏高等职业教育国际化发展现状与思考 *

纳 嵘 段 言

摘要:"一带一路"倡议的提出,为我国高等职业教育国际化带来了重要的发展机遇。本文回顾了我国高等职业教育国际化发展的相关研究,在分析宁夏高等职业教育国际化现状的基础上,提出了国际化发展的思路与建议,以促进宁夏高职院校提升国际交流与合作水平,扩大国际影响力。

关键词:高等职业教育;国际化;思考

作者简介:纳嵘(1983—),女,回族,宁夏银川人,硕士,讲师,研究方向为高等职业教育教学和畜牧善医。
* 本文为宁夏哲学社会科学(教育学)规划课题"宁夏高等职业教育国际化发展研究"(17NXJC05)成果,发表于《教育现代化》2019年第90期。

据《2019中国高等职业教育质量年度报告》统计数据,2018年高职院校全日制来华留学生规模达1.7万人,比2017年增长近50%,是2016年的2.4倍。随着我国职业教育国际化水平的不断提升,我国每年有400多名高职院校教师在境外进行教育教学、指导相关企业进行技术研发与生产等;高职院校中外合作办学机构和相关合作办学项目也逐年增加,安排学生境外实习实训、交流学习规模逐年扩大[1]。

一、我国高等职业教育国际化发展现状

2014年,教育部等六部门印发《现代职业教育体系建设规划(2014—2020年)》,提出要鼓励优质职业院校走出去,扩大我国职业教育的对外影响力[2]。2016年,教育部印发《推进共建"一带一路"教育行动》,明确提出我国的职业教育应积极主动与"一带一路"沿线国家开展教育交流与合作,充分发挥职业教育为"一带一路"建设提供人才智力支撑、促进民心相通的作用。

2019年,中共中央、国务院印发《中国教育现代化2035》,提出要开创我国教育对外开放的新格局;全面提升教育国际交流合作水平,扎实推进"一带一路"教育行动。同时,根据教育部、财政部《关于实施中国特色高水平高职学校和专业建设计划的意见》精神,到2035年,要建设一批高水平高职学校和专业群,实现职业教育现代化。在上述背景下,我国职业教育国际化发展意义重大。

二、宁夏高等职业教育国际化发展现状

2016 年,教育部与宁夏人民政府在京举行工作会谈,签署《"一带一路"教育行动合作备忘录》,为宁夏高等职业教育国际化发展奠定了基础。宁夏回族自治区党委在《关于融入"一带一路"加快开放宁夏建设的意见》中提出,要实施高等院校"国际化提升工程",提升宁夏高等教育国际化水平。中阿博览会也为宁夏高职院校与阿拉伯国家间交流合作提供了良好的合作平台,各高职院校正在不断加大与阿拉伯国家高等职业教育国际化合作的深度和广度。

2016 年,宁夏职业技术学院获批成为宁夏回族自治区第一所具有留学生培养资质的高职院校,正式启动了阿曼苏丹国杜古姆经济特区中国产业园阿曼籍员工培养计划,由宁夏职业技术学院承担阿曼在产业园区工作人员学历教育和培训教育任务。按照中、阿两国签署的协议,中方对产业园中中国企业所雇佣的阿曼籍员工进行为期两年的职业培训和学历教育,主要涉及经济管理、可再生能源、建筑材料、石油设备、石油化工、计算机应用技术 6 个专业。2017 年 3 月,学校招收了首批 38 名阿曼留学生,目前已经圆满完成学业。第二批择优录取的30 名阿曼留学生已于 2018 年 9 月入校学习。学校制定了一系列留学生管理制度,保证了高质量完成留学生培养工作。学校不断深化与香港、台湾等地区职业教育院校的合作,通过专业共建、教师进修和选派学生赴台接受专业教育等方式,创新了专业人才培养模式。学校陆续与德国、日本、阿曼等国家的院校开展互访,洽谈相关教育合作事宜[3-4]。

2017 年,宁夏民族职业技术学院与澳大利亚职业教育国际合作联盟建立合作关系,澳方同意宁夏民族职业技术学院每年选派一定数量的优秀在校生采取2+2 的模式(前两年在宁夏学习,后两年到澳大利亚学习)到澳大利亚留学,获得澳大利亚本科学历。

宁夏建设职业技术学院与台湾朝阳科技大学举行了 2019 年海峡两岸大学生文化交流活动,2018 年派出 10 名骨干教师赴德国柏林和杜塞尔多夫参加装配式节能建筑技术发展与高技能人才培养培训。2017 年,宁夏葡萄酒与防沙治沙职业技术学院举行法国戛法葡萄酒学院宁夏分校区揭牌仪式暨技能型葡萄酒人才培养国际论坛,与法国戛法葡萄酒学院开展合作办学,共同培养高素质的葡萄酒技术技能人才。2018 年,宁夏警官职业学院接待约旦出入境及证件管理研

修班一行参观信息与安防工程系网络攻防实验室建设,这是宁夏举办的首个警务工作国际交流培训班。

中阿博览会举办以来,宁夏高等职业教育国际化有了较大发展,但与发达地区相比还存在巨大差距。从《2019中国高等职业教育质量年度报告》"2018年高职院校国际影响力50强"的统计数据来看,中西部地区的高职院校与东部发达地区相比,国际化意识还比较欠缺。宁夏的高等职业教育发展历史不长、经济基础相对薄弱,高职院校国际交流与合作起步较晚,国际影响力相对较弱,院校之间国际化发展状况也不平衡,说明在国际化发展过程中,仍然存在着比较严峻的问题。

三、宁夏高等职业教育国际化发展的思路与建议

1. 政府参与顶层设计,健全政策支持和保障体系

针对当前宁夏高等职业教育国际合作规模小的问题,宁夏职业教育主管部门应加大政策支持力度,提供政策方面的支持,为宁夏高职院校搭建国际合作交流的平台。健全的政策支持和保障体系是提升宁夏高等职业教育国际化水平的外部力量,也是提升我国职业教育国际化办学水平和国际竞争力的重要保障。

2. 职业院校加强自身建设,提升国际化发展水平

第一,搭建国际交流与合作平台。职业院校应结合自身办学特色和学科发展优势,制订符合国际化发展要求的人才培养计划,加快与具有国际影响力的企业进行校企合作,支持并鼓励学生出国交流学习及提升学历,加快推进留学生教育和管理工作,不断提高院校自身的国际化发展水平。职业院校可通过院校之间交流互访,学习借鉴国内外职业院校推进职业教育国际化的路径和具体措施,并结合本区域的具体情况,探索适应本地区、本校的国际化发展模式。同时政府也应加大对职业教育国际交流项目的政策支持和经费投入,完善职业院校国际化人才培养的政策和制度,建立多元化跨国(境)交流合作平台,促进职业院校的国际化发展。

第二,培养国际化技术技能人才。国际化技术技能人才须具有国际意识、国际文化背景、国际交往能力和国际化知识、能力、素质。职业院校应以培养国际化高素质技术技能型人才为目标,加强与"一带一路"沿线国家产业以及行业合作,

建立完善国际化技术技能人才培养标准，共同开发国际化培训项目，帮助学生拓宽国际化就业路径。在学历教育合作的基础上，职业院校还可通过短期游学、校际活动、科研项目合作和参加国际技能大赛等方式，为学生创造跨国学习和交流的机会。随着来华留学生数量的逐年增加，越来越多的留学生选择进入职业院校学习并提升技能，职业院校应将留学生管理服务作为学校国际化发展的重要组成部分，为留学生制订专业人才培养计划，设立专门的留学生管理人员，并建立完善留学生管理制度[5]。

第三，培养国际化师资队伍。职业院校应扩大教师对外交流学习的规模，派遣学校留学生教育管理人员赴国内外进行培训，选派专业教师到国外进修访学，鼓励骨干教师与国内外院校进行国际化科研合作，培养具有国际视野、外语熟练、了解本行业本专业发展的高素质高水平的国际化师资队伍。积极搭建教师国际化教学交流平台，定期组织学术交流活动，邀请国际专家学者讲学，共享职业教育国际动态及相关科研成果。

第四，构建国际化课程体系。从宁夏高职院校的国际化发展现状来看，招收留学生数量有一定限制，开设双语课程的院校也不多。在实际教学过程中，职业院校应与世界接轨，制订符合国际化发展要求的专业人才培养计划、完善专业课程体系、开发双语教材，将国际化理念贯穿于教学管理与实践的各个环节。

四、结语

"一带一路"倡议为宁夏高等职业教育国际化发展提供了重要机遇，宁夏高职院校正在充分利用自身优势，扩大与其他国家尤其是"一带一路"沿线国家高等职业教育的国际化交流与合作，增强我国高等职业教育在国际社会上的地位和影响力，全力推进高等职业教育国际化发展。

参考文献

[1]黄华.我国高职院校国际交流与合作研究[D].华东师范大学博士学位论文,2010.

[2]李梦卿,邢晓.德、美、日高等职业教育国际化发展现状及其启示[J].中国职业技术教育,2019(18):89-96.

[3]李晓延.以自治区第十二次党代会精神为指引 推动宁夏高等职业教育的快速发展与不断提高——兼议宁夏职业技术学院发展路径选择[J].宁夏教育,2017(11):30-32.

[4]马希荣.《悉尼协议》框架下宁夏职业教育国际化的实践与探索[J].宁夏教育,2017(11):13-15.

[5]张振霞.民国时期宁夏高等教育发展及其影响[J].教育现代化,2015(11):30-32.

宁夏职业教育精准扶贫存在的问题与优化路径 *

张红梅　　李道胜

摘要:职业教育与精准扶贫具有目标上的高度一致性、对象上的内在兼容性和内容上的深层适应性。目前宁夏职业教育精准扶贫通过提升教育扶贫科学决策能力和职业教育服务能力,取得了一定成绩,但也存在专业设置与当地经济发展匹配度不高等问题。面对阻断贫困代际传递的新使命、完成全面脱贫的新挑战和共享数字信息的新机遇,本文从优化顶层设计、明确各级政府责任、完善学生资助体系、转变人才培养模式等角度提出了宁夏职业教育精准扶贫的优化路径。

关键词:贫困代际传递;职业教育;精准扶贫

作者简介:张红梅(1976—),女,宁夏平罗人,宁夏职业技术学院副教授。

李道胜(1978—),男,山东日照人,宁夏回族自治区商务厅贸易促进处副处长,博士。

* 本文为 2019 年宁夏社会科学规划基金项目"阻断贫困代际传递视阈下的教育精准扶贫对策研究"(19NXB-SH14)的阶段性研究成果,发表于《教育与职业》2020 年第 15 期。

十九大报告指出要动员全党全国全社会力量,坚持精准扶贫、精准脱贫。深入贯彻落实十九大精神和《中共中央国务院关于打赢脱贫攻坚战三年行动的指导意见》,就要深入研究导致贫困的根源,对症下药。"贫有百样,困有千种",对具有多样化特点的贫困状况要实施有针对性的脱贫路径。知识改变命运,教育是脱贫致富的根本之策,对于出身贫困家庭的人而言,更是其摆脱贫困、改变命运的重要扶梯。通过教育改变和增加贫困人口发展的内生动力和能力,让教育这一核心要素流动起来,形成脱贫致富的可持续发展能力,才能阻断贫困代际传递。

一、职业教育与精准扶贫

教育公平缺失导致贫困,科学教育水平低下限制贫困人口摆脱贫困的能力。教育贫困是贫困的主要致因和表现形式。贫困与教育之间的关系,决定了职业教育是消除贫困地区贫困问题的重要途径。

1. 职业教育与精准扶贫目标上的高度一致性

(1)职业教育具有消除绝对贫困、缩小相对贫困的功能。从经济视角分析,自然资源匮乏和人力资本缺陷都是制约地区经济发展甚至导致贫困的主要原因,但起决定作用的根本性因素在于人,而非自然因素。贫困地区经济社会发展长期滞后是一种客观存在,产生贫困的根本原因并不是自然环境和地域区位等外在因素,而是思想观念、知识储备、个人本领的落后和不足。2017年1月，国务院发布《国家教育事业发展"十三五"规划》，要求加大职业教育脱贫力度，让贫困地区每个劳动者都有机会接受适应就业创业需求的职业教育和培训。只有教育才能帮助人们主动改变思维方式、增进知识储备、提高个人能力。职业教育作为向社会输送技能型人才的重要社会活动，具有消除绝对贫困、缩小相对贫困、消除能力贫困的多元化功能。

（2）精准扶贫对职业教育的促进作用。教育精准扶贫对特定的贫困群体有积极的作用，特别是那些累积式代际贫困群体。对特定群体的教育可以是多维的，包括基础教育、技能教育和高等教育等，其中提供技能教育或培训的职业教育是帮助贫困群体摆脱贫困最精准的路径之一。精准扶贫不仅仅是做好物质扶持工作，更重要的是做好扶志和扶智等精神扶持工作。职业教育能够帮助受助者从精神上精准脱贫。

2. 职业教育与精准扶贫对象上的内在兼容性

"一技在手，终身受益。"作为脱贫致富的"直通车"和"金钥匙"，职业教育精准扶贫能更好地结合贫困地区和贫困人群的实际需求，提供公益性、广泛性、持续性、针对性的职业教育和技能培训。应在贫困地区和贫困人群中精准选择年龄适合的人，开展有针对性的职业教育和培训，让他们系统掌握一技之长，帮助他们脱贫致富奔小康。因为职业教育能够赋予受教育者一定的理论和实践知识，能够改变他们的就业观、价值观，能够提高个人综合素质，对提升贫困人群的收入具有持续性作用，所以职业教育可以针对不同地区、各类产业，按照不同学历、年龄等开展精准培训，在实训环节使其提升技能，为贫困人群在创业、就业两个方面提供有效的知识和技能保障。

3. 职业教育与精准扶贫内容上的深层适应性

职业教育本身可以直接带动当地的经济发展。通过与产业经济的密切联系，推动区域经济发展，也就是实现精准扶贫，因此，职业教育是实现造血式扶贫、阻断贫困代际传递的关键措施。贫困地区多地处偏远，缺乏应用技能型劳动者，而长期从事劳动强度大、效率低的生产也使得他们健康水平低、收入低，职业教育这一办学方式能够让贫困人群在较短时间内掌握与生产、工作相匹配的技能，这些基本技能易学实用、见效快，能够有效促进精准脱贫、防止返贫。各种形式的职业技能培训，不仅能够让他们在某一领域内技术熟练，还能够为贫困地区的产业提供必要的技能人才支撑。对贫困人群进行有针对性的职业教育或培训，不仅能够完善贫困地区人力资源结构,还能够为贫困地区经济社会发展提供人力资源保障。

二、宁夏职业教育精准扶贫现状及存在的问题

教育扶贫一直是宁夏贫困地区长远脱贫的根本之策。宁夏聚焦9个贫困县(区)、843所贫困村学校和16万名建档立卡贫困学生,通过派驻职业学校优秀管理人员驻村扶贫、科技特派员科技扶贫等精准扶贫方式,重点加强劳动者职业技能培训,为贫困群众生产生活技能培训提供物质保障及技术支持。同时,建立"造血"机制,广泛开展职业培训,加强专业建设,面向社会培养技能人才,使职业教育精准扶贫取得可喜成绩。

1. 宁夏职业教育精准扶贫的措施与成效

改革开放以来,宁夏扶贫开发历经"三西"农业建设、"双百"扶贫攻坚、千村扶贫整村推进、百万贫困人口扶贫攻坚四个阶段,实现了从输血式、救济式扶贫向造血式、开发式扶贫转变,从分散帮扶、普惠扶持向精准扶贫、精准脱贫转变,形成了党政主导、全社会参与的工作新机制,专项扶贫、行业扶贫、社会扶贫"三位一体"大扶贫格局不断巩固,全区扶贫开发工作取得辉煌成就,中南部地区面貌发生脱胎换骨的变化。

(1)提升教育扶贫科学决策能力,贫困人口大幅度减少。宁夏紧盯58.12万建档立卡贫困人口,把握教育扶贫方向,选择教育扶贫方法,完善教育扶贫政策,坚持精准扶贫和脱贫基本方略,全方位开展教育精准扶贫工作。构建职业教育精准扶贫体系。经费向贫困地区职业教育倾斜,支持中南部地区贫困家庭子女更多地依靠职业教育走出去。通过职业教育技能富民政策的实施、高等职业教育精准扶贫体系的构建等十项行动,充分发挥职业教育的优势。2014年以来,宁夏对照中央的扶贫政策和标准,兼顾各县区发展实际,结合教育基本均衡发展,统筹兼顾,分步实施,分年推进,助力全区脱贫攻坚。2019年,宁夏集中力量,主攻难点,使同心县、海原县、原州区、红寺堡区四个贫困县区脱贫,10.25万贫困人口脱贫,109个村退出了贫困村行列。

(2)不断提升职业教育服务能力,基本公共服务水平显著提升。实施"现代职业教育质量提升"工程,中南部地区办学条件明显改善,义务教育水平逐步提升,

学生接受优质高等教育的机会不断增加,教育资源均等化步伐明显加快。在自治区党委、政府的支持下,固原市高等职业院校的创办,同心县和红寺堡区职教中心的建立,海原县和泾源县职业教育的深入发展,均带动了贫困家庭脱贫致富。在自治区党委组织部的组织下,从全区 11 所公办高职院校中每年选派 20 名管理人员深入贫困地区挂职锻炼。同时,对贫困地区职业院校专业教师进行每年100 名人员的专项培训。动员未被普通高中录取的初中毕业生全部到县以外中等职业学校学习或接受技能培训,确保"一个不少",引导他们积极参加各类技能培训,使其学到一技之长,用技能摘掉贫困的帽子。

2. 职业教育精准扶贫存在的问题

中国教育的短板在农村,宁夏教育的短板在南部山区特别是贫困县(乡、村)。虽然教育已成为宁夏落实精准扶贫工作的重要组成部分,但是职业教育"上热下不热""官热民不热""校热企不热"等现象一直存在,职业教育精准扶贫过程中存在扶贫能力短板。

(1)职业技能培训重视程度不够。贫困人群只重视九年义务教育,年轻人无技傍身,除了靠体力挣钱别无他选。自然条件限制和生产方式落后,将贫困原因归咎于大自然,对职业教育阻断贫困无动于衷,造成基础教育和普通教育投入功亏一篑,不能实现价值转化。此外,许多贫困家庭家长认为孩子初中、高中毕业后不必再继续升学,上学不如打工挣钱。他们意识不到职业教育是"斩穷根"、阻断贫困代际传递的关键。

(2)统筹各类教育发展的能力相对薄弱。教育部门主管职业教育,人社部门主管技工培训。然而,教育部门不了解企业的用工需求,人社部门不掌握学校的专业设置和生源情况,使得教育和就业脱轨成为应然、职业教育被割裂成为必然。同时,贫困县域统筹能力十分有限,受制于地方经济、产业的实际,职业教育与校企合作大都囿于形式,甚至是走过场。县级中职学校、职教中心囿于办学资金匮乏、硬件设施落后、师资力量薄弱、生源不足等现实因素,教育质量与培训质量较差,无法有效提升扶贫脱贫的能力。

(3)职业教育专业设置与当地经济发展匹配度不高。职业教育没有真正在扶贫攻坚中发挥"最后一公里"的作用,随着产业结构调整、经济社会迅速发展,职业教育缺乏灵活动态的专业调整机制,导致产业结构在宁夏贫困县(乡、村)严重失衡,尤其是宁夏南部山区贫困县,因为特色资源和优势资源利用率低,产业发展目标相对模糊并且同质化，专业设置缺乏自主性和灵活性，致使宁夏的职业教育专业设置与当地经济社会发展匹配度不高，不能很好地满足贫困家庭及社会的需求。

三、宁夏职业教育精准扶贫面临的新环境

1. 阻断贫困代际传递的新使命

新时期党中央、国务院将打好精准脱贫攻坚战作为实施乡村振兴战略的优先任务，强调脱贫攻坚战与乡村振兴战略有机结合、相互促进。宁夏必须从乡村振兴战略的高度出发，确认职业教育能够帮助劳动者通过提高工作能力，实现增加收入、摆脱贫困的目标，这是战胜贫困、阻断贫困代际传递的有效途径。党中央向全国人民做出的郑重承诺是：现行标准下，2020 年农村贫困人口全部脱贫。我国贫困人口从 2012 年底的 9899 万人减少到 2019 年底的 551 万人，贫困发生率由 10.2% 降至 0.6%。区域性整体贫困基本得到解决，贫困群众"两不愁"质量水平明显提高，"三保障"突出问题总体解决，群众出行难、用电难、上学难、看病难、通信难等长期没有解决的老大难问题普遍得到解决，贫困地区经济社会发展明显加快。可见，精准扶贫不仅仅是简单地帮助贫困人口脱贫、阻断贫困代际传递，更是实施乡村振兴战略，保证他们能够进入小康社会。

2. 完成全面脱贫的新挑战

2020 年是脱贫攻坚的收官之年，但是新冠肺炎疫情影响了脱贫攻坚的进程。当前最突出的任务是帮助中西部地区降低疫情对脱贫攻坚的影响。新冠肺炎疫情带来新的挑战，脱贫攻坚任务艰巨，巩固脱贫成果难度很大。尽管宁夏目前只剩西吉县没有脱贫，然而部分贫困群众发展的内生动力不足，因此要在劳务协作上帮、在消费扶贫上帮。对农民来说，富民不仅是"富口袋"，更要"富脑袋"。扶贫攻坚的关键在于培育新型职业农民，建立分级、分类、分层的新型职业农民培育体系，精准对接地方产业发展，找准农民需求，开设实用的培训项目，为贫困户送技术和知识，帮助他们更好地参与产业发展。农民只有成为扶贫的主体力量，而不是处于"外围"，才能保持源源不断的动力和活力，才能促进扶贫工作的有效开展。在培育新型职业农民方面，职业教育具有无法取代的优势。面对疫情影响和贫困现状，除了地方产业结构改革、各类支持政策外，加快职业教育改革、

针对精准扶贫开展校企合作是关键。育训结合,多元化办学,是健全职业教育体系的方向;构建资历框架,实行 1+X 证书,是职业教育互通链接的桥梁。这既是当前职业教育必须面临的新挑战,又是新探索。

3. 共享数字信息的新机遇

宁夏是国家"互联网+教育"试点地区之一。加快贫困地区教育信息化建设,把优质教育资源通过信息手段输送到贫困地区,实现贫困地区数字教育资源全覆盖,是当前试点工作的重要内容。因此,要借助数字化职业教育新平台,让贫困地区学生共享优质职业教育资源,推进职业教育进农村、进家庭,让每一个人有技能学、有专家教,保障随时学、时时学,全面提升职业教育精准扶贫的教学质量和成果。

四、宁夏职业教育精准扶贫优化路径

贫困是社会问题,扶贫是社会责任,脱贫是协作结果。不仅要精准扶贫,还要系统扶贫。众人拾柴火焰高,宁夏职业教育相关部门齐心协力才能解开宁夏的贫困死结,阻断贫困代际传递。

1. 优化顶层设计,完善职业教育精准扶贫体系

(1)健全职业教育法律法规。加快修订与完善《中华人民共和国职业教育法》,既要确保各方利益,又要保证强制性、内容完善性和可执行性。加大配套法律法规的建设力度,制定必要的单行法,补充和细化《中华人民共和国职业教育法》,围绕新修订的法规尽快调整相关行政法规和部门规章,使职业教育在精准扶贫过程中具有制度保障。

(2)完善职业教育精准扶贫体系。完善职业教育精准扶贫体系的目的在于解决职业院校精准扶贫与企业等社会组织合作不够、监管缺失、扶贫内生动力不强等问题。跨地区扶贫协作有益于教学资源的共享和教学理念的更新,能够推动职业教育体系更完善、更系统。从贫困地区角度来看,跨地区扶贫协作能推动职业院校互相促进,拉动本地经济发展。因此,增强跨地区扶贫协作,与中东部地区学校合作发展职业教育,是宁夏职业教育发展的必由之路。同时,加强与中东部经济发达地区职业院校扶贫协作,在增长教师才干、补充教育资源的同时,也能够为贫困学生提供更加先进和全面的技能和知识学习机会。通过跨地区扶贫协作,

"走出去"引进优质资源,大力推动宁夏职业教育发展。

2. 明确各级政府责任,加大职业教育宣传力度

职业教育是助力精准脱贫工作、阻断贫困代际传递的重要保障。因此,除了职业教育执行主体制定有效对策外,各级政府也应为职业教育发展提供有力保障。

(1)建立科学的职业教育扶贫机制。根据现阶段职业教育发展情况,明确各级政府的责任,通过法律化、制度化、程序化举措来协调解决各级政府关于职业教育发展的问题。可以尝试建立负责清单制度,赋予地方权力,建立激励机制。鼓励地方政府积极引导职业教育发展,有效避免政府的缺位、越位和错位。宁夏教育扶贫成效显著,关键在于机制科学。领导干部定点联系机制的实行,可以保障各类考核评估机制、职业教育助推精准扶贫和教育脱贫机制的有效运用。

(2)加大地方政府的考核力度。发展乡村教育是对精准扶贫和教育扶贫的最佳诠释。把高职院校投入和地方政府官员的政绩、升降挂钩。同时,设立农业类人才培养专项基金,优先支持发展涉农职业教育。职业院校要以服务求发展,增强自我造血功能,加大教育在阻断贫困代际传递中的投入力度。同时要完善监督机制,紧紧围绕"简政放权",通过分权或授权激活职业院校办学活力;完善内部与外部监督机制,改革考核机制,避免出现"软弱涣散"的问题。

(3)增强职业教育的宣传广度。职业教育社会认可度不高,是影响宁夏职业教育发展、助力脱贫攻坚的重要问题,要面向贫困群体积极宣传职业教育。在贫困地区,教育资源紧缺,教学条件差,这里的人们通常忽视教育。加深贫困群体对职业教育的认识,从整体上提高贫困群体的认可度,有益于提升贫困学生的入学信心。同时,要引导和鼓励适龄青年报考职业院校而不是继续在"贫困文化"中成长,增强他们进入职业院校学习的决心和信心。要面向贫困学生宣传职业院校扶贫助困相关政策,做到信息公开精准,打破以往贫困学生由于信息不畅而失去求学机会的局面。

3. 完善学生资助体系,鼓励贫困学生创新创业

(1)精准扶弱扶基。发展职业教育精准扶贫是当前扶贫助困的重点工作之一。扶贫先扶智,扶智的背后是扶人,职业教育应更加突出人。职业教育在突出专业性的同时,要完善职业院校的学生资助体系,使之惠及所有贫困学生,实现对贫困学生物质、精神双扶,从制度上保证不让一个学生因贫困而失学辍学。面向

贫困学生实行"奖"和"助",除了学习成绩的奖励,还可以综合学生的实践能力、学术能力进行创新设置,增加投入,激励学生全面发展。争取政府、社会组织和公益集团提供的教育贷款,根据学生家庭贫困程度发放不同等次的免息有期贷款。建立多元化资助政策体系,资助贫困生需增强成本意识,建立可持续发展的补偿机制,克服一次性投入的弊端,切实解决"真假贫困生"问题。

(2)精准培训培养。条件允许的职业院校可以单独成立职业规划服务机构,帮助学生尤其是贫困学生做好职业生涯规划。针对就业难题,能够提出建设性指导意见,提供个性化就业帮扶。培养贫困学生的创新创业意识,支持"心中有火,充满激情,眼睛有光,充满智慧,手中有料,充满技艺"的有梦青年创业。倡导工匠精神,提供多元的成长路径选择,是贫困地区职业教育的新使命。开设创业教育课程,鼓励贫困学生自主创业,提供创业实践活动,依托本地创业产业孵化园,给学生搭建就业和创新创业的基地和平台,增加创业的实践经验。

4. 转变人才培养模式,深入开展校企合作

职业是变化的,教育是永恒的,职业教育是变化与永恒的统一。职业具有工具性,教育具有文化性,职业教育是工具与文化的统一。要做到真正意义上的统一,需转变人才培养模式,深入开展校企合作。

(1)整合资源,精准发力。紧紧围绕地方经济工作重点、产业结构特点和地区紧缺人才,规划、优化专业;针对贫困地区和贫困群体的特点,整合资源,设置对精准扶贫有效的专业;结合地方性产业资源和优势,发挥职业教育作为大众创业、万众创新重要基地的功能。

(2)深化产教融合,实现校企双赢。要转变人才培养模式,就要从招生工作入手,争取直接与企业建立沟通渠道,依据企业要求在相应专业开设"订单班",多措并举培养创业者,并且优先考虑让贫困学生入读"订单班",协调配合企业在学校内设立创业实习基地,增加学生锻炼的机会,最终实现"贫困群体愿意学、学完之后用得上、企业招聘喜欢要"的良好效果。教育扶贫和产业扶贫具有共同的服务对象和追求目标,其中产业扶贫的技术项目需要专业人才的支持,而通过发展职业教育最终培养出来的学生是面向企业的熟练技术工人。要深化产教融合,推行现代学徒制,加强校企合作,推动职业教育改革创新。可以结合产业扶贫建立校企合作,实现校企双赢。通过开展针对贫困群体的"订单式"培养模式建立校企合作,深化人才培养模式改革,把劳模精神和工匠精神融入教学标准版。依靠市

场机制撬动社会资源,企业是学校的,学校也是企业的,双方深度融合,各负其责,建立真正的互利共赢的校企合作命运共同体。

参考文献

[1]安磊,张淑云.贫困地区特色产业扶贫绩效评价研究——以涞水县食用菌产业为例[J].河北农业大学学报:农林教育版,2019(3):1-8.

[2]胡军.精准扶贫背景下职业教育的变革与创新[J].职教论坛,2018(8):144-149.

[3]刘胜勇.职业教育有效对接精准扶贫[J].教育与职业,2017(22):39-42.

[4]穆志强.脱贫攻坚法律问题研究[C]//第十三届"环渤海区域法治论坛"论文集.2018.

[5]肖力.职业教育信息化助力精准扶贫研究[J].教育与职业,2018(21):34-40.

[6]谢德新,陶红.职业教育扶贫与反贫困研究:实然之境与应然之策[J].职教论坛,2017(16):10-18.

[7]许宝成.从职教入手培育一流的产业工人[J].施工企业管理,2016(4):50-51.

[8]余应鸿.乡村振兴背景下教育精准扶贫面临的问题及其治理[J].探索,2018(3):170-177.

[9]张艾力.民族教育扶贫理论及其内蒙古实践[M].北京:社会科学文献出版社,2019.

[10]曾岚.职业教育管理模式创新与发展策略研究[J].现代职业教育,2018(11):248-249.

通识教育视阈下高职院校破解现代学徒制困境的实践路径 *

吴轶宏　任　杰　卜晓燕

摘要：目前，在国家政策的大力支持下，高职院校纷纷开展现代学徒制试点，取得了一些成绩，也遇到了新的问题。其中，校企合作"企业冷"的问题较为普遍，而企业参与人才培养工作的程度又是制约现代学徒制顺利实施的关键。为此，本文首先阐述了通识教育的内涵、作用以及现代学徒制的内涵和价值，并进一步分析了高职院校在试行现代学徒制过程中面临的主要困境及其制约因素。随后在通识教育视阈下，提出高职院校破解现代学徒制校企合作困境的实践路径，即从确立通专结合的人才培养目标出发，构建通专结合的人才培养方案，营造校企文化融合的育人环境，开展丰富多彩的教学实践活动，配套完善的人才培养保障机制。通专结合的人才培养路径对深化校企合作、提高人才培养质量、提升专业服务产业发展能力具有重要意义。

关键词：通识教育；高职院校；现代学徒制；困境；实践路径

作者简介：吴轶宏（1978—），讲师，本科，研究方向为教学管理、产品营销。

* 本文发表于《太原城市职业技术学院学报》2018 年第 6 期。

现代学徒制是高职院校探索校企联合育人、推进工学结合人才培养模式改革的新举措。《国务院办公厅关于深化产教融合的若干意见》指出，要在"在技术性、实践性较强的专业，全面推行现代学徒制和企业新型学徒制"。当前，在国家政策的大力支持下，高职院校纷纷开展试点研究，取得一些成绩，也遇到新的问题。其中，校企合作"企业冷"的问题较为普遍，而企业参与人才培养工作的程度又是制约现代学徒制顺利实施的关键。宁夏职业技术学院作为全国第一批现代学徒制试点单位，由于地处西部经济落后地区，合作企业规模小，与企业联合培养学徒面临"企业冷"问题更加突出。为此，笔者将从通识教育视角分析高职院校破解现代学徒制校企合作困境的实践路径。

一、通识教育与现代学徒制

1. 通识教育的内涵

通识教育是与专才教育相对的一种教育模式，源自亚里士多德的自由教育思想。通识教育有广义和狭义两种。广义通识教育是指大学的整个办学思想和理念，即大学教育应给予学生全面的教育和培养，内容包括专业教育和非专业教育。狭义通识教育是指不直接为学生就业做准备的教育，即人文和科学的部分，主要是培养学生的宽广视野、人文及科学精神。

早期的教育几乎都是通识教育。孔子教弟子，强调"君子不器"。在古希腊和古罗马时期，西方教育就有"自由七艺"之说，之后数百年，"七艺"一直是西方教育的根基。直到工业革命之后，通识教育才不吃香，学校培养学生和工厂生产产品一个思路，强调的是标准化、质量控制，强调的是实用性。

近些年，随着科技进步和经济社会发展，知识与职业快速更迭，岗位技术加速变化。美国某研究小组早在1984年提交的一份报告中就指出："谁也不能确切地知道，新技术革命将会怎样影响我们未来劳动力所要求的技能和知识。"时代在飞速变化，学生如何快速适应？这向当代大学教育提出新的课题。为此，通识教育又进入研究者的视野。

2. 通识教育的作用

通识教育强调高校要按照现实和未来的社会需要培养人，既要注重对学生基础知识和综合知识的传授，又要对学生思维能力和学习方法进行训练，培养学生分析、解决问题的能力和人际沟通能力等。

通识教育有助于培养学生的人文精神，有助于学生形成现代的思想观念，有助于学生的全面发展，有助于增强学生的社会适应性。通识教育虽然不能直接帮助学生找到一份工作，但可以帮助学生在进入职场后迅速与别人拉开距离，脱颖而出，也可帮助他们更加自如地在不同职业间转换，实现个人职业能力的快速提升。

3. 现代学徒制的内涵

学徒制是一种"师带徒"的技能型人才培养模式。现代学徒制是指通过学校与企业的深度合作，由学校教师和企业师傅联合培养学生（学徒），以技能培养为主线的人才培养模式。学校教师重在向学生传授专业理论知识和基本专业技能，企业师傅重在对学徒岗位技能的指导。学徒通过正规的学历教育和企业的在岗学习，获得知识、技能和学历的提升。

现代学徒制人才培养模式的主体是学生，校企合作的目的是通过校企间资源的优化配置，改善职业教育教学条件，使学生在校企双方的共同培养下，完成专业知识和岗位技能的学习，提高综合职业素质，全面发展个人能力。

4. 现代学徒制的优势

与传统学徒制相比，现代学徒制既保留了技能培养方面的优势，又凸显了学校教育的属性。与传统高职教育相比，现代学徒制有以下几方面的突出优势：（1）符合职业教育规律，更满足高职学校培养技能人才的要求。（2）具有以企业人才需求为导向的特征,人才培养目标符合企业对高技能人才的实际需求。(3)学生通过在学校、企业两个场所的学习,实现了"零距离"就业。(4)为全民终身学习提供了机会。试行现代学徒制,有利于培养技艺精湛、创新能力强的高技能人才;有利于节省学校的物力成本、企业的人力成本和学生就业的时间成本;有利于促进教育改革和经济社会发展的紧密联系;有利于服务我国经济发展和产业转型升级。

二、高职院校试行现代学徒制的主要困境及制约因素

校企合作共赢是现代学徒制有效运转的基础保障。目前,现代学徒制虽然在高职院校广泛推行,但校企合作遇到了诸多难题,急需解决。下面仅从学校角度分析试行现代学徒制所面临的主要困境及影响校企合作效果的关键制约因素。

1. 学校对现代学徒制的认知能力有限

近些年,高职院校在办学过程中过多强调市场需求,过分强调职业岗位对人才技能的需求,忽视了学生自我完善、全面发展的需求。过多关注职业性、忽视高等性的问题,在试行现代学徒制过程中同样存在。学校多重视对学生专业技能的培养,对通识能力培养的缺失导致学生岗位迁移能力弱,综合职业素质低,学生质量达不到企业创新发展对人才的实际需求。

2. 学校的整体办学水平不高

校企合作育人,很像"找对象",双方实力决定了彼此合作的意愿、紧密程度和时间长度。高职院校因办学历史、师资水平和实践设备等条件限制,社会服务能力不高,无法为合作企业提供更多支持,影响了企业参与人才培养工作的积极性,进而影响到现代学徒制的实施效果。因此,学校提高自身实力和办学水平是增强吸引力、深化校企合作的前提。

3. 学校对企业利益的重视程度低

企业是以追求经济效益为主要目的的实体,利益驱动是其参与现代学徒制的关键。目前,由于我国在政府层面尚未形成与现代学徒制相配套的政策法律体系,因此企业参与人才培养既没有相应的经济补偿,对企业形象提升作用也不大。在这种情况下,学校建立人才培养质量保障机制若再不能充分考虑企业的利益诉求,加之学校人才培养能力弱,企业参与热情低也在情理之中。

4. 行业企业参与度不高

现代学徒制是以校企合作培养学生技能为核心的人才培养模式,校企合作程度是影响人才培养质量的关键。试行现代学徒制过程中,企业参与热情普遍偏低,具体原因有:(1)投入产出比低。企业参与现代学徒制,要给学徒提供培训场所,抽调大量人力、物力和财力,不仅投入大,还可能影响正常生产,而学生的质量又无法保障。基于上述考虑,企业表现出"冷"的一面。(2)学徒离职率高。现代学徒制的人才培养周期一般需要三年,学生在此期间有可能流失,毕业后还可能离职。学徒流失问题是企业前期比较担心的,实力弱的小企业对此尤为顾虑。

三、通识教育视阈下高职院校自身破解现代学徒制困境的实践路径

职业教育首先应该是对人的教育,其次才是职业教育。由于近年来高职院校对"就业导向"的认识偏差,学校专业人才培养模式距离高等教育本质——"培养完整的人"越来越远。学校在培养人才过程中过多关注对学生专业技能的培养,缺少了对学生可持续发展能力需求的满足。

如果学生缺少必需的人际沟通能力、持续学习能力和岗位适应能力等,离开第一个就业岗位,想要再实现专业对口的就业就比较困难。因此,关注学生的素质教育,"以人的全面、可持续发展"为培养目标,应该是高职教育的核心理念,也是现代学徒制的人才培养目标。高职院校试行现代学徒制,探索实践通专结合的人才培养路径,可提升学校在校企合作中的话语权,破解现代学徒制中校企合作"企业冷"的困境。具体思路是:从确立通专结合的人才培养目标出发,构建通专结合的人才培养方案,营造校企文化融合的育人环境,开展丰富多彩的教学实践活动,配套完善的人才培养保障机制。

1. 制定通专结合的人才培养目标

现代学徒制的利益主体是学校、企业和学生。试行现代学徒制,学校的核心利益是推进人才培养模式的改革和提高人才培养质量;企业的核心利益是通过参与人才培养工作,储备满足长期发展需要的高技能专业技术人才;学生的核心利益是获得更多参加企业培训和专业实践的机会,实现个人职业能力的提升和高质量的就业。其中,学生核心利益的实现是校企双方核心利益实现的终极目标。立足"以人为本"的教育理念,校企联合制定通专结合的人才培养目标,有利

于学生未来的职业发展。

2. 构建通专结合的人才培养方案

校企围绕通专结合的人才培养目标,构建通专结合的人才培养方案,可作为学生三年学习生活的整体规划。共建课程体系,则要根据学生和企业的实际需要,从整合课程门类和教学内容入手,加强通识性知识与专业知识的相互渗透,重构课程间的联系。对专业课程的要求,除完成专业教学目标外,还要渗透通识教育内容,培养学生的沟通表达能力、组织管理能力、分析和解决问题的能力以及团队协作能力等。

课程教学设计应遵循高职教育特点,体现实践性特征,注重理实一体化教学。教学方法改革则依据情境化教育原则,加强互动式教学方法的应用,实施案例式、项目化和混合式教学设计等。通过课程学习,学生在掌握专业知识的同时,提升个人综合素质。

3. 营造校企文化融合的育人环境

高职院校既有"高等"和"职业"的属性,又有公益性特征。与之合作的企业虽然千差万别,但都以提高经济效益为首要目的,具有市场性特征。这决定了学校和企业有不同的文化背景、价值观和管理模式,而彼此的文化差异将成为阻碍双方深度合作的天然屏障。

高职院校要推动校企深度合作,应首先从缩短学校教育与企业生产间的距离、促进双方文化融合入手。学校在与企业广泛接触中,不仅要学习理解企业的文化,还要寻找双方文化的联系,利用校园网、宣传栏、实训室墙面布置等,强化对企业文化的宣传认同;组织企业文化价值观宣讲等活动;将企业员工管理制度纳入对学生的日常管理,这方面可借鉴宁夏职业技术学院对士官班学生的管理。士官班学生前两年在校学习,部队派1名辅导员全程跟班,对学生进行军事化管理,负责学生日常的体能训练和军纪养成。学校融入部队的管理模式后,营造的校园文化环境有利于对学生潜移默化的影响和教育。

4. 开展丰富多彩的教学实践活动

为提升学生的可持续发展能力,学校应以"知行合一"思想为指导,加强各类教学实践活动的组织安排。学生在课堂上学习专业知识的同时,通过参加多种教学实践活动,锻炼知识的综合应用能力,增强社会意识,挖掘个人潜能,寻找人生价值和意义。

教学实践活动包括校内实验实训、企业岗位实习、校介课外活动和社会实践等。在校内组织实验实训,要重视对实验室、实训中心"硬环境"的建设和对配套管理制度的完善。一方面,加强对学生动手能力的训练,同时,注重培养学生的安全生产意识、质量控制意识和创新意识等。在企业组织岗位实习,除提高学生的专项技能外,还要培养学生的敬业精神,锻炼其表达、沟通能力和团队协作能力等。在学校或企业组织演讲、写作、知识竞赛等课外活动,有助于培养学生的特长,张扬其个性。学校或企业组织学生到社区开展知识讲座、技术服务等社会实践活动,有利于增强学生的社会责任感,还能提升学校和企业的知名度。

5. 建立完善的人才培养保障机制

高职院校联合企业培养人才,首先应更新观念,摆脱传统封闭的院校治理模式,破除制约学校发展的观念障碍和固化的思维定式,围绕体制机制创新做好学校战略规划,以"开放、合作、包容"的姿态,探索校企合作模式。其次,要完善校企合作的机构设置,优化组织结构,加大二级学院的办学自主权。最后,要重视对企业利益的平衡,创新教学管理制度,提升制度的调适能力,形成完善的校企共同治理体系。

高职院校实践通专结合的人才培养路径,有利于提升学校的人才培养能力,平衡与企业的利益关系,破解现代学徒制中校企合作"企业冷"的困局,对高职院校深化校企合作、提高人才培养质量、提升专业服务产业发展能力具有重要意义。

参考文献

[1]王婷婷.高职院校现代学徒制试点的困境及对策探析[J].清远职业技术学院学报,2013,6(2):113-116.

[2]章永兰.江西省普通高校通识教育改革策略研究[D].南昌大学硕士学位论文,2008.

[3]吴继红.通识教育视阈下的高职学生职业能力培养研究[D].中南民族大学硕士学位论文,2009.

[4]陈智.高职院校通识教育与专业教育结合的探索[J].教育研究,2007(3):87-91.

[5]吴业亮,王潘,杨光云.探析现代学徒制[J].当代职业教育,2014(9):12-14.

[6]钟绍辉,刘冠群.高职软件专业现代学徒制人才培养模式研究[J].无线互联科技,2017(14):118-119.

[7]关晶.职业教育现代学徒制的比较与借鉴[M].长沙:湖南师范大学出版社,2016.

[8]林宇.落实双重身份 完善政策保障 加强现代学徒制试点工作动态管理[J].中国职业技术教育,2017(1).

[9]王振洪,成军.现代学徒制:高技能人才培养新范式[J].中国高教研究,2012(8):93-96.

[10]张启富.高职院校试行现代学徒制:困境与实践策略[J].教育发展研究,2015(3):45-51.

[11]高葵芬.高职院校实施现代学徒制存在的问题与解决对策——基于首届职业院校现代学徒制教学交流研讨会的思考[J].河南科技学院学报,2014(6):5-9.

[12]杨青.现代学徒制立法的三个基本点[J].职业技术教育,2016(10):45-49.

现代学徒制项目在宁夏的探索与实践 *

吴红卫

摘要:伴随着现代学徒制项目试点工作的顺利展开,宁夏校企合作工作开创了新的局面。本文从学徒制的历史沿革入手,分析现代学徒制的组成与工作重点,并以宁夏职业技术学院数控技术专业的现代学徒制项目试点工作为例,重点阐述立足"政府、企业、学校"三元合一管理体系的探索与实践。

关键词:学徒制;契约;双导师函

2015 年 8 月 5 日,教育部办公厅下发《关于公布首批现代学徒制试点单位的通知》,公布了首批 165 家现代学徒制试点单位和行业牵头单位。宁夏职业技术学院成为国家首批学徒制试点单位,宁夏职业技术学院的数控技术专业被纳入国家现代学徒制项目首批试点。本文以此项目试点为例,阐述三年来宁夏现代学徒制项目试点实践中,基于"政府、企业、学校"三元合一管理体系进行的探索与创新。

一、学徒制的历史沿革

将"私人作坊""契约"和"职业教育"作为关键词,足以勾勒出学徒制漫长的历史沿革。"私人作坊"是手工业时代学徒制度的主要模式,是至今仍盛行于木工、瓦工、武术、曲艺等诸多领域的技艺传承形式。以"私人作坊"为主要特征的技艺传承有些也会因工种的差异形成不同的群居族群,这些族群世代相序,形成世袭的职业群体。"契约"学徒制是古代西方广泛采用的学徒制度,"契约"对师傅和徒弟的关系做出了约束与规范,师徒除了具有私人关系,还要接受行会的监督与管理。"契约"学徒制为现代学徒制的出现奠定了理论与制度基础。现代学徒制是基于教育义务的职业教育人才培养模式。德国的"双元制"职业教育经验在欧洲有着深远的影响,学徒制的项目参与者涵盖政府、行会、雇主与雇员。现代学徒制的师徒关系也从早期的父子、义父子关系演变成基于教育义务利益相关者的关系。

作者简介:吴红卫,宁夏职业技术学院讲师,硕士。
* 本文发表于《宁夏教育》2019年第 4 期。

传统学徒制的师傅是公认的拥有一技之长之人,师傅对徒弟进行手把手的知识传递,言传身教是师徒之间主要的技艺传授方式。现代学徒制离不开学校教育,学校教育与传统学徒制之间有着很大的不同,如以班级授课制为主体的现代教育模式,因教师面对的受众太多,无法采用手把手的教学方式,其教育教学内容只限于一般性技艺与工艺规则的推广,无法通过实习与实践实现师徒间"精艺"的传承。"精艺"是师傅多年积累的技术结晶,蕴含着师傅诸多的体会与诀窍,"精艺"通常会是大幅提高生产效率、产品质量和工艺水平的关键所在。现代学徒制将传统学徒制的精髓与现代职业教育思想相结合,通过学校与企业的合作共同培养社会所需人才。现代学徒制的内涵主要包括校企、产教深度融合,双元育人;学校教师和企业师傅以"双导师"身份承担相应的教学任务;学徒拥有学生和企业员工的双重身份等。现代学徒制的主要特征有以下几点:一是拥有受法律保护的契约式合同关系;二是政府、学校、企业三方推动国家的顶层设计;三是借鉴西方学徒制的经验、探索,教学过程更加科学有序。

二、探索与实践

宁夏职业技术学院数控技术专业现代学徒制项目试点,紧紧围绕校企招生、招工一体化,共建人才培养模式,共建师资队伍,共同对学徒进行管理等。通过多方考察和学习,最终确定宁夏维尔铸造有限责任公司为首家合作企业,舍弗勒(宁夏)有限公司随后也加入了项目试点。目前已经初步建立起校企联合招生、培养的一体化育人长效机制,创建起"学生—学徒—准员工—员工"四位一体的人才培养模式,形成了较为完备的学生质量标准化体系、质量监督评价体系以及校企互聘互用的"双导师"制度,实习学生的专业对口率和岗位技能应用能力得到大幅度提升。

(1)校企招生、招工一体化。宁夏职业技术学院数控技术专业现代学徒制项目试点在与宁夏维尔铸造有限责任公司的校企合作共建中,共同摸索制订出适合现代学徒制的招生计划,拟定出企业面试学徒的筛选制度以及企业、学生、学校三方合作协议等。

(2)人才培养模式。校企合作共建的人才培养方案被定义为四段式课程体系,即"1+0.5+0.5+1"课程体系(1 为一学年,0.5 为一学期)。在此基础上,校企共建基于工作任务的专业课程及教学资源,制定符合校企双方教学实践的专业教学标准和课程标准,共同制定和开发基于企业岗位任务的教学内容、教材、实训项目和实训任务书等。

(3)师资队伍建设。通过不断探索,校企双方的师资队伍共建工作日趋成熟。校企双方共同拟定出学校指导教师工作标准、企业带教师傅工作标准、需要学校指导教师和企业带教师傅共同签署的学徒带教协议、监督和考察学校指导教师与企业带教师傅的考核标准与评价机制等。校企双方还协商制定出学校教师到企业锻炼及提供技术支持、聘请企业师傅到学校授课的政策及制度等诸多内容。

(4)教学管理与运行机制。校企双方已经制定的现代学徒制管理与运行机制主要包括现代学徒制学徒岗位轮训计划、现代学徒制岗位轮训达标标准、现代学徒制各方评价方案等,这些管理与运行机制已经形成"现代学徒制数控技术专业项目双导师管理文件汇编"和"现代学徒制数控技术专业项目学徒文件汇编"。

现代学徒制项目在宁夏的试点本着高起点、高规格、高要求的建设思路,始终紧跟国际、国内现代学徒制的建设进展,积极寻求国家的资金支持及制度保障,使宁夏的现代职业教育水平得到不断提升。

三、综述

构建中国特色的现代学徒制必须具备宽广的视野,必须能够在丰富的中华优秀传统文化中充分汲取人类的文明与智慧。在唐代,学徒制要求徒弟根据师傅的"立样"模仿练习,徒弟的考核定级均以师傅的"立样"为标准。宋朝出现的"法式"艺徒培训法降低了师傅教学的随意性。清代以晋商八大家为代表的商业学徒制融入宁夏商业文化,丰富了宁夏现代职业教育的内涵。新时代的宁夏现代学徒制在起步之初便敢于大胆创新,为打破现代职业教育的师徒"精艺"传承壁垒铺平了道路。

宁夏的现代学徒制还需继续查漏补缺、凝练特色、挖掘亮点,故必须在校企共建的基础上继续强化校企双方的服务功能,使之起到优化和配置社会资源、促进企业降本减负、提升整体效率、帮助企业锻造核心竞争力、不断实现产业升级等功能,提高现代学徒制的整体水平及产业创新能力,为培养服务本地社会、经济、文化事业的高素质技能型人才做出更多贡献。如今该项目试点工作已经初见成效,相关人员在总结经验的基础上将现代学徒制与本地区的历史文化相结合,为现代学徒制在本地区的成功实践、顺利展开、示范及推广起到了积极的作用。

参考文献

[1]雷前虎,卫肖,崔莉萍,等.我国学徒制的历史演变及思考[J].邢台职业技术学院学报,2016(10).

[2]文跃玲.基于现代学徒制的大学生创新创业教育研究[J].太原城市职业技术学院学报,2017(5).

[3]毕结礼,王琳.我国学徒制的历史沿革与创新[J].中国培训,2012(4).

以工匠精神推动思想政治教育工作 *

王维东　　蒙蕾蕾

摘要:工匠精神来源于生产制造业,但值得各行各业学习。在新的历史时期,思想政治教育出现了许多新要求,而精益求精、一丝不苟、耐心专注以及创新进取的工匠精神,永远值得思想政治教育工作者学习、践行。

关键词:工匠精神;思想政治教育;学习

作者简介:王维东(1979—),男,回族,宁夏海原人,哲学硕士,宁夏职业技术学院(宁夏广播电视大学)讲师,研究方向为哲学、思想政治教育、党建。
　　蒙蕾蕾(1994—),女,宁夏西吉人,宁夏理工学院马克思主义学院教师,研究方向为马克思主义政治经济学。
* 本文发表于《中学政治教学参考》2017 年第 11 期。

教育关乎国家的未来、民族的希望。实现中华民族伟大复兴,教育的地位和作用不可忽视。思想政治教育工作关系培养什么样的人、如何培养人以及为谁培养人等根本问题。要坚持把立德树人作为中心环节,把思想政治工作贯穿教育教学全过程,实现全程育人、全方位育人。在新形势下,如何提高思想政治教育工作成效,成为教育工作者面临的一大问题。重拾工匠精神,对促进思想政治教育工作进入新局面是十分必要的。2016 年 3 月 5 日,国务院总理李克强在十二届全国人大四次会议上作的政府工作报告中指出:"鼓励企业开展个性化定制、柔性化生产,培育精益求精的工匠精神,增品种、提品质、创品牌。"工匠精神的提出,是对制造业的新要求,但不应是制造业独有的精神追求,更应该成为全民族的精神追求,这种精益求精、追求完美的精神,值得各行各业践行。

工匠精神在微观上是指工匠通过自己的技术,对产品进行精雕细琢,不断完善工艺,追求产品至善至美的精神;在宏观上是指凝结在各行各业中,所有人追求的精益求精的态度和品质,是一种认真、踏实和敬业的精神。工匠精神旨在打造本行业中最优质的产品,从而使得与其相同的产品无法超越。其核心是工匠通过不懈努力,创造最优产品,本着对职业的热爱、对工作的执着、对产品负责的态度,对每个细节做到一丝不苟、精益求精,让顾客无可挑剔,买得放心、用得安心。

对于思想政治教育工作者而言,工匠精神有着重要的启发意义。思想政治教育工作者应借鉴这一精神,真正做到围绕学生、关照学生、服务学生,不断提高学生思想水平、政治觉悟、道德品质、文化素养,让学生成为德才兼备、全面发展的人才。在教学中将工匠精神与思想政治教育工作相结合,培养全面发展的符合时代要求的人才,是教育的目标与努力的方向。

一、学习工匠精神,注重细节

工匠从产品的选料到产品的成型都非常注重对细节的把握,追求完美与极致,孜孜不倦、反复改进产品。这不是一种简单的机械制造,而是一种追求品质的精神,让人在做任何事情的时候都能做到精益求精,追求最佳的效果,能够静下心来形成专注的良好习惯。师者,传道授业解惑也。作为思想政治教育工作者,帮助学生树立正确的世界观、人生观、价值观责无旁贷。在日常的思想政治教育活动中,我们要有精益求精的工匠精神,要打破传统教学模式中"你讲我听"的习惯,推动教师思维的转变,做到以学生为主体,积极动员学生参与课堂教学,改变传统授课方式,发挥学生的主观能动性,有针对性地开展教学工作,真正做到因材施教。这就要求思想政治教育工作者对知识的讲授不再停留在单纯的"我已经讲过"的层面,而要思考如何让学生接收并且内化。广大思想教育工作者不仅要有扎实的专业知识,还要有自己独到的见解,能在日常教学中创新教育教学方式并根据实际不断改进。另外,还要与学生保持良好的交流,及时发现学生在成长过程中出现的不利于其健康成长的因素,使思想政治教育工作更具及时性和针对性。

二、学习工匠精神,保持耐心

工匠以严谨的态度不懈追求产品的品质,不投机取巧,确保每个部件的质量,对产品进行严格的检测,不达要求绝不轻易交货,严格规范每一个细节、每一道工序。这不仅保证了产品的质量,而且锻炼了工匠的良好心理品质,能够让人心无旁骛,做好每一件事情。思想政治教育工作是一项极其烦琐的工作,不仅是因为学生处在一个成长多变的阶段,还因为他们易受各种事物的影响,这就要求思想政治教育工作者具有良好的洞察力。思想政治教育工作者除了思政课教师,还包括辅导员和班主任,思政课教师对学生情况的掌握有限,许多思想政治教育工作需要辅导员和班主任来开展。辅导员和班主任不仅要处理学生的思想问题,还要兼顾其他事务性工作，繁杂的工作难免会使人耐心缺失，干扰其正常的判断、交流，从而影响最后的结果。"己所不欲，勿施于人"，广大思想政治教育工作者要学会换位思考，做到"吾日三省吾身"，在工作中发现问题、思考问题、解决问题，避免因自身因素给工作带来消极影响，提高工作效率。

三、学习工匠精神，追求敬业

工匠凭着娴熟的专业技术、敬业的精神打造本行业的卓越产品。有人认为，工匠精神就是从容独立、踏实务实、宁静致远、执着专一。还有人认为，工匠精神包括尚美的情怀、求新的理念、吃苦耐劳及团结合作的品质。工匠精神并非一种机械重复的劳动，它包含着深远的信仰和理想，代表着一种人生的选择，一种坚定踏实、精益求精的追求，这种精神正是当今社会所大力提倡并且值得我们学习的。加强思想政治教育教师队伍以及教研队伍的建设，是提高思想政治教育工作水平的重要手段。在学生中普遍存在对思想政治教育认同感偏低的现象，学习中也存在诸多消极因素，这对思想政治教育工作极为不利，思想政治教育工作队伍中也存在对自身工作认同感偏低的现象，这些因素造成了这一队伍中的部分人员工作积极性不高，转岗、跳槽现象频发，人员流失严重，究其原因，是思想政治教育日常工作过于繁杂，部分教育人员非科班出身，专业化水平不高，职业归属感缺失。因此，思想政治教育工作队伍的专业化、职业化建设势在必行。在思想政治教育工作队伍建设方面，应该对相关人员专业进行严格审查，引进思想政治教育及相关专业人才，使整个师资队伍结构合理。思想政治教育工作者只有确立正确的职业目标，在学生工作方面做到专家级别，才能在工作中得心应手，真正有所作为，从而实现自我价值。就思想政治教育工作者个人而言，要提升自身专业知识水平，深入研究，形成自己独具特色的工作方式，以此推动工作进展，促进学生健康成长。

四、学习工匠精神，敢于创新

工匠凭借坚持、执着、耐心以及专注，日复一日、年复一年地重复着自己的工作，并且不断提升产品质量和服务水平。随着社会的飞速发展、技术的推陈出新,对生产制造业而言,工匠精神不仅包括精益求精的理念、一丝不苟的态度,而且包括创新的思想。同样,面对复杂多变的形势,思想政治教育工作者也要具有创新精神,固守传统只会被世界淘汰。思想政治教育的创新体现在:在教育教学方面,就是要与时俱进,做到理论与实际结合,让学生有更深层次的领会,做到知行合一;在理论方面,就是要坚持马克思主义,强化问题意识,用理论指导实际工作;在方式方法方面,就是要不断适应学生的发展需要,明确创新始终贯穿学生成长的过程,这就要求思想政治教育工作者善于与学生进行交流,还要结合各方力量,倾听各方声音,在创新过程中做到有的放矢,提高工作效率,为国家培养全面发展的人才。

五、学习工匠精神,尊重传统

作为工匠精神不可或缺的一部分,创新在当今社会显得尤为重要。这种创新精神有利于社会的发展,有助于实现个人的人生梦想和人生价值,进而推动良好社会风尚的形成,这正是如今倡导的时代精神的良好体现。但在发扬创新精神的同时还要继承传统,工匠精神本就是中华传统文化和民族创造力的一种体现,工匠精神的传承与教育有着密切的关联。在现代社会,浮躁与追名逐利的现象时有发生,这对学生产生了不良影响。一方面,思想政治教育工作者扮演着传道、授业、解惑、育人的角色,因而在工作中要让学生继承工匠精神,使学生不仅具有与时俱进的创新思维,而且对优秀传统文化具有深深的自豪感。另一方面,在思想政治教育过程中,学校要培养专业领域的工匠精神。要培养学生宁静致远的心境,使学生在对待专业学习时精益求精,对学习具有高度的专注与热情,避免盲从、人云亦云、碌碌无为;培养学生对生活的热爱及处理事情的耐心,面对诱惑,不忘初心;培养学生开拓创新、积极进取的品质,使得他们在未来的学习工作中有所作为、实现自我价值。

工匠精神是宝贵的精神财富,对思想政治教育工作具有极大的启示。其精益求精的理念、一丝不苟的态度、耐心与专注的要求、与时俱进不断创新的精神,值得思想政治教育工作者学习并传承。当下,提倡工匠精神为新形势下开展思想政治教育工作带来了新的契机,也为培养全面发展、适应时代要求的人才打下了坚实基础。

参考文献

[1]胡洪江,田丰."工匠精神"首次登上政府工作报告,为何总理如此看重[N].人民日报,2016-03-07.

[2]黄君录.高职院校加强"工匠精神"培育的思考[J].教育探索,2016(8).

职业院校工匠型教师队伍建设策略研究

——以宁夏职业技术学院为例*

田 宁 马晓琼

摘要:贯彻落实全国教育大会精神,坚持把立德树人作为根本任务,传承工匠精神,加强工匠型教师队伍建设,培育具有良好职业操守、永葆追求卓越本色的工匠型人才是新时代彰显职业教育特色的有力抓手。本文以对宁夏职业教育具有示范引领作用的宁夏职业技术学院为例,摸清并掌握宁夏职业院校工匠型教师队伍建设现状,找出存在的问题,最终探索并建构能适应宁夏职业教育特征的工匠型教师队伍建设策略。

关键词:宁夏;职业院校;工匠型教师

作者简介:田宁(1985—),男,回族,讲师,硕士,研究方向为人力资源管理、经济管理。
马晓琼(1986—),女,回族,讲师,硕士,研究方向为传播学、经济管理。
* 本文发表于《中国市场》2019 年第 26 期。

当前,教育强国思想已成为习近平新时代中国特色社会主义思想的重要内容,建设教育强国是中华民族伟大复兴的新定位、新使命。中国正向制造强国和智造强国阔步前行,需要数量庞大的工匠型人才,工匠型教师作为教育强国和培育工匠型人才第一资源的地位比任何时候都显得更加重要。

一、工匠型教师队伍建设的必要性

1. 工匠型教师队伍建设是高校转型发展的需要

2015 年 11 月,教育部、国家发展改革委及财政部联合印发的《关于引导地方普通本科高校向应用型转变的指导意见》明确指出,要加强"双师双能型"教师队伍建设,有计划地选送教师到企业接受培训,进行挂职和实践锻炼。可以说有高素质的应用型教师队伍,才能培养出高素质的应用型人才,职业院校能否成功转型,教师队伍向工匠型转型是关键。

2. 工匠型教师队伍建设是解决职业教育发展矛盾的需要

当前,中国特色社会主义事业进入新时代,建设教育强国成为中华民族伟大复兴的基础工程。职业教育发展的主要矛盾转变为最广大人民群众和经济社会对高质量、有特色的职业教育需要与职业教育发展不平衡、不优质、不充分之间的矛盾。宁夏要建设高水平的优质职业院校,就必须促进职业院校实现内涵式发展,培养出一支适应现代职业教育和"互联网+教育"要求的优质、有特色的工匠型教师队伍,为解决职业教育发展矛盾奠定坚实基础。

3. 工匠型教师队伍建设是宁夏实施人才强区工程的需要

2018年1月,中共宁夏回族自治区委员会办公厅、宁夏回族自治区人民政府办公厅印发的《关于实施人才强区工程助推创新驱动发展战略的意见》明确提出,要实施万名高技能人才培养计划,大力弘扬新时代工匠精神,培育技术技能型、知识技能型和复合技能型人才10万名以上,逐步建立一支与宁夏经济规模、产业结构、企业需求相适应的技能人才队伍。新时代对职业院校教师也提出了新的要求,建设一支专业精、技能通、怀有教育报国理想的工匠型教师队伍,对宁夏深入实施人才强区工程尤为重要。

二、工匠型教师的内涵

工匠精神影响了中国几千年的发展,连续三年的政府工作报告、党的十九大报告、全国教育大会讲话、《国家职业教育改革实施方案》等都提出并强调工匠精神,但工匠型教师的概念至今没有比较权威的界定。承前人研究成果,笔者认为工匠型教师应该满足精通相关专业理论知识、具有娴熟的岗位实操技能、怀有教育报国理想、秉持敬业奉献的职业道德、取得教师资格证书、熟练承担2年以上职业院校教学任务等基本条件,然后按实践教学能力分为高、中、初三个层次进行认定。

1. 初级工匠型教师认定标准

具有教师系列初级职称,并具备下列实践教学能力之一:(1)具有本专业非教师系列初级专业技术职称或高级技能职业资格证书;(2)具有从事本专业的行业特许资格(执业资格)证书或国家职业技能鉴定中级及以上考评员资格证书,并参与过行业企业具体工作;(3)近五年中有一年以上(可累计计算)企业一线工作经历,能指导学生进行实践实训;(4)近三年指导学生获得区级赛事一等奖以上或国家级赛事三等奖以上。

2. 中级工匠型教师认定标准

具有教师系列中级职称,并具备下列实践教学能力之一:(1)具有本专业非教师系列中级专业技术职称或高级技能职业资格证书,并在近五年中有一年以上(可累计计算)企业一线工作经历,取得相应实践成果;(2)具有本专业技师(二级)及以上职业资格证书或国家职业技能鉴定高级考评员资格证书或具有行业特许资格(执业资格)证书,并每年承担行业企业具体工作一项;(3)有五年以上企业一线工作经历,能全面指导学生进行实践实训;(4)本人获得区级赛事一等奖以上或国家级赛事三等奖以上,或近三年指导学生获得国家级赛事一等奖以上。

3. 高级工匠型教师认定标准

具有教师系列高级职称,并具备下列实践教学能力之一:(1)具有本专业非教师系列高级专业技术职称和职业资格[含持有国家职业技能鉴定高级考评员资格证书或具有行业特许资格(执业资格)证书],并在近五年主持(或排名前三参与)过校内实践教学设施建设,水平在区内领先;(2)近五年有两年以上(可累计计算)企业一线工作经历,能全面指导学生进行实践实训;(3)近五年主持(或排名前三参与)过应用技术研究,成果已被企业推广使用;(4)本人在国家级赛事中获得一等奖以上,能全面指导学生进行专业实践实训。

三、宁夏职业院校工匠型教师队伍建设现状分析

宁夏目前共有高等职业院校 11 所、中等职业学校 27 所,开设专业涉及农林牧渔、装备制造、轻工纺织等 18 个大类,为区域经济社会发展提供了可靠的技能人才保障。宁夏教育厅 2016 年相关研究报告和课题调研不完全统计资料显示,宁夏职业院校教职工中专任教师占 76.36%,具有高级职称的教师占专任教师的 27.05%,双师型教师平均比例为 43.1%,教师平均企业实践天数为 18.9 天。宁夏工匠型教师队伍建设才刚刚起步,2018 年仅宁夏职业技术学院率先出台了《工匠型教师遴选培养管理暂行办法》,建立了 10 个示范性教师企业实践基地,遴选了 17 名专业教师开展了第 1 期(为期 3~6 个月)工匠型教师培养工作,学校领导支持,教师参与热情较高,起到了一定的示范作用。总的来说,宁夏职业教育尚不发达,工匠型教师培养的很多机制仅具雏形,工匠型教师队伍建设经费不足、渠道不畅等问题亟待解决。

1. 人才政策对职业院校缺乏针对性

虽然宁夏政府密集出台了一系列支持人才发展的政策,比如学术技术带头人、青年拔尖人才等项目,但遴选条件大多针对本科院校设置,注重科研,缺乏针

对职业教育特点的备选条件,不利于职业院校教师培养。如果宁夏政府出台人才支持政策时能根据职业院校的实际特点,有针对性地加上工匠型教师培养等条款,鼓励教师积极主动地把理论知识应用到具体实践工作当中,将工匠精神渗透到专业理论和实践技术教学之中,将精益求精、专注敬业、虚心请教、推陈出新的精神贯穿于工作当中,则有利于推动新时代职业教育强国的进程。

2. 培养经费不足且支出缺乏规范性文件

近年来,随着高职专业设置调整等原因,宁夏职业院校部分核心课程任课教师匮乏,高级职称教师在专业群之间分布不均衡,急需加大工匠型教师培训的针对性和扩大其覆盖面。但由于培养资金不足,或即使申报上资金,也因为支出缺乏规范性文件,工作开展压力大。以宁夏职业技术学院为例,成功申报宁夏人才专项"校企人才双向交流合作示范项目"以来,学校想大力培养工匠型教师,于是外派大量教师到企业实践,但教师绩效工资的主要来源是课酬,如果教师去实践而不授课就等于没有了绩效工资,学校即使想用项目经费给实践教师发放绩效工资,也因经费支出缺乏制度保障而难以实施,工匠型教师培养工作受限。

3. 人才来源单一,引进高级工匠难度大

近年来,宁夏职业院校受事业单位招聘政策限制,教师招聘和急需紧缺人才引进往往注重学历,实操技能方面没有体现,遴选只限于从区内机关事业单位招录人员,从企业招录人才渠道不畅。此外,宁夏《关于加强高等院校人才工作的实施意见》中急需紧缺领军人才引进计划的对象是两院院士、长江学者、国家杰出青年科学基金获得者等领军人才、高层次人才,对职业院校引进急需紧缺的高级工匠缺乏有效支持。

4. 工匠型教师培养渠道不畅等情况尚未从根本上改变

企业实践的场所和渠道成为工匠型教师培养的关键,而宁夏职业院校产学研结合的教育模式尚未形成规模。有的企业甚至认为支持职业教育发展的主力是政府,加上出于影响生产效率、害怕泄露商业机密、安全生产容易出问题等方面的考虑,往往不愿意接收职业院校教师参加企业一线工作。有些接收企业组织的相关培训大多缺乏对生产工艺、实操流程、企业文化、安全生产规范的引导和传授,使得工匠型教师培养效果难以保障。

四、宁夏职业院校工匠型教师队伍建设的对策

1. 实施工匠型教师引进培养计划

打造宁夏工匠型教师队伍建设"卓越工匠"品牌,设立"卓越工匠"工匠型教师引进与培养专项基金。一方面,着力落实《国家职业教育改革实施方案》,进一步畅通从大型企业引进或聘用具有发展潜力、行业背景深厚的各类高级专业技术人才、优秀技师的渠道,并纳入宁夏"急需紧缺人才引进工程",配备资金予以支持;另一方面,根据国家级、区级教学名师评选条件,由政府出面协调职教集团、现代职业教育公共实训中心、校企共建研发中心等平台,按照逐年启动、分段建设、重点投入的原则,支持职业院校重点培养敬业爱岗、师德高尚、教学效果显著、科研成果突出、在本专业领域有一定影响力的教师,培养一批"卓越工匠",壮大工匠型教师队伍。

2. 制定合理规范的工匠型教师培养实施细则

(1)落实培养事前目标审批制。职业院校应设计制作《工匠型教师培养工作手册》,主要包括《工匠型教师培养审批表》(明确考核目标、工作岗位、校企负责人意见)、《工匠型教师培养计划表》(明确培养期每个月的工作任务、企业指导教师意见)、《工匠型教师周工作记录表》(明确工作内容、工作小结、指导教师评价)、《工匠型教师考核鉴定表》(明确工作总结、工作成效、校企考核意见)。为各教学部门创设年终考核优先评优等优厚条件,鼓励各教学部门主动为选派教师联系培养企业,指导其填写《工匠型教师培养审批表》,重点制定合理的考核目标(除完成规定的 3 个教学、科研、社会服务考核目标外,还要结合专业实际再自选2 个目标);《工匠型教师培养计划表》加部门意见后报师资管理部门审批后,方可正式实施。

(2)落实培养事中常规检查制。在工匠型教师培养期间,各教学部门应制订工匠型教师培养工作检查计划,落实教师企业工作岗位,加强对工匠型教师培养的过程管理。每周完成一次检查,形式可采用实地检查、电话查访、微信联系、组织阶段汇报等,填写《工匠型教师工作检查记录表》(明确检查时选派教师的工作计划实施进度、考核目标完成情况),确保教师保质保量完成预定工作任务。师资管理部门应联合相关部门定期查看教师所在院系《工匠型教师工作检查记录表》等材料,并通过询问企业相关人员、审查培养企业考勤记录等多种方式进行不定

期抽查。

（3）落实培养事后目标考核制。选派教师在培养期间由企业指导教师负责考核，并填写《工匠型教师指导记录表》（明确培养期指导的内容和部署的工作任务），所在教学部门要建立专项档案，不定期检查选派教师《工匠型教师培养工作手册》填写情况，教师培养结束返校后，所在教学部门要联合培养企业组织汇报会并对其技能进行考核，严格对照事前审批的考核目标，落实培养任务，考核合格者学校授予"工匠型教师"称号。

（4）大力拓展工匠资源，推进工匠型教师共融共享。制定企业工匠型教师聘任与管理办法，对接宁夏高层次人才信息采集平台，建立企业优秀骨干人才信息库，实现企业优秀工匠信息共享。支持企业技术骨干到职业院校建立实践教学基地，学校为其提供实训室场地、设备和专项经费；聘请"自治区优秀高技能人才""全区技术能手"等称号获得者，以及有其他技艺特长和重大技术革新成果的企业技术人才担任技能大师工作室的首席技师。落实企业工匠型教师目标责任制和激励机制，形成校企"共同选拔、共同培养、共同使用、共同管理、共同考核"的良好运行机制，使企业工匠型教师教授专业课的课时比例达到50%以上。

参考文献
［1］董显辉.工匠精神视野下的工匠之师培养探析［J］.职教论坛,2018(2).
［2］邓昭俊,傅贻忙,郑华夏.新时代高职青年教师"工匠精神"培育策略研究［J］.现代商业,2018（25）.
［3］中共宁夏回族自治区委员会办公厅,宁夏回族自治区人民政府办公厅.关于实施人才强区工程助推创新驱动发展战略的意见［EB/OL］.(2018-01-17).http://www.nx.nvq.net.cn/htm/6827/210568.html.
［4］安徽省教育厅.《安徽省高等职业院校"双师型"教师认定办法（试行）》和《安徽省高等职业院校"双师型"教师认定标准（试行）》［EB/OL］.(2015-05-26).http://www.ahedu.gov.cn/164/view/15757.shtml.
［5］曾洁.高职院校校企合作教学质量评价体系构建［J］.产业与科技论坛,2012(3).
［6］李祎.教学科研型中青年教师双师素质的培养与激励机制研究——以艺术类高职院校为例［J］.数码世界,2018(12).

关于组织教师参加信息化教学大赛的策略研究 *

李献智　　竺伟华

摘要：全国职业院校信息化教学大赛对教师自身的信息化素养、信息技术教学设计及应用能力、课堂组织能力、语言表达能力以及相关实践能力等方面具有明显的推动和提升作用，其有效性已被理论和实践共同验证。组织教师参加信息化教学大赛，成为加强教师队伍建设、更新教学观念、改进教学方法、提高教学质量的重要途径之一。本文主要阐述了宁夏职业技术学院在组织教师参赛过程中的具体策略，同时对以后信息化教学大赛进行了展望。

关键词：信息化；教学比赛；参赛策略；展望

作者简介：李献智，硕士，宁夏职业技术学院教授。
　　竺伟华，女，硕士，宁夏职业技术学院教授。
* 本文发表于《宁夏教育》2018年第4期。

一、信息化教学大赛简介

为了落实《国家中长期教育改革和发展规划纲要（2010—2020年）》精神，推动职业院校教育教学改革创新，提高教师信息化素养、教育技术应用能力和信息化教学水平，教育部从2010年开始每年组织举办全国职业院校信息化教学大赛，这也是国家层面唯一由政府主办的教师教学比赛。经过近几年的不断发展、创新，信息化教学大赛已成为中职、高职并举，专业全覆盖的年度盛会。办好全国职业院校信息化教学大赛已被写入《现代职业教育体系建设规划（2014—2020年）》和《教育部关于深化职业教育教学改革　全面提高人才培养质量的若干意见》等国家重要文件中。为突出大赛的导向性和公平性，引导和满足职业院校教学改革的需要，顺应广大职业院校教师的合理诉求，大赛在比赛范围、比赛项目、比赛内容、评审方式和评分指标等方面，坚持采取动态调整机制，呈现出显著的逐步优化趋势。近年来，大赛逐步从注重教学设计过渡到注重教学实施，形成了信息化教学设计比赛、信息化课堂教学比赛和信息化实训教学比赛三个赛项。

信息化教学设计比赛重点考察教师充分合理运用信息技术、数字资源和信息化教学环境，解决教学难点，突出教学重点，系统优化教学过程，完成教学任务的能力。

信息化课堂教学比赛重点考察教师依据信息化教学内容，实施课堂教学，达成教学目标的能力。

信息化实训教学比赛重点考察教师针对给定的教学内容进行信息化实训教学设计和完成相关技术技能操作的能力。

二、信息化教学大赛参赛策略

作为一项重要的制度设计,全国职业院校信息化教学大赛力求开创职业教育教学改革的全新局面。大赛对职业院校信息化理念更新、基础建设、资源开发、教学改革等方面的引领作用十分突出。在已经结束的 2017 年全国职业院校信息化教学大赛上,报名作品、参赛教师数量较 2016 年分别增长 19.1% 和 29.3%;有 8 个省区的代表队的参赛院校超过了 35 所,其中有 23 支代表队的参赛教师超过了 100 人;通过网络报名、现场报名观摩大赛的人员近千人,涉及百余家院校及单位,大赛自身影响力不断提升。在这样的形势下,通过组织教师参加职业院校信息化教学大赛,提高教师应用信息技术的水平,成为加强教师队伍建设、更新教学理念、改进教学方法、提高教学质量的重要途径之一。那么,如何有效组织教师参赛,让教师在比赛中取得好成绩的同时,提高教师的教育教学能力,促进教师全面发展呢?笔者结合近几年宁夏职业技术学院组织教师参加大赛的经历,谈谈在参赛组织中的具体做法和策略。

1. 高度重视,制度保证,形成信息化教学理念

党的十九大报告明确提出要"深化教育改革,加快教育现代化",这是新时期指引教育改革发展的重要方针。《国家教育事业发展"十三五"规划》指出,要"以教育信息化推动教育现代化,积极促进信息技术与教育的融合创新发展"。学院认识到信息技术对教育教学发展具有的革命性影响,认识到信息化教学大赛在推动教育教学改革、提高技术技能型人才培养质量方面发挥的重要作用,从而高度重视信息化教学,把信息化建设作为提升办学实力的重要战略,将深化信息技术与教育教学融合、推进智慧校园建设纳入学院"十三五"发展规划,统筹推进信息化建设总体布局。同时,学院专门出台了《宁夏职业技术学院技能竞赛奖励办法》等一系列规章制度,对教学改革、教育科研活动的奖励进行了明确规定,不仅对参赛教师在经费上予以资助,而且重奖获奖师生,在职称评聘、评先评优等方面予以倾斜,在全校范围内形成了积极参加比赛的浓厚氛围。大赛提高了教师教育技术应用能力和信息化教学水平,促进了信息技术在教育教学中的广泛应用,

教学与比赛形成良性循环，相得益彰。

2. 完善设施，更新理念，打造良好的信息化教学环境

教师信息化教学能力的发挥受限于信息化教学环境，没有网络环境和网络教学管理系统的支撑，教师很难实施网络化教学。学院加大对信息化建设的资金投入，保障信息化建设任务有效落实。一方面，打造支撑信息化教学的硬件环境，包括教学场所、教学平台及教学资源；另一方面，培养教师信息化教学理念。学院从2015年起开始建设数字化校园，先后建成校园网，实现了校区网络信号全覆盖，校园网主干带宽最大已达1G，基本满足了信息化教学需要；购置了一批教学用触控一体机，建成了一批多媒体网络教室、录播室，提供了信息化教学所需的基本硬件条件，为教师实施信息化教学提供了便利。学院引导教师由传统教学模式向信息化教学模式转变，多次邀请区外专家来学院讲授混合式教学、信息化教学及现代教育技术等内容，推行"线上、线下混合式教学"，探索慕课、翻转课堂、微课等在教学中的应用，丰富了教学资源，也使教师更新了教学理念，为教师参加大赛奠定了基础。现在青年教师大多数使用教学平台开展教学活动，他们还自发形成了学习群，为参加比赛营造了浓厚的氛围：参赛不是为了评职称，是为了荣誉，为了情怀，为了展现自己的能力。

3. 注重细节，严格要求，狠抓备赛环节

信息化教学大赛周期长，大致要经过选题、组队、设计实施、提交资料、答辩五个环节。为了能取得好成绩，学院邀请校内外专家成立了院、系两级专家领导小组，监督指导各团队备赛工作。近6个月时间，选手们观摩历届大赛作品，多次学习专家讲座内容，开发教学资源，精心设计教学环节，反复上课演练。在不断打磨参赛作品的同时，教师的信息化教学水平也得到了快速提升。

（1）提早准备，合理选题。每年6月中下旬，国家开始对国赛的专业分组征求意见，9月30日之前要提交参赛作品，3个月时间的准备显然不够，所以要想取得好成绩，提前准备比赛是必不可少的。学院每年3月就开始下达校赛文件，因为参加的是信息化教学比赛，教学内容以方便使用信息化手段的方式来呈现，做到既有科学性，又有观赏性，还要与专业中、生活中或科学技术中的实际问题相结合，同时要有创新点。因此，在选题上，学院要求系部尽可能选择不同的课程、不同的内容，而且要求每个系部根据上一年国赛专业分组情况至少准备3~4个项目，这样全校校赛就有30多个项目，专业多、项目多，待国赛专业分组确定后，

学院也不会手足无措。

（2）合理组团，各司其职。人的才能可以表现在不同的方面，每个人都有长处，每个人也都有短处，组团参赛比个人参赛更有优势。学院所有参赛团队都是老、中、青结合，每一个项目都有教授或者副教授指导，以老带新，为年轻教师的成长提供了有力保障。成员间合理分工，有的负责总策划，有的负责讲课、做PPT，有的专门做后勤保障，既团结协作，又各司其职，合作张弛有度，效率较高。

（3）对标设计，逐步完善。从近几年大赛的趋势来看，先进的教学理念、有效的教学方式、积极的教学评价、充分运用信息技术与手段、有效利用资源、积极创设信息化学习环境是大赛的发展方向。在教学设计时，教师要把握方向、紧贴标准，还要仔细分析教育部公布的信息化教学赛项评分标准，有针对性地设计，反复演练，不断修改，逐步完善，最好以问题、任务引领或情境的形式呈现教学任务；根据学生所具有的学习基础、学习特点、学习能力和学习风格等确定教学策略，以便因材施教；在教与学相互作用的活动中，要突出师生交互活动，体现以学生为中心的理念；教学活动的安排和规划要周密，教师要具备随机应变的能力；以教学目标为依据，制定科学的评价标准，突出评价的过程性、互动性、多元性；以学生分析、解决问题能力和动手能力的培养为目标，采用自主、交互、探究、体验式学习的教学方式，发挥学生的主体性和主动性，注重学习者学习能力的培养。

（4）反复修改，完善材料。加大对大赛需要提交的教案、PPT、视频等材料的审查力度，严格要求，对不合格的材料要求必须反复修改，直到符合要求为止。教案的制作是一项重点内容，虽然没有固定格式，但教案须包括以下几个方面：一是学习目标与任务的确定；二是学习者特征分析；三是学习环境选择与学习资源设计；四是学习情境的创设；五是学习活动的组织；六是学习评价的设计；七是教学反思的设计。PPT是展示教学内容的有效工具，PPT的设计制作要注意以下几点：一是要构思课件内容，分析内在文字信息的逻辑关系；二是根据设计内容准备课件素材；三是运用简单的设计元素和软件美化PPT，增强课件的可视性；四是要引入适当的多媒体；五是要经过多次的讲演练习，设置精确的播放时间，用动听的声音演绎。视频拍摄最好请专业人员完成，拍摄人员要考虑剪辑、机位、清晰度、声音采集等问题，没有经过专业训练，是拍不好的。

（5）不忘初心，训练答辩。答辩是参赛的最后一个环节，能进入现场答辩，至少获奖了，为了能更进一步，答辩环节要做好充足的准备。一是准备好答辩素材，将其熟记在心，以备不时之需；二是不在回答问题时强行塞进准备素材，以免答非所问；三是回答要简洁，不要试图拖时间；四是要有个人修养；五是赛后总结，要知道自己作品的缺陷在哪里。

4. 杜绝作秀，回归本质，实现服务教学真目标

由于信息化教学大赛的影响力越来越大，现在学院里普遍存在一些不良现象，如请公司包装、请演员作秀、停课专门演练等，彻底违背了大赛的办赛初衷。学院明确要求，教师必须自己出镜，不准请外面的公司设计，只允许团队自己想办法，不准只为信息化而教学、只为比赛而比赛。计算机再高级，iPad 再薄，都不是信息化教学的标志，其仅仅是信息产品在教育领域中的应用。只有把信息技术与教育教学过程结合起来，利用信息技术改造教育教学，才是信息化教学。通过合理引导，让大赛回归本质，形成让比赛为教学而生、信息技术为教学服务的良好局面。

三、信息化教学大赛展望

经过八年的发展，信息化教学大赛"以赛促建、以赛促改、以赛促学、以赛促发展"的理念深入人心，大赛提高了教师的教育技术应用能力和信息化教学水平，促进了信息技术在教育教学中的广泛应用，以后的比赛，更需要教师在教学方式上推陈出新，在技术运用上紧跟前沿，从而使教师的能力素养得到精彩呈现。

教学方式上要多采用混合式教学，要能根据各级反馈调整教学方式，真正做到以学生为中心，教学评价要快速准确。技术运用上要紧跟前沿，要把网络通信、虚拟仿真、增强现实、物联网感知、云计算和云存储等技术，共享型网络教学平台、虚拟仿真学习产品、移动端应用程序软件等广泛应用于教学之中。在作品中要体现出立德树人、关爱学生的良好师德，重视学习研究先进的教学理念，探索创新有效的教学方式，广泛运用积极的教学评价，充分运用信息技术与手段，有效利用公共或自制资源，积极创设信息化学习环境，促使教师的能力素养得到精彩呈现，展现新时代职教教师良好的职业能力和精神面貌。

参考文献

[1]谢传兵.全国职业院校信息化教学大赛标准解读——以信息化教学设计比赛项目为例[J].江苏教育,2015(5).

[2]左迁,王岚琪,张远刚,等.关于教师参加信息化比赛的几点建议[J].科技资讯,2017,15(28).

[3]唐文晶.试论信息化教学大赛对职教教师能力提升的拉动作用[J].中国职业技术教育,2015(20).

[4]王扬南.2017全国职业院校信息化教学大赛述评[J].中国职业技术教育,2017(35).

[5]姜丽萍.用现代信息技术改造传统教学——由全国职业院校信息化教学大赛引发的思考[J].工业和信息化教育,2015(8).

深化产教融合　创新人才培养模式 *

白秋凤

摘要：本文从产教融合与校企合作两个角度探讨了现阶段我国高等职业教育发展急需转变和深化的育人模式，试图通过职业教育模式的转变来进一步提升校企协同育人的积极作用，以及在课堂教学中逐步引入优秀企业文化，培育学生的工匠精神和创新创造能力。

关键词：产教融合；校企合作；育人模式

职业教育是国民教育体系和人力资源开发的重要组成部分，是广大青年打开通往成功成才大门的重要途径，肩负着培养多样化人才、传承技术技能、促进就业创业的重要职责，必须高度重视、加快发展。笔者从产教融合与校企合作两个角度，探讨现阶段我国高等职业教育发展急需转变和深化的育人模式，通过职业教育模式的转变来进一步提升校企协同育人的积极作用，以及在课堂教学中逐步引入优秀企业文化，培育学生的工匠精神和创新创造能力。

一、深化产教融合，培育学生的工匠精神

高等职业教育要取得进一步的发展，就必须紧跟产业发展的步伐。职业教育应由过去的相对独立逐渐向产业发展方向靠拢，根据我国现阶段产业结构调整设置专业，强化自身办学特色与优势学科建设。学校应以服务社会、经济、产业发展的心态和角色，在具体的教学环节中渗透对学生思想道德、文化素养、职业技能的综合培养，而不是按照旧的、过时的教学模式进行知识和技能灌输。要充分认识到"技能型人才培养的本质，要求培养环境、培养方式、培养内容、培养结果与产业保持高度一致"。同时，在日常教学中，还要注重对学生爱岗敬业、勤奋好学、善于钻研、精益求精的职业精神的大力培养，为我国迈向制造强国做好技能型人才培养的准备。要将学生的人生理想与职业规划有机结合起来，充分发挥学生学习技能及知识的自主性、主动性和积极性，让学生牢固树

作者简介：白秋凤，女，宁夏职业技术学院艺术设计学院讲师，文学硕士。
* 本文发表于《宁夏教育》2018 年第 4 期。

立良好的职业操守与求精意识。

长期以来,由于经费、师资、科研等方面的劣势,应用型高校在我国高等教育系统中处于边缘地位,其发展依附于居于中心地位的研究型大学。这种"中心—边缘"的高等教育系统结构,造成应用型高校在产教融合的目标定位、经费投入、学科专业调整、校企合作和"双师双能型"教师队伍建设中举步维艰。因此,要从高等职业教育现代化发展的高度出发,不断加大对高等职业教育的资金投入,不断拓展高等职业教育的办学思路,逐步提升高等职业教育的办学层次,尽快让一些办学实力强、专业特色突出、生源质量高的学校提升到本科办学层次。条件成熟时,还要让这些学校逐步提升到职业教育的研究生办学层次,吸引更多的优质学生和高水平教师加入高等职业教育的队伍中来,进一步提升我国高等职业教育的办学水平,适应新时代社会发展的需要。

作为办学主体的学校,要主动适应新技术、新产业的改革发展,更加坚定地前行在产教融合的道路上,深化教育教学改革,创新人才培养机制,由以前的只管培养、不管就业与发展的思路,尽快转变到以产业发展需求、就业创业为培养导向上来,不断提升毕业生的就业竞争力和职业发展前景。

二、加强校企合作,强化校企协同育人

加强校企合作互动、实现校企协同育人是高职教育发展的大趋势。实际上,国内外大型企业很早就开始依托高校培养后备人才,有的企业甚至在学校专业建设上投入了大量资金,其目的就是抢夺一流的人才。大型企业的参与远远不能满足我国高职教育的发展规模,中小微企业的参与是消化大量技能人才的有效途径。高职院校办学要凸显专业特色,最忌亦步亦趋、千校一面。必须紧紧抓住服务地方经济发展的办学宗旨,以地方特色产业为专业设置依据,否则很难引入校企合作机制,无法提高企业参与办学的积极性。因此,高职院校在培养人才的过程中要逐步引入优秀的企业或优秀的企业高级技能人才参与到学校教学中,要将优秀的企业文化渗透到日常的课堂教学中。目前,我国东部发达地区在这一方面进行了很好的探索,很多企业就设在校园周围,取得了较好的办学效果,实现了校企双赢。中西部的高职院校仍然面临各种困境,"校企合作育人困境是由校企合作育人非对称的资源依赖结构、双方对合作的合法性判断、校企之间'协商

性交换'的过程以及校企合作规则的构建过程等因素决定的",这种非对称性的实质还是由二者在服务意识和合作心态上的不对等性造成的,很多高职院校不愿意放下身段主动对接中小微企业,而中小微企业往往由于人力资源成本问题缺少积极对接学校的意愿。另外,由于我国没有完善的法律保障,在校企合作中没有明确规定双方的责任及义务。对于企业来说,它是追求利益最大化的经济实体,没有经济收入、单纯投入经费是企业不乐于参与校企合作的主要原因,由此也造成了合作者空位的现象。因此,尽快以法律的形式明确校企合作、协同育人的过程中校企双方的责任与义务是当务之急。

此外,在校企合作中要建立长期的、规范的、有计划的合作模式,尤其是具有一定规模的企业应该设立专门机构或人员来组织实施教育培训,条件成熟时可以发展成职教集团式的互动模式。组成职教集团,有利于解决校企合作关系不稳定的问题,避免随着学校领导或指导教师的更换而影响校企合作的因素。同时,政府应该对接纳实习学生多、培养质量高的企业进行奖励或者以减免税收的形式鼓励企业积极参与到校企协同育人的活动中来。

三、深化高职教育改革,完善人才培养渠道

要加快中国高等职业教育现代化的步伐,必须从深化高职教育的育人模式着手。一是要制定符合社会经济发展和经济增长需求的育人模式。"最大限度利用实践项目积极落实实践育人教学理念,是目前高职院校改进教学质量与提高学生综合素质的有效途径"。二是要从传统的"技能育人"尽快向"文化育人"转变。强化学生综合文化知识的积累、创新创造意识的培养,要"结合专业实际,进行专业人才培养模式改革,衍生各具特色的专业人才培养模式,为企业培养业务精湛、技艺高超、素质优良的高端技能型人才,最终使学校、企业、家长、学生四方受益",通过"文化育人"的教育模式使学生的人格得到全面的塑造,从而促进专业技能的全面提高。三是完善职业教育人才多样化成长渠道。当前我国高职教育的生源质量相对较差,招生模式单一。受传统高等教育注重理论性人才培养的影响,很多学生并不情愿就读于高职院校,即使入学也往往学习积极性不高。这与毕业生的职业地位、经济收入、后续发展有直接关系。因此,我国高职教育要想取得飞跃式发展,健全技能型人才就业、成长、发展、收入制度,完善职业教育人才

多样化成长渠道是关键因素。四是要积极支持职教集团建设。"通过组建职教集团，构建组织协同、资本协同、资产协同和产品协同的协同育人模式，实现校企互利共赢、共同发展。"其实，高职一年级学生所处的年龄段是接受高技能训练的黄金阶段，无论是基础文化知识积累，还是自身心智成熟，都为接受高技能训练创造了有利条件。职教集团模式的优势在于学生从入学就能与优秀企业进行理念对接，从而快速进入技能学习的良好状态。当前，我国已进入高等职业教育现代化发展的关键时期，不断深化产教融合、校企合作是实现育人模式转型的有效途径。同时要培育学生树立远大的人生理想和制定合理的职业规划，提升综合文化素养，进一步提高专业技能，强化对工匠精神的不懈追求，为我国即将实现的制造强国目标贡献个人的力量。

参考文献
[1]陈年友,周常青,吴祝平.产教融合的内涵与实现途径[J].中国高校科技,2014(8).
[2]陈星,张学敏.依附中超越:应用型高校深化产教融合改革探索[J].清华大学教育研究,2017(1).
[3]王健,许秀清,詹友基.产教融合:培养高素质应用型人才的必由之路[J].中国高校科技,2016(7).

德国"双元制"下的工学交替人才培养模式试点和推行 *

张彩芬

摘要：在借鉴德国"双元制"成功模式的基础上，结合地域经济情况，充分利用学校和企业的资源优势，创新职业教育校企人才共育模式，有助于建立和完善职业教育的理论体系。校企双方应以"双元制"职业教育人才培养模式为基础，结合职业院校人才培养模式改革，开展本土化实践。

关键词：德国"双元制"；工学交替；实施方法

作者简介：张彩芬(1972—)，女，宁夏盐池人，硕士，教授，研究方向为机电一体化技术。
* 本文为 2017 年宁夏教育厅教学工程教改项目"德国'双元制'下的工学交替职业教育模式探索与实施"的研究成果，发表于《创新创业理论研究与实践》2019 年第 22 期。

高职院校应引入德国"双元制"职业教育模式，培养综合型应用技术人才，立足于服务地方支柱产业，促进区域经济发展，将教学项目与企业生产项目、课程标准和行业企业职业标准、实训管理与生产管理、校内评价和企业评价有机融合在一起，校企协同培养，共同促进学生职业素质的全面提升，以"双元制"职业教育模式—地方产业结构转型升级—区域经济协调发展为主线，深化"产教融合、协同育人"机制，试点推行德国"双元制"下的工学交替人才培养模式。

一、德国"双元制"下的工学交替人才培养模式

学校应积极探索德国"双元制"下的工学交替人才培养模式，如图 1 所示。在装备制造专业群中选取一个班进行试点，与舍弗勒(宁

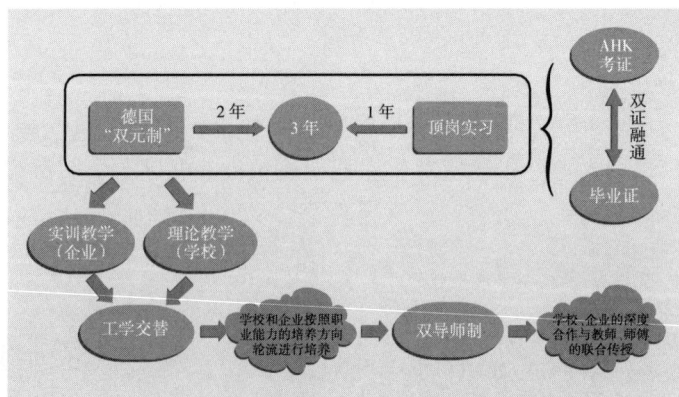

图 1　"双元制"下的工学交替人才培养模式

夏)有限公司进行深度合作,工学交替,实施整个教学过程,完成高技能人才的培养。

学校和企业按照德国"双元制"教学模式,结合区域经济特点,充分利用企业资源和学校资源,走具有自身特色的校企人才共育模式,有助于建立和完善企业职业教育的理论体系。高职院校应以"双元制"职业教育人才培养模式为基础,结合职业院校人才培养模式改革,开展本土化实践与研究,加强校企合作,依托企业实际工作过程开发教学、实践课程。

二、具体实施方法

1. 采用双主体、双导师校企合作机制

学校和企业作为双主体,共同制定校企合作协议,建立企业主动参与学校人才培养及校企双方受益的动力机制、利益驱动机制、保障机制,形成互利共赢、共同发展的合作办学模式。搭建校企深度融合育人平台和高层次产学研用平台,提升专业服务产业能力,校企共建共享专业优质资源,整合、优化教学和员工培训等资源,既满足学生的个性化学习需求和技术技能培训需求,又实现教师、学生和企业员工的资源共享,提供教学资料和企业认证教案供校内教学,并派出培训师共同完成企业植入课程的社会培训。同时,学校和企业共同建设大型校外实训基地,安排学生开展现场实训和教学。学校和企业共同承担教学任务,确定职业能力的培养方向,工学交替,进行专业理论知识和实践技能的培养。

在实施过程中采用双导师制,学校专业导师和企业导师作为双导师,在项目实施和课程教学过程中共同完成教学任务。采用项目驱动教学法,对学生的专业学习、职业规划、专业技能训练进行指导,使学生在学习兴趣、协作精神、实践动手能力、科技创新能力上得到有效提升。学校和企业依据学生学习特点、自身能力和学校专业课程设置情况,引导学生制订详细的项目学习计划,提高学生课程学习兴趣,培养学生良好的职业素养,使之掌握正确的学习方法,充分发掘学生潜能,培养学生良好的学习习惯及创新创业能力,共同指导学生完成项目和课程的学习。

2. 具体实施措施

学生入校后,由企业和学校共同制订人才培养方案和培养计划,采用德国

"双元制"下的工学交替人才培养模式,并将国际认证 AHK 考证纳入教学过程,依据资格认证标准,选取教学内容,结合区域经济特点,充分利用企业和学校的资源优势,将理论教学与实践教学相结合。前两年学校和企业采用工学交替的教学方法实施教学任务、完成培养计划,学校主要完成专业理论及专业基本技能的教学,企业主要完成实践训练和现场教学。第三年学生进行一年的顶岗实习,完成"学生→学徒→准员工→员工"的角色训练。按照 AHK 的职业标准和国家职业标准,强化训练,并进行资格认证。校企共同建立高职学生质量标准化体系和质量评价体系,全面提高学生的培养质量,创建具有地域特色的校企深度合作的人才共育职业教育模式。

通过与舍弗勒(宁夏)有限公司、宁夏维尔铸造有限责任公司等多家企业合作,以职业技能培养为目标,积极探索校企合作的运行管理机制,建立健全高技能人才培养评价体系,按照现代制造业的发展需求以及校企"合作共赢、职责共担"的原则,共同制定人才培养目标及设计人才培养方案,共同制定专业教学标准、基于工作内容的专业课程及课程标准、基于典型工作过程的专业课程体系、岗位标准、技术技能考核标准、企业师傅标准及相应实施方案,探索最优化的学生管理模式与管理队伍建设方案。按照国家职业标准,选取专业教学内容,开发工学结合一体化教材。

3. 积极构建完善基于工艺过程的模块化课程体系

(1)以职业岗位能力需求为目标,制定课程标准。在课程体系构建中,按照机电一体化技术人才培养模式,以"双元制"下的工学交替人才培养模式为基础,以国家职业标准为依据,以技能培养为核心,紧跟现代制造业的发展和需求,调整专业培养方向和培养目标,借鉴德国"双元制"职业资格标准,以职业岗位能力需求为目标,加强与国际标准的对接,培养学生的综合能力。将实际生产环节引入课程,围绕智能制造典型环节,以核心职业能力培养为主线,健全人才培养考核评价体系。

(2)将创新创业教育课程融入课程体系。大力支持开展创新创业教育,是国家创新型社会发展的重大战略举措。按照高质量创新创业教育的需要,将学生的创新意识培养和创新思维养成融入教育教学全过程,改革教学方法,因材施教、调配师资,集聚创新创业教育要素与资源,设置分步递进、衔接紧密、规范合理的创新创业教育专门课程。重构创新创业教育课程体系,即结合学校的实际,把创新创业教育课程和专业课程相结合,充分利用专业实验实训室和创新实训中心,有针对性地开设创新创业教育课程,分阶段分层次地进行创新思维培养和创业能力锻炼的教育,满足不同学生的需求。培养学生的创新精神和实践能力,提高学生的自我发展能力,以创业带动就业,促进毕业生充分就业。

(3)构建基于工艺过程的模块化课程体系。为提高教学质量、加强内涵建设,开发基于工艺过程的模块化课程体系,如图2所示。

职业素养模块	职业技能模块	职业拓展模块	综合实践模块
公共课程	专业课程	公共选修课、专业选修课	专业实践综合课程
↑	↑	↑	↑
素质优	以技能为本	提升就业层次	根据企业需求动态调整
↑	↑	↑	↑
学校	学校、企业	学校、企业	实训基地

图2 机电一体化技术专业课程体系架构

按照职业技能的培养目标,以工艺过程为主线,构建职业素养模块、职业技能模块、职业拓展模块和综合实践模块等四大模块的课程体系,职业素养模块开设专业公共课程,主要培养学生的职业素质;职业技能模块主要针对技能的培养,设置相应的专业课程;在职业拓展模块中设置专业选修课和公共选修课,拓展学生的就业范围,提升学生的就业层次;综合实践模块主要设置专业实践综合课程,培养学生的综合能力,并根据企业需求进行动态调整。

参考文献
[1]孔琳.德国"双元制"实训框架对我国实训基地建设的启示[J].职业,2019(22):98-99.
[2]林杰.德国双元制高等教育人才培养模式研究[J].现代交际,2019(9):46-47.
[3]贾燕燕.德国"双元制"教学模式本土化的探索[J].科技风,2019(11):47.
[4]林梅.基于模块化理论的创新创业培训课程体系的构建[J].创新创业理论研究与实践,2018(21):51-54.
[5]孙伟,李树波,高建,等.德国双元制职业教育双元育人培养过程探析[J].辽宁高职学报,2019,21(4):17-20.

宁夏葡萄酒产业国际化技能型人才培养的探讨 *

张存智　刘　晶　岳　圆　陈　萍

摘要:随着宁夏葡萄酒产业的发展，提升技能型人才培养的国际化水平和国际竞争力成为产业发展的迫切需求。因此，需要做好顶层设计，即人才培养方案的制订；引进国际教育先进理念，进行基于工作过程的课程体系构建；加大学生外语交流能力培养；加强葡萄酒生产技术和推广营销技能的培养；加强世界各国文化、法律、金融、地理、历史、宗教等方面的通识教育；增加互联网、大数据、物流、电子商务等方面的拓展知识，培养学生的创新能力。采用拿来、融合、创新的手段进行课程建设和网络开放课程建设；加大国际化师资队伍建设和实训基地建设，提高培养质量。

关键词:葡萄酒产业;人才培养;国际化水平;路径探讨

作者简介:张存智(1972—)，女，教授，研究方向为葡萄酒产业职业教育和职业教育实践。

* 本文为"宁夏回族自治区科技创新领军人才"项目成果，发表于《中外葡萄与葡萄酒》2019 年第 1 期。

2014 年 6 月由教育部等六部门发布的《现代职业教育体系建设规划(2014—2020 年)》明确指出，"我国职业教育国际化水平不高"，要"有计划地学习和引进国际先进、成熟适用的人才培养标准、专业课程、教材体系和数字化教育资源""实施跟踪和赶超战略，鼓励职业院校与国外高水平院校建立一对一合作关系"。

目前，随着劳动力市场的国际化，技能型人才全球化流动已成必然趋势，各国将提升职业教育国际化水平和国际竞争力作为应对金融危机和支持实体经济发展的战略选择[1]。21 世纪以来，英国出台了多项教育国际化政策，将国际化要求融入各级各类教育之中[2]；德国将培养学生的全球视野和责任意识作为职业学校的重要使命[3]；欧盟实施多语言战略，将外语能力看作学生终身学习的关键能力之一[1]。联合国教科文组织强调"职业教育要促进国际理解和包容，培养具有全球视野和责任意识的公民"。由此可以看出，推进职业教育国际化，培养学生掌握跨文化交际能力、国际先进技术，促进国家间交流，已成为国际职业教育界的共识。

一、宁夏葡萄酒产业国际化技能型人才培养现状

宁夏贺兰山东麓处于世界葡萄种植的黄金地带，截至 2016 年，宁夏葡萄种植面积达 4.27 万公顷，其中酿酒葡萄 3.8 万公顷，产量 20 万吨；建设酒庄 184 个，其中已建成投产 85 个，正在建设 99 个，综合产值达

166亿元。先后有40多家酒庄的葡萄酒在国内外各类品鉴评比中获得200多项奖项,已成为国际葡萄酒界关注的热点地区[4]。虽然,宁夏产区近10年来发展迅速,但产业发展层次低,尚未形成产区品牌,特色产品品牌优势、产业竞争力、市场带动力和综合生产力不强,其中重要原因之一是随着葡萄酒产业的迅速崛起,葡萄酒专业人才严重匮乏,特别是具有国际竞争力的应用型技能人才更加稀缺。虽然目前宁夏大学、北方民族大学、宁夏职业技术学院、宁夏葡萄酒与防沙治沙职业技术学院相继开设葡萄与葡萄酒工程及相关专业,基本形成高、中、低不同层次的人才培养基地,但都刚刚起步,人才的培养质量、数量及结构层次远远不能满足产业发展的需求。宁夏大学葡萄酒学院自2013年开始探索培养具有国际化视野的葡萄与葡萄酒行业应用型人才,至今才有第一届毕业生,质量不高,数量不足。高职和中职院校国际化人才培养还没有真正开始,在专业改革和课程整体设置上还没有与国际人才培养接轨。随着宁夏葡萄与葡萄酒产业的快速发展,对外交流越来越频繁,国际化人才的培养跟不上产业的发展,已成为制约产业发展的重要因素。

二、葡萄酒产业国际化技能型人才的标准

随着宁夏葡萄酒产业国际化进程的加快,对外交流越来越频繁,国内外葡萄酒企业间的技术、产品、文化交流及推广会成为日常的工作。因此,除必须掌握的专业知识和能力外,还要具备外语交流能力,熟知世界各国文化、法律、金融、宗教等方面的知识,互联网、大数据、物流、电子商务等方面的知识也是必备知识。

1. 外语交流能力

我国对大学英语的定位是培养学生的英语综合应用能力,特别是听说能力,使他们在今后的学习、工作和社会交往中能用英语有效地进行交际。美国加州社区学院国际教育联盟2014年共提供了27门外语课程,40%的学院至少开设了一门外语课程,25%的学院至少开设了三门以上外语课程,其中海岸线社区学院和旧金山社区学院提供了14门以上的外语课程[5-6]。宁夏葡萄酒产业对外交流越来越频繁,不仅需要企业高层次人才能灵活应用外语,而且要求一般员工也能达到自由交流的水平,这样才能满足日常工作的需求。因此,不论哪个层次的人才,外语交流能力是必备技能。

2. 产业技术水平与葡萄酒文化推广水平

据国家统计局发布的数据,2017 年中国葡萄酒产量为 100.1 万千升,比 2016 年减少 13.6 万千升,同比下降 5.3%,连续 4 年呈下降趋势,而进口葡萄酒继续高速增长,对国产葡萄酒形成高压。二者间的差距是显而易见的,其中最重要的是技术、管理水平、研究水平、文化理念的差距,葡萄酒文化推广水平的差距。国人消费习惯在逐渐改变,对葡萄酒质量的鉴别水平需要一些时间来提高。在这段时间内,具有中国特色的葡萄酒文化要迅速崛起,但现状是酿酒技术人才和文化推广人才匮乏,熟悉世界葡萄酒文化的技能人才更是少之又少。因此,要提升葡萄酒产业技术水平,培养葡萄酒文化推广人才。

3. 跨学科、跨文化综合能力

21 世纪美国社区学院教育国际化的目标不仅是让学生了解其他国家的文化基本特征和地理位置,还要培养学生的国际视野,使他们接受不同的意识形态。加州社区学院国际教育联盟将文化人类学课程、文化地理学课程、民族研究课程和跨文化交际课程等融入其教学实践中[5]。由此可以看出,跨学科、跨文化综合能力的培养成为教育的必然要求。

宁夏葡萄与葡萄酒产业国际化技能型人才的培养,离不开国际职业素质的培养,也就是跨学科、跨文化综合能力的培养,故需加强通识教育。

4. 自主学习能力、创新能力

随着经济、科技等的不断发展,社会发生了巨大的变革并继续不断进步。人工智能、大数据分析在葡萄酒产业中的应用越来越广泛,互联网技术、电子商务的快速发展使得葡萄酒的网络营销技术显得越来越重要。宁夏葡萄酒产业面临很多挑战,需要不断进行科技创新。人才培养要跟上时代发展和科技进步的步伐,培养学生的自主学习能力、创新能力。

三、宁夏葡萄酒产业国际化技能型人才培养的路径探讨

1. 根据需求分析,进行专业人才培养的顶层设计

根据市场调研,进行宁夏葡萄酒产业国际化技能型人才岗位能力需求分析,制定人才培养的知识目标、能力目标、素质目标,即制订人才培养方案。

2. 根据人才培养目标,进行课程体系的构建

根据宁夏葡萄酒产业国际化技能型人才岗位能力需求和人才培养目标,进行基于典型工作岗位、工作任务的课程体系开发,在过去人才培养方案的基础上进行改革和创新。专业课程体系包括四大素质模块,具体如下。

一是职业素质模块。加强国际化交流能力的培养,增加英语、法语等外语类课程的课时,将国际人文、地理、历史、自然、宗教、民族、金融、环保、食品安全等课程注入教育内容,拓展学生的知识面,提升学生的基本素养。

二是岗位基础能力模块。与国外大学、外企、国内大型企业合作,建立国际化实训基地,引进国际化人才培养的评价体系,构建基于工作过程、教学做一体化、具有中国特色的人才评价体系。[6]

三是岗位核心能力模块。学习国际先进技术、国际标准等内容,开发专业核心课程,进行本土课程国际化与国际课程本土化的整合和改造。

四是能力拓展模块。积极与时代、科技的发展接轨,增加互联网、电子商务、云计算、智能机器人、大数据等方面的基础理论知识,讲授跨界的学科内容,这对学生在将来的工作中开拓思路、积极创新具有很大的帮助。

3. 国际化课程建设

(1)采用"拿来主义"。根据国际先进技术、国际标准、国际证书等的要求,研究如何整合教学内容,使国际课程本土化、本土课程国际化。国际课程本土化不是单纯的校内本土课程的扩容,也不是完全引进国际课程取代本土课程,而是优化优质国际课程资源,并完善学校的课程体系,是有机融合本土课程与国际课程的精华,达到为我所用的目的。

(2)开展多学科融合教学。高职教育重在实践教学,要根据工作岗位对理论与技能的需求,结合世界先进的技术、文化和理念,剔除过时的教学内容,更新与世界接轨的教学内容。教学内容的多学科整合是必然趋势。在葡萄酒文化打造和销售内容学习中,更多地融入世界通识知识,即将世界葡萄酒文化与地理、历史、宗教、法律、经济等有机融合。葡萄酒工艺学不再只讲酿酒工艺,而是工艺、机械、设备、电工、电子、自动化控制、人工智能、快速自动分析检测、消费者消费习惯、不同人群的消费理念、环保、食品安全、金融、云计算、大数据等方面知识的有机融合。双语教学是必然趋势,国标单位与国际单位的转换,国际协议、标准和组织的英文名称等,也是国际化课程基本的教学内容。

（3）建设网络化、数字化的教学资源。传统意义上的高等教育国际化主要表现为留学生教育，而云计算、大数据和"互联网+"的迅猛发展为信息资料、教学仪器和科研设备的共享提供了可能。近年来，慕课、翻转课堂的发展更是带动了教学体系、教学课程的共享与融合，成为高等教育国际化课程建设的重要手段。随着国际化进程的加快、加深，慕课、翻转课堂等先进教育手段的推广，教育资源在全球范围内获得了重新分配的机遇，有限的、优质的教育资源不再稀缺，全球高等院校都可以通过"互联网+"实现资源共享[7]。但是就我国而言，葡萄与葡萄酒相关专业，只有一门国家级精品资源共享课程——葡萄酒生产技术与工艺，其他核心课程的网络教学资源呈现散乱、匮乏、不成体系的局面。应加大对国外优质教学资源的引进和整合，建设网络化、数字化的教学资源，让学生根据自己的喜好和发展愿望来选择国内外学习资源，拓宽国际化视野。

（4）建设国际化师资队伍。国际化的师资队伍建设包括聘用外籍教师和培养本土教师两个方面。宁夏每年都聘请国外知名葡萄酒专家到宁夏讲学，举办学术交流会；举办国际酿酒师大赛，到各个酒庄进行酿酒技术交流。学校聘请的外籍教师大多数是语言方面的教师，专业课教师几乎没有。由于语言障碍，双语教学几乎没有进行。教师出国学习大多是短期参观交流，引进的海归学者少之又少。因此，提高宁夏葡萄与葡萄酒专业课教师的外语水平是当务之急，应选派专业课教师到国外大学进修并到知名酒庄进行生产实践锻炼，制定考核和激励机制；督促教师学习外语，并主动实施双语教学；柔性引进外籍专业课教师，选派年轻的教师做助教；多举办公开课，进行学习交流，提高师资队伍的国际化水平。

（5）搭建国际化教学实践基地。宁夏高职院校可以和国际知名企业如酩悦·轩尼诗、保乐力加，国内龙头企业如张裕、长城等建设校外实训基地，在葡萄栽培、酿酒、销售等环节开展实训，企业派技术骨干到学校做兼职教师，老师到企业进行顶岗实践，学校的专家教授到企业兼职，企业的中高层领导到学校兼职。打通学生实践教学的通道，让学生学习国际化企业、大型国企的企业文化，学习企业的管理和用人制度，学习岗位技术。和国外院校建立合作关系，通过到国外进行中短期集中学习等方式，互通有无，提高学生培养水平。随着综合国力和消费能力的提升，我国将成为世界上最大的葡萄酒消费大国，葡萄酒产业人才教育水平也会不断提升，这更需要走出国门，走向世界。

参考文献

[1]石伟平.职业教育国际化水平和国际竞争力提升:战略重点及具体方略[J].现代教育管理,2018(1):72-76.

[2]孙珂.英国21世纪教育国际化政策探析[J].外国教育研究,2015,42(11):120-128.

[3]王启龙,石伟平,李君敏.哥本哈根进程后德国促进职业教育的经验与启示[J].中国职业技术教育,2015(3):66-69.

[4]宁夏贺兰山东麓葡萄产业发展情况[EB/OL].(2016-07-24)[2018-07-20].http://www.wine.gov.cn/hlsdlptcy/hlscygk/201607/t20160727_4101873.html.

[5]李书影.美国社区学院教育国际化的发展历程与演进路径[J].外国教育研究,2017(1):118-130.

[6]徐绍史."一带一路"与国际产能合作——企业生存之道[M].北京:机械工业出版社,2017:280.

[7]周泉."互联网+"时代的高等教育国际化浅析与启示[J].课程教育研究,2017(34):254-255.

宁夏玉泉营特色葡萄小镇发展旅游业的 SWOT 分析[*]

陈　丽　任保平

摘要:宁夏玉泉营特色葡萄小镇作为贺兰山东麓葡萄文化长廊核心区中葡萄产业的开拓者和领军者,具有自身的发展优势。本文主要从自然资源、产业发展现状、产业发展中存在的问题入手,总结了玉泉营特色葡萄小镇发展旅游业的优势、劣势、机遇和威胁,旨在通过 SWOT 分析为未来玉泉营特色葡萄小镇发展旅游业提供借鉴。

关键词:特色小镇;全域旅游;SWOT 分析

作者简介:陈丽(1979—),女,宁夏银川人,宁夏职业技术学院副教授,硕士,研究方向为旅游规划与开发。

　　任保平(1980—),男,宁夏银川人,银川市规划建筑设计研究院有限公司注册规划师,硕士,研究方向为城市规划。

* 本文发表于《边疆经济与文化》2019 年第 5 期。

　　特色小镇是以特色产业为支撑和引领的、具有明确发展定位、特定文化内涵、独特景观风貌和较强聚集辐射功能的空间载体,对加快新型城镇化和新农村建设、促进经济社会生态的全面发展具有重大引领作用。目前,宁夏有 7 个镇先后被评选为全国特色小镇,10 个镇入选宁夏第一批特色小镇培育名单,特色小镇发展势头强劲。玉泉营特色葡萄小镇是《中国(宁夏)贺兰山东麓葡萄产业及文化长廊发展总体规划(2011—2020 年)》中确定的三个葡萄文化特色镇之一,位于贺兰山东麓,有葡萄种植园 2 万多亩,以优质葡萄种植和葡萄酒酿造、销售为主,是贺兰山东麓葡萄文化长廊核心区及国家原产地域产品保护区,是宁夏唯一的自治区级葡萄苗木繁育基地,有十余座特色酒庄,是宁夏葡萄产业的开拓者和领军者,产业特色十分明显,具有建设成宁夏和全国特色小镇的较强优势[1]。

一、宁夏玉泉营特色葡萄小镇自然资源现状

1. 区位条件

玉泉营特色葡萄小镇位于玉泉营农场场域中部,即玉泉营农场场部、玉泉国际酒庄和西夏王葡萄酒业有限公司所在区域。北侧紧邻307 国道,南侧紧邻许黄路,对外交通较便利,向北距离首府银川约 37 公里,向东距离永宁县城约 26 公里,处于大银川"半小时经济圈"内。随着乌玛高速、307 国道、永银快速通道、永青路等区域性主干路的建

成通车，玉泉营对外交通条件得到极大改善，大银川都市区对玉泉营的辐射带动作用显著增强。

2. 气候特征

玉泉营地处银川平原中西部，属典型的中温带大陆性干旱气候，干旱少雨，日照充足，蒸发强烈，昼夜温差大，并常伴有霜冻、干热风、冰雹、山洪等自然灾害。年平均降水量 187 毫米，年蒸发量 1250 毫米；多年平均气温 8.5℃，年日照时数 2800~3300 小时，全年无霜期 155 天左右，全年平均风速 2.9 米/秒；土壤冻结深度 0.8~1.2 米，冻结期 150 天左右。

3. 地貌、土壤

玉泉营特色葡萄小镇处于贺兰山东麓山前洪积扇倾斜平原地带，地势西高东低、南高北低，海拔 1010~1150 米。土壤类型以灰钙土、砂砾土为主，土壤厚度较深。

4. 水资源

玉泉营农场内降水稀少，地表水资源十分贫乏，农业灌溉主要以引黄灌溉为主，灌溉条件比较便利。

5. 种植条件

玉泉营农场地处宁夏最佳酿酒葡萄生态带核心区域，远离喧嚣的工业区。这里土壤透气性极佳、有机质含量高，加上干燥少雨，光照充足，昼夜温差大，且西有贺兰山天然屏障抵御寒流，东有引黄灌渠横穿而过，可满足优质葡萄生长的各种需求，是中国第三个国家原产地域产品保护区域，被国内外专家公认为"中国优质酿酒葡萄第一区"。

二、宁夏玉泉营特色葡萄小镇产业发展现状

玉泉营农场产业特色比较突出，目前产业类型有葡萄种植、粮食种植、葡萄幼苗培育、葡萄酒酿造及销售、酒庄休闲观光等，主导产业为葡萄种植、葡萄酒酿造及销售。2017 年实现经济收入 11122.6 万元，城镇居民人均年可支配收入 28900 元。其中第一产业收入 2178.1 万元，第二产业收入 8762.4 万元，第三产业收入 182.1 万元，产业结构比例为 19.6:78.8:1.6，葡萄酒加工酿造占据主导地位，旅游服务业发展比较缓慢、比例偏低[2]。

1. 种植业现状

2017 年种植优质葡萄 2.1 万亩,占耕地总面积的 60% 以上,其中酿酒葡萄 1.7 万亩,鲜食葡萄 0.4 万亩,产量达到 9785 吨,几乎囊括了世界名优鲜食和高档酿酒葡萄品种,现有自治区级标准化葡萄种植园 3 处,是贺兰山东麓葡萄种植的先行区与示范区;另外种植玉米 9308 亩、产量 6738 吨,其他经果林中苹果种植面积 30 亩、枣子种植面积 15 亩、药材种植面积 3900 亩、小杂果种植面积 75 亩,其中药材(肉苁蓉)产量 758 吨,枣子 8 吨。

2. 制造业现状

产区主要有葡萄酒厂 1 座,酒庄 8 座,生物肥料工厂 1 座。其中西夏王葡萄酒业有限公司位于场部东侧,是宁夏最早的一家集科研、生产、销售于一体的葡萄酒生产企业。该公司 1987 年酿造出宁夏第一杯葡萄酒,经过 30 多年的发展,已研发出干红葡萄酒、干白葡萄酒、甜白葡萄酒、白兰地、饮料五大系列 100 多个产品,目前酿酒原料基地已达 10 万亩,有 4.5 万吨的年生产能力,产品畅销国内市场并向国际市场迈进,是宁夏贺兰山东麓葡萄酒产区的领军企业。截至 2016 年,玉泉营共批复建设 15 座酒庄,其中已建成 8 座、在建 2 座、未建 5 座,已建成酒庄生产能力 9520 吨,在建酒庄生产能力 3100 吨。其中,玉泉国际酒庄、巴格斯酒庄被评定为四级酒庄,类人首酒庄、阳阳国际酒庄被评定为五级酒庄。

3. 旅游业现状

目前,玉泉营特色葡萄小镇旅游业发展初见成效,已形成了集葡萄种植、葡萄酒酿造、葡萄采摘、葡萄酒品尝销售、科研、餐饮、住宿、会议接待、娱乐休闲及生态休闲观光等为一体的旅游产业。玉泉营特色葡萄小镇从 2001 年开始就发展以葡萄和葡萄酒加工为主的工农业旅游,是国家首批工农业旅游示范点;玉泉岛度假区 2008 年被评定为 3A 级景区;现已建成酒庄 8 座,有 4 座酒庄可开展旅游接待服务;农场 3 队沿南侧道路分布有 4 个农家乐,以鲜食葡萄采摘、农家餐饮等为主。玉泉国际酒庄建设于 2010 年,主要以公务接待为主,近年来游客年接待量在 7000 人左右。玉泉岛湖面积 200 亩,湖中心有小岛 30 亩,湖内种植荷花和芦苇,目前旅游业处于停滞状态,游客接待量及旅游收入逐年递减。

三、宁夏玉泉营特色葡萄小镇产业发展存在的问题

1. 酿酒葡萄供应广、产量大，但销售滞后，与生产量不成正比

玉泉营农场仅西夏王葡萄酒有限公司年葡萄酒生产能力就达 4.5 万吨，可支撑约 10 万亩葡萄种植，但葡萄酒产出与销售不成正比，2011 年以来 6 年间总销量还不到总产量的 30%，库存积压严重。玉泉营其他酒庄年产量在 200~3000 吨，同样存在产销不成正比、销售滞后的现象。

2. 葡萄酒加工参差不齐，技术有待提高

玉泉营各酒庄管理体制不同，生产技术也参差不齐，与国内、国际知名葡萄酒庄在技术、人才、管理等方面存在一定的差距。

3. 酒庄众多，但规模、档次差距较大，旅游业发展较为缓慢

玉泉营目前已建成的酒庄规模、功能各异，档次差距较大，既有集葡萄种植、加工、旅游为一体的综合酒庄，也有单纯的葡萄种植和加工销售的酒庄。目前，除了玉泉国际酒庄、巴格斯酒庄、类人首酒庄以外，其他酒庄未开展旅游接待活动。玉泉国际酒庄主要以公务接待为主，散客、旅游团游客接待较少，游客目标人群较为局限，无法满足大众游览的需求。

4. 葡萄产业链相对单一

目前，玉泉营葡萄产业主要以葡萄种植与葡萄酒酿造为主，葡萄酒文化传播、葡萄酒品评等内容比较缺乏，葡萄酒文化与节庆、旅游、休闲等产业结合的内容相对薄弱。

5. 宁夏玉泉营特色葡萄小镇发展旅游业的 SWOT 分析

本文按照 SWOT 模式对葡萄小镇的优势、劣势、机遇、发展措施等进行了详细分析，具体内容如表 1 所示。

表 1 宁夏玉泉营特色葡萄小镇发展旅游业的 SWOT 分析

		优势(S)	劣势(W)
内因		(1)区位优势:位于贺兰山东麓葡萄文化长廊中部,地处银川"半小时经济圈"内,对外交通便捷 (2)资源优势:属于贺兰山东麓国家葡萄酒原产地域产品保护区域的核心区,能满足优质葡萄生长的各种需求 (3)产业优势:拥有宁夏最大规模的葡萄酒厂、集中连片的优质葡萄种植基地、多个特色酒庄,葡萄苗木繁育量全区最多 (4)品牌优势:"西夏王"葡萄酒被评为"2016中国十大葡萄酒"之一,是宁夏红酒的翘楚 (5)环境优势:远离工业区,生态环境良好,葡萄园景观特色明显	(1)基础设施条件薄弱 (2)各酒庄规模、档次差距较大,难以聚集发展 (3)现有旅游产品目标客户群体有限,知名度不高
外因			
机会(O)		SO 利用外部机遇,发展自身优势	WO 利用外部机遇,克服自身限制
(1)宁夏推进全域旅游示范区创建将大力推进旅游发展 (2)宁夏农垦集团对玉泉营特色葡萄小镇高度重视 (3)宁夏对贺兰山东麓葡萄酒产业发展高度重视 (4)优质葡萄酒缺口较大		(1)通过政策优势,大力发展健康、绿色、养生的葡萄酒产业,促进旅游产业的发展 (2)利用场域自身葡萄酒规模化生产优势,促进一、二、三产业融合发展	(1)统筹宁夏葡萄酒产业,打造宁夏葡萄酒交易中心 (2)以旅游业发展为契机,完善场域公共服务设施、基础设施,对场域景观环境进行优化 (3)着力发展特色葡萄小镇,带动当地就业,为本地居民及外来居民提供更多就业机会
威胁(T)		ST 发展自身优势,应对外部挑战	WT 克服自身限制,应对外部挑战
(1)贺兰山东麓葡萄酒产业发展势头强劲,同质化产品较多 (2)葡萄酒产业对配套设施要求较高,目标人群和产品定位较高 (3)管理成本高		(1)与宁夏其他酒庄进行对比,准确定位,发展特色产品 (2)加强配套设施建设,优化现有产品,提升产品档次 (3)加强葡萄酒营销体系建设 (4)加强酒庄配套基础设施建设,夯实产业基础	(1)加强品牌宣传力度,克服发展限制,打造特色葡萄小镇 (2)加强葡萄酒文化培养,引导大众消费习惯 (3)提高葡萄酒质量,占领国内中高端葡萄酒市场

四、结语

综上所述,寻求特色发展是玉泉营特色葡萄小镇未来发展的灵魂,未来发展中玉泉营特色葡萄小镇作为贺兰山东麓葡萄种植、葡萄酒酿造、科技研发、销售、世界葡萄酒文化展示的核心区,应在宁夏发展全域旅游思想的指引下,以旅游业发展为契机,加强品牌宣传力度,依托自身资源优势,大力推进一、二、三产业融合发展,打造以葡萄种植及葡萄酒文化为主体的生态、文化和旅游小镇[3]。

参考文献

[1]北京大学旅游研究与规划中心. 中国(宁夏)贺兰山东麓葡萄产业及文化长廊发展总体规划 (2011—2020 年)[Z]. 2011.

[2]宁夏回族自治区文化和旅游厅. 宁夏全域旅游发展总体规划[Z]. 2016.

[3]杨帆. 宁夏全域旅游发展的SWOT 分析[J]. 中国市场, 2017(24).

对学分银行建设的几点思考*

程　敏

摘要:随着终身学习时代的
到来,各个国家都在努力构
建本国的终身学习立交桥,
以推进学习型社会建设。我
国从 2010 年开始重视学分
银行建设,并逐步推进学习成
果认证、积累与转换制度建
设,积极探索适合本国终身
学习的教育管理制度。本文
就学分银行理论、政策、实践
的几个问题谈些自己的看法。

关键词:学分银行;目标;政
策环境;国家开放大学

近年来,我国借鉴世界各国通过构建终身学习立交桥来推进学习型社会建设的先进经验,积极探索适合本国终身学习的教育管理制度。在建设学习型社会和推行终身教育理念的大背景下,建立促进各级各类教育纵向衔接、横向沟通的学分银行制度已成为我国教育发展的迫切要求。对我国来讲,学分银行毕竟是一个新兴的概念,目前正处于试点阶段,要想真正理解学分银行并将其运用到实践中,助力学习型社会建设,必须准确把握学分银行的内涵、目标和政策环境,并了解我国学分银行建设现状。

一、学分银行的内涵及建立目标

学分银行是模拟和借鉴银行储蓄和兑换功能,以学分为计量单位,通过对学习成果进行分类、分等及等级描述,并设置相应的标准体系,对学习者获得的各类学习成果进行认证,以实现学习成果的积累与转换的学习成果管理制度和学习激励制度。从制度层面上讲,它与学习成果认证、积累与转换制度的内涵是一致的。它突破了传统的专业限制和学习时间限制,将学历教育与技能培训结合起来,学生可以通过学历、非学历教育课程或证书兑换、积累、认证学分。

学分银行是一种基于终身教育理念和现代信息技术环境的教育制度与学习管理制度,其核心价值在于促进终身教育体系建设和全民学习、终身学习的学习型社会形成,是实现各级各类教育纵向衔接、横向

作者简介:程敏(1968—),女,
山东德州人,教授,硕士,研
究方向为经济管理和教育
理论。
* 本文发表于《人文之友》2019
年第 22 期。

沟通的立交桥。

建立学分银行的目标不外乎以下几个方面。

第一,为学习者和社会成员提供更多灵活多样的学习通道和优质的学习资源,激励其不断学习,保障其利益的最大化,推进全民终身学习和学习型社会的建立,促进实现教育公平。

第二,不断丰富和完善学分银行标准体系,探索不同类型学习成果认证、积累与转换的机制和模式,促进不同类型学习成果之间的沟通与衔接,推进终身学习立交桥的建立,拓宽终身学习通道,推动人才培养模式改革,推进课程体系和教学内容改革。

第三,形成完备的学分银行运行组织和运行机制,建立条块结合的学习成果认证中心、分中心和认证点,形成涵盖全国各区域、各行业及院校、企业的学习成果认证服务体系,为学习者提供便捷、灵活的学习成果认证、积累与转换服务。

第四,不断吸纳各级各类具有优质学习成果的颁证机构加入学分银行,拓展学分银行运用渠道,提高学分银行的社会认可度和服务社会的能力,建立规范、合理和科学的合作模式和合作机制,推动颁证机构之间学习成果的互认与转换以及优质教育资源的共建共享与学分互认。

第五,建立功能强大、智能化的学分银行信息平台,为学习者提供相关学习成果信息服务;为国内外教育机构和认证机构、用人单位、政府部门提供学习成果信息、管理、认证等服务,增加各种学习成果的透明度,方便学习成果携带者进行各类学习成果的认证、积累与转换。

二、建立学分银行的政策环境

在政策层面我国是从 2010 年开始重视并探索建立学分银行和学习成果认证、积累与转换制度的,这体现在党中央、国务院和教育部出台的一系列文件中,这些文件的出台为推动我国学分银行建设创造了良好的政策环境,也提供了强有力的政策保障。现将我国出台的有关建立学分银行制度的政策梳理如下。

(1)2010 年 5 月,《国家中长期教育改革和发展规划纲要(2010—2020 年)》提出"搭建终身学习立交桥";"建立区域内普通教育、职业教育、继续教育之间的沟通机制;建立终身学习网络和服务平台;统筹开发社会教育资源,积极发展社区教育;建立学习成果认证体系,建立'学分银行'制度";"促进各级各类教育纵向衔接、横向沟通,提供多次选择机会,满足个人多样化的学习和发展需要";"建立继续教育学分积累与转换制度,实现不同类型学习成果的互认和衔接"。

(2)2013 年 11 月,党的十八届三中全会提出:"试行普通高校、高职院校、成人高校之间学分转换,拓宽终身学习通道。"

(3)2014 年 6 月,《国务院关于加快发展现代职业教育的决定》提出"完善职业教育人才多样化成长渠道";"建立学分积累与转换制度,推进学习成果互认衔接";"加强职业教育与普通教育沟通,为学生多样化选择、多路径成才搭建'立交桥'"。

(4)2014 年 9 月,《国务院关于深化考试招生制度改革的实施意见》提出:"探索建立多种形式学习成果的认定转换制度,试行普通高校、高职院校、成人高校之间学分转换,实现多种学习渠道、学习方式、学习过程的相互衔接,构建人才成长'立交桥'。"

(5)2015 年 11 月,《高等职业教育创新发展行动计划(2015—2018 年)》提出"建立学分积累与转换制度,推动专科高等职业院校逐步实行学分制,推进与学分制相配套的课程开发和教学管理制度改革,建立以学分为基本单位的学习成果认定积累制度;开展不同类型学习成果的积累、认定,建立全国统一的学习者终身学习成果档案(包含各类学历和非学历教育),设立学分银行;在坚持培养要求的基础上,探索普通本科高校、高等职业院校、成人高校、社区教育机构之间的学分转移与认定"。

(6)2015 年 12 月,第十二届全国人大常委会第十八次会议表决通过了关于修改教育法、高等教育法的决定,明确提出"国家实行职业教育制度和继续教育制度";"促进不同类型学习成果的互认和衔接,推动全民终身学习"。

(7)2016 年 3 月,《中共中央关于制定国民经济和社会发展第十三个五年规划的建议》提出:"建立个人学习账号和学分累计制度,畅通继续教育、终身学习通道。""制定国家资历框架,推进非学历教育学习成果、职业技能等级学分转换互认。"

(8)2017 年 1 月,《国家教育事业发展"十三五"规划》提出:"完善学习成果认证制度,通过部分地区率先探索、以点带面的方式,推进国家学分银行建设,为每一位学习者提供能够记录、存储自己的学习经历和成果的个人学习账号,对学习者的各类学习成果进行统一的认证与核算,使其在各个阶段通过各种途径获得的学分可以得到积累或转换。被认定的学分,可累计作为获取学历证书、职业资格证书或培训证书的凭证。"

(9)2019年1月,《国家职业教育改革实施方案》提出:"加快推进职业教育国家'学分银行'建设,从2019年开始,探索建立职业教育个人学习账号,实现学习成果可追溯、可查询、可转换。有序开展学历证书和职业技能等级证书所体现的学习成果的认定、积累和转换,为技术技能人才持续成长拓宽通道。职业院校对取得若干职业技能等级证书的社会成员,支持其根据证书等级和类别免修部分课程,在完成规定内容学习后依法依规取得学历证书。对接受职业院校学历教育并取得毕业证书的学生,在参加相应的职业技能等级证书考试时,可免试部分内容。从2019年起,在有条件的地区和高校探索实施试点工作,制定符合国情的国家资历框架。"

综上可见,从政策上,国家高度重视学分银行建设,并逐步推进学习成果认证、积累与转换制度建设。但目前,由于体制机制障碍造成教育市场和劳动力市场脱节,证出多门,又没有国家层面公信力的统一标准,缺少顶层设计,很难实现不同类型学习成果之间的沟通与衔接。实际上,我国开展学分银行的实践要比国家政策出台早,主要是国家开放大学探索的以资历框架为引领的学分银行制度,涉及标准体系的构建。2012年,教育部委托国家开放大学开展国家学分银行制度的研究与实践项目,从国家层面进行顶层设计,2012年6月,国家开放大学(中央广播电视大学)承担了教育部职业教育与成人教育司"国家继续教育学习成果认证、积累与转换制度的研究与实践"项目,提出了我国学分银行制度建设应该选择以学习成果框架为核心的制度模式,明确了"框架+标准"的技术路径,提出了以"学习成果框架+认证单元"为技术路径的学分转换原则和方法。2014年,教育部委托国家开放大学与地方开放大学、有关行业、院校和培训机构开展继续教育学习成果认证、积累与转换试点工作,探索不同类型学习成果的认证、积累与转换。这些为国家学分银行制度建设奠定了良好的基础。

目前,我国学分银行在实践方面形成了两种模式:第一种是以资历框架为引领的制度模式,以国家开放大学学分银行为代表;第二种是协议式制度模式,以上海市终身教育学分银行为代表。前一种模式涉及标准体系的构建,后一种模式主要是各颁证机构之间成果认定规则的协商。但随着实践探索的深入,建构统一学习成果衡量标准比协议式方式更利于多种利益相关方的质量标准统一,节省相关方之间的协商成本,提高效率,因此,上海市终身教育学分银行也在考虑构建资历框架的方式。不过,虽然学分银行的实践内容丰富,但从整个社会来看,从政策制定机构、高校、行业协会、企业到个体学习者,对学分银行仍然一知半解的多、熟悉通透的少,仍需大力宣传。

参考文献
[1]国家中长期教育改革和发展规划纲要(2010—2020 年)[Z].
2010.
[2]国务院关于加快发展现代职业教育的决定[Z].2014.
[3]国务院关于深化考试招生制度改革的实施意见[Z].2014.
[4]高等职业教育创新发展行动计划(2015—2018 年)[Z].
2015.
[5]中共中央关于制定国民经济和社会发展第十三个五年规
划的建议[Z].2016.
[6]国家教育事业发展"十三五"规划[Z].2017.
[7]国家职业教育改革实施方案[Z].2019.
[8]鄢小平.我国学分银行制度的模式选择和架构设计[J].远
程教育杂志,2015(1).

商业银行保理业务的法律分析及合规制度完善*

马学荣

摘要:近年来,商业银行保理业务异军突起,成为商业银行业务收入的重要来源。但是保理业务的迅速增长也存在巨大的风险,给银行从事此类业务敲响了警钟。本文选择三类常见保理纠纷,通过典型案例分析为银行从事保理业务提供合规制度与法律实务管理的完善建议。

关键词:保理业务;合规制度;完善建议

近年来,商业银行保理业务异军突起,成为商业银行业务收入的重要来源。所谓银行保理业务,是指以债权人转让其应收账款为前提,集应收账款催收、管理、坏账担保及融资于一体的综合性金融服务。保理业务根据有无追索权分为有追索权保理与无追索权保理,前者系保理商在应收账款到期且无法从买方处收回时,可以向卖方反转让应收账款。出于规避买方违约风险,部分银行采取有追索权保理模式。

然而,保理业务的迅速增长也存在巨大的风险,给银行从事此类业务敲响了警钟,急需完善合规制度。银行合规制度与法律制度相辅相成,法律问题的暴露是合规制度未能发挥事前防范作用的表现,合规制度应当具有预警、防范与规范之功能。本文选择三类常见保理纠纷(分别是保理业务中的票据问题、有追索权保理业务的风险与保理业务中的管辖权问题),通过典型案例分析为银行从事保理业务提供合规制度与法律实务管理的完善建议。

一、案例概述与法律关系分析

1. 案例一:保理业务中的票据问题

经典案例如某医药公司与中信商业保理有限公司(以下简称"中信保理公司")纠纷(〔2015〕民二终字第 134 号,以下简称"134 号案例")。

某医药公司与安力博发公司、星纪开元公司签订销售合同,2013 年开具 6 张承兑汇票。付款人为某医药公司,收款人分别为安力博发

作者简介:马学荣(1989—),回族,助理教员,博士在读,研究方向为经济法、破产法。
* 本文发表于《银行家》2017 年第 7 期。

公司、星纪开元公司。后因中信保理公司与上述两家收款人存在保理业务，分别从安力博发公司、星纪开元公司背书转让6张商业承兑汇票，并委托某银行北京三元支行收款，某医药公司拒绝付款，并出具退款理由。中信保理公司向法院提起诉讼，请求某医药公司支付汇票金额、利息、诉讼费用。

在134号案例中，最高人民法院关于保理业务中真实交易的认定，以保理业务关系作为基础关系。不同于传统商业交易以货物或服务作为交易对象，保理服务是传统商业交易基础上的融资、催收等综合服务，以传统服务为基础。

二者的共同点在于均以不同主体的信用为基础：票据以双方信用为基础，以保障票据快捷流通与安全交易；保理侧重审查买方信用，由于买方为提货方，卖方承担买方偿付不能风险，保理商需综合审查。在保证存在真实交易关系的基础上，需要了解保理公司在票据法律关系中的票据行为（背书、质押、保证等）、票据权利等。在134号案例中，保理公司通过背书取得票据，据此向付款人行使票据付款请求权，由此，本案案由确认为票据纠纷，票据法律关系基础交易确认为保理。

在涉及买卖交易、保理业务与票据业务时，三种法律关系互相独立，但以前者为基础。公司法律部门应当对有关合同进行全面审查，如实体方面应收账款、交货时间、担保方式（实体方面），或管辖权约定、其他争议解决方式（程序方面）等，使之前后一致地履行应收账款转让通知义务，在法律关系链条中形成相对完整的信息对称机制。

2. 案例二：有追索权保理业务的风险

经典案例如中国光大银行股份有限公司福州分行（以下简称"福州分行"）与福建省杭华实业有限公司（以下简称"杭华公司"）、福州利保嘉贸易有限公司（以下简称"贸易公司"）等金融借款合同纠纷（〔2014〕榕民初字第1256号）。该案福州分行为保理银行，卖方为杭华公司，买方为厦门信达股份有限公司（以下简称"信达公司"）、建发纸业有限公司（以下简称"建发纸业"）、安兴纸业有限公司（以下简称"安兴纸业"）。2012年7月，福州分行与杭华公司签订《综合授信协议》，约定银行提供2000万元的贸易融资授信额度；贸易公司、陈某提供最高额连带保证责任担保；银行与贸易公司、陈某等三人签订《最高额保证合同》，银行与江苏森发包装实业有限公司（以下简称"森发公司"）签订《最高额保证合同》，合同约定由五被告为杭华公司授信业务或全部债权提供最高额连带保证责任担保。

2013年7月,银行与江苏中福投资有限公司(以下简称"中福公司")签订《最高额质押合同》,中福公司提供森发公司价值23400万元的股权质押给银行,为杭华公司《综合授信协议》中的全部授信业务合同发生债权提供最高额质押担保,并办理股权质押登记。2012年7月银行与杭华公司根据《综合授信协议》签订《有追索权国内保理业务合同》,由杭华公司以应收账款转让进行贸易融资,同时约定应收账款反转让、违约责任等有关内容。2013年1月至3月,杭华公司以对买方信达公司、建发纸业、安兴纸业的应收账款债权转让向原告提出国内保理业务,申请贸易融资贷款均为500万元,合计2000万元,银行发放融资贷款。截至2014年7月,杭华公司尚欠原告本金1300多万元,利息165万元左右。

法院认为:第一,保理融资是卖方与银行之间的资金借贷关系,同时银行要求卖方另行提供担保,具有借款及担保的法律特征,有追索权保理的主法律关系为金融借贷关系;第二,有追索权担保系银行受让卖方对买方应收账款债权,是银行代为管理并收取应收账款,在卖方未能清偿保理融资款之前,保理银行仍有权向买方收取应收账款用于偿还主债权。保理银行与卖方形成信托关系而非转让关系,本质上为债权转让与担保法律关系。

法院判决杭华公司向福州分行偿还保理预付款本息、律师代理费,福州分行对中福公司持有森发公司股权拍卖、变卖所得价款在2000万元额度内可行使优先受偿权。

本案系商业银行从事保理业务的典型模式,银行为卖方或供货方提供融资并要求有关法人或自然人提供连带保证责任,且本项业务系有追索权保理业务。追索权、股权质押、自然人保证等作为保障银行顺利开展保理业务的手段,能够相对有效地避免买方或其他担保方的违约风险。

3. 案例三:保理业务中的管辖权问题

某银行武汉钢城支行(以下简称"钢城支行")与中国普天信息产业集团有限公司(以下简称"普天公司")、湖北宏鑫实业有限公司(以下简称"宏鑫公司")纠纷中,普天公司与宏鑫公司签订《武汉君盛贸易项目采购框架合同》和《20万吨钢材供应链项目采购框架合同》,宏鑫公司对普天公司享有应收账款债权,钢城支行与普天公司签订《有追索权国内保理合同》,以保理合同的债务人和依据保理合同受让的应收账款债务人为被告提起诉讼。《湖北省高级人民法院关于第一审民商事案件级别管辖的暂行规定》规定：诉讼标的额 1 亿元以上以及诉讼标的额 5000 万元以上且当事人一方住所地不在本辖区的第一审民商事案件，由高级人民法院管辖。本案上诉至最高人民法院，法院认为争议焦点为保理合同纠纷案件的地域管辖如何确定、是否必须合并审理、协议管辖条款或仲裁条款的效力。

《中国银行业保理业务规范》规定，有追索权保理是指在应收账款到期无法从债务人处收回时，银行可以向债权人反转让应收账款，或要求债权人回购应收账款或归还融资。即若案例中的银行无法从应收账款债务人那里获得清偿，银行可以根据保理协议将应收账款债权转回至原债权人，同时协议债权人归还银行提供的融资并停止有关金融服务，使银行的财产状况恢复到保理业务开展之前。

《中华人民共和国民事诉讼法》第五十二条第一款规定，当事人一方或者双方为两人以上，其诉讼标的是共同的，或者诉讼标的是同一种类、人民法院认为可以合并审理并经当事人同意的，为共同诉讼。必要共同诉讼的立法目的在于避免诉累、便于法院审判。

根据《最高人民法院关于适用〈中华人民共和国民事诉讼法〉若干问题的意见》要求，实体法中承担连带责任或享有连带债权的民事主体在诉讼中应作为必要共同诉讼人参加诉讼，避免重复诉讼或者损害权利人的债权利益。

本案中的共同诉讼标的为应收账款，采购合同是应收账款产生的基础合同，保理合同是基于基础合同而签订的应收账款的转让合同，二者并非主从合同关系，而是两个相互独立的合同。《中华人民共和国合同法》第八十条规定：债权人转让权利的，应当通知债务人，未经通知，该转让对债务人不发生效力。在上述两个合同中，作为采购合同债权人若未将应收账款转让事项通知债务人，则转让对债务人不生效，同样保理合同不能形成约束债务人的效力，除非债务人对应收账款事项知悉。

根据《天津市高级人民法院关于审理保理合同纠纷案件若干问题的审判委员会纪要（一）》（津高法〔2014〕251 号），"管辖的确定"主要有两种。

第一，保理商以收回保理融资款为主要目的，起诉债权人和债务人或仅起诉债务人，此时保理人为应收账款债权受让人，基于基础合同债权转让而主张债务人偿还应收账款或债务人承担回购义务，此时以基础合同应收账款的偿还为审查重点。必要时追加债务人为第三人参加诉讼。

第二,保理商仅因保理合同的签订、履行等起诉债权人,例如要求支付保理费用,此时以审查保理合同履行为重点。第二种情形涉及主体少、保理法律关系单一,故基于保理合同约定确定管辖以及违约责任等。

本文所讨论的案例即第二种类型。为避免由于现有法律规定不明而导致保理合同审查陷入困境,此时应以实现应收账款偿还为核心,确认不同合同下当事人的权利、义务以及当事人的诉讼地位,最终确认违约责任主体并承担违约或赔偿责任。湖北省高级人民法院审查认为,钢城支行主张的应收账款,受让时经过买方普天公司核实确认,该应收账款并非"采购合同"的全部权利和义务,因此诉讼与管辖约定对银行没有约束力。由此可见,保理纠纷的管辖权问题并不简单,需要对合同予以系统化梳理、审查后进行具体的规定,否则无法体现当事人的真实意思。

二、商业银行开展保理业务应完善合规制度

在利率市场化背景下,商业银行"大而不倒"的神话已被打破,取而代之的是内外合规、稳步发展。业务创新风险、外部债务人违约风险、银行之间存款竞争压力等,使得银行的发展如履薄冰。供应链金融的应运而生给银行发展带来了契机,但风险同在,上下游融资的系统性风险防范应当逐步纳入银行合规制度中。

根据 2016 年《保理司法判例分析研究报告》,现有保理业务中有近 42.1% 发生在制造业,52.6% 发生在批发零售业,其中制造业可以细分为纺织、仪器仪表、电气机械、器材制造与服装制造、通用设备制造等。从银行对客户的管理来说,由于客户企业的性质与业务范围空前广泛且不断创新,不同行业的市场、合规与风险管理不同,合规制度若不能适应不同企业的风险管理能力或有所区别,则容易陷入风险中。

1. 买方还款风险

保理融资主体为债权人,资金的最终流出方为债权人。故应审查交易真实及买方还款能力,或根据实际情况,由买方提供担保物,避免短期风险。在隐蔽型保理业务中,须及时关注买方与卖方之间资金流动情况、卖方偿还情况,避免出现二者合谋"空手套白狼"。

2. 买方履约风险

保理法律关系中，由于应收账款自债权人转让至保理商通常仅通知债务人，故买方受合同约束较少，加之融资申请人或其他催收等服务的主体为债权人，故保理商对买方的形式审查偏多。

3. 关注商业信用

以中国银行"融易达"业务为例，该业务系以赊销为付款方式的交易，在基础交易及应付账款无争议的前提下，中国银行占用买方授信额度，为卖方提供无追索权的贸易融资业务。特点：占用买方授信额度为上游卖方提供融资，以双方存在良好、稳定合作关系为前提。对于银行保理来说，在现有信用基础上推进融资交易，无疑可提高效率并为供应链金融提供融资、信用与合规支持。

4. 保理业务与票据业务等其他类型业务的混合

实践中，随着保理融资方式的多元化，除了传统的货币融资外，还会出现票据或其他类型的载体，成为保理融资的工具。在现有法律法规框架下尚无系统性监管框架，尽管保理纠纷在司法裁判中将案由设定为其他合同纠纷，且保理合同相对独立，与采购合同等不具有主从合同法律关系，但对于银行合规工作来说，不应以法律空白而忽略合规空白，具体应关注以下几个方面。

第一，交易审查。审查卖方、买方、担保方资质与经营状况，避免流于形式的审查，注重实质审查。对于采购类业务产生的应收账款应严防虚假交易、联合串通，通过现场审查、第三方担保等识别或转移风险。

第二，票据无因性。在商事纠纷中，票据法律关系更加复杂，原因在于关于票据无因性的立法与司法操作标准不一，加之各地司法审判水平不同，难以对裁判有统一的认知标准。银行作为承兑汇票的付款人，处于票据流通的末端，难以掌握票据流通中各个环节的信息与票据当事人情况，若直接依据《中华人民共和国票据法》规定进行形式审查而忽略交易的真实性、合法性与关联性，一旦对承载风险事件票据兑付，则真正票据权利人可以主张合同权利。

5. 保理纠纷的管辖权问题

第一，尊重当事人意思自治原则，在合同约定的情况下依据合同约定确定管辖权；在应收账款转让中履行对债务人的通知义务，避免转让对债务人不生效或者不完全生效的问题；就关键条款进行细节审查。

第二，不忽略级别管辖的特别规定，如各省高级人民法院管辖标的。

第三,保理纠纷有别于一般纠纷。由于涉及两份以上合同且合同前后产生、相互独立、相互联系,从商业银行业务的合规性、合法性审查来看,应当对基础合同与保理合同进行严格审查,保障应收账款受让主体的合法权利,包括程序方面的管辖约定、是否通知以及受让的权利范围等,避免割裂合同之间的内在关联,导致诉讼处于被动地位,拉长诉讼周期。

职业院校档案管理服务职能及有效发挥 *

周　媛

摘要:职业院校的档案中包含着丰富的资源,涉及高职院校工作的方方面面,有着极高的管理价值。随着高校档案管理意识的增强、档案管理队伍水平的提高以及档案管理手段的进步,职业院校的档案管理水平稳步提高,但在具体的档案服务过程中,档案管理服务水平较低。本文根据职业院校档案管理服务的现状,针对职业院校档案管理服务职能提出有针对性的建议,以期为提高档案管理服务水平提供借鉴。

关键词:职业院校;档案管理;服务职能;有效发挥

作者简介:周媛,宁夏职业技术学院馆员,研究方向为职业院校档案管理。
* 本文发表于《兰台世界》2016年第 22 期。

一、职业院校档案管理服务概述

1. 职业院校档案管理服务的内涵

职业院校档案管理服务是指将档案进行分类、归纳,通过各种途径,直接或者间接为档案信息需求者提供信息的活动。

在进行档案管理服务时,档案管理者认知的差距、服务标准的差距、执行力度的差距、与需求者沟通的差距[1]等都会对档案管理服务的质量产生影响。

2. 职业院校档案管理服务的形式

档案管理服务主要是通过档案室的建立来实现的,随着科学技术的不断发展,利用现在的信息技术建设档案信息服务平台成为进行档案管理服务的重要途径。服务形式一般包括查阅、外借、提供档案证明、档案咨询等。

3. 职业院校档案管理服务的意义

职业院校的档案包括教学相关档案、科研档案、人事档案等,必须加强档案管理工作。

一方面,职业院校开展档案管理服务工作,有利于院校各项工作水平的提高,为学校的各项工作提供参考意见;有利于院校领导做出科学的决策,提高领导集体的管理水平;有利于职业院校校园文化的建设,丰富师生的课余生活;有利于实现学校科研成果的共享,推进学校的教学改革进程。

另一方面,职业院校开展档案管理服务工作,有利于提高职业院校的档案管理水平,提高管理人员的素质;有利于档案管理工作的有序进行;有利于提高学校的品牌价值,加深社会对职业院校的认识[2]。

二、职业院校档案管理服务工作中的问题

1. 档案利用率低

职业院校档案利用率低,且各类档案的利用率不均衡。对职业院校各类档案的使用状况进行调查发现,教学成绩相关类档案的利用率达到70%,科研文章类档案为10%,党团类档案为2%,行政类档案为10%,财会、实物类档案为8%。

档案管理人员对档案微信公众平台的推广力度较小,很多学生、教师都不了解具体的功能;平台提供的服务较少,分类不明确,在进行档案信息查询时,用户不能及时反馈信息。

科研信息在推送中会出现安全问题。由于平台建设水平较低,一些用户会散播有害信息,或对科研信息进行篡改,导致信息的真实性下降,为学校的档案管理带来较大的问题。

档案信息在传递过程中会出现一些无法识别的信息,对用户产生不利影响[3]。

2. 档案管理服务形式单一

职业院校档案管理服务形式比较单一,一般只提供面对面的档案信息查询服务,在网络上建设档案馆的学校很少,不能满足远程用户的档案信息需求。在档案信息的提取上,主要停留在档案复印阶段,或通过开设证明来查阅档案信息,这种方法的工作效率较低,满足不了师生需求和社会需求。

3. 档案管理手段落后

虽然我国信息科技得到较快的发展,但是还有相当一部分职业院校在管理档案时沿用传统的方法,即人工管理。在进行必要的档案查找时,由于档案过多,查找效率低,严重影响了学校档案管理的工作效率和工作质量,影响了档案的使用率,不利于学校工作的顺利开展。

4. 档案管理人员素质低

现在职业院校一般会建设档案管理信息服务平台,但部分领导对档案管理

信息服务平台建设的认识不足或者不重视；在选择管理人员时，一般门槛较低，管理人员专业素质不高；由于科研档案专业性较强，且包含很多专业名词，管理经验不足、专业性不强的教师在进行管理时，会出现工作效率低、信息传送慢的状况，推送的信息质量也没有保障，使平台的建设、发展出现较大的问题。

此外，档案管理人员的服务意识较差，不能对用户咨询的情况及时进行回答，或者工作的热情不高；在进行档案管理的过程中，较少关注社会需求；不注意沟通，对用户的实际需求不了解，使得档案需求群体对档案管理服务工作的期望值不高；不重视服务方式，工作散漫，不尊重档案信息需求者，使档案管理服务的效果不好。

三、提高职业院校档案管理服务水平的策略

1. 提高档案管理人员的素质

职业院校可以聘请相关专家，定期到学校对档案管理人员进行培训，传达即时的档案管理方法和知识，提高管理人员的基本素质。在进行指导时要注意采用多种培训形式，调动管理人员的学习兴趣，使其在工作中更好地应用专业知识。向档案管理工作优秀院校学习，吸收借鉴其经验。培养管理人员使用互联网的能力，提高其工作效率。加强档案管理人员的服务意识，对其服务工作进行监督。职业院校应该聘用专业人员对档案进行管理，对于用户咨询的问题也应该由专业的人员进行解答。管理人员要对网络平台使用过程中出现的问题进行收集及分析，了解职业院校档案管理服务的特点，保障网络档案信息平台的长远发展。

2. 建设档案信息网络服务平台

职业院校在开展档案管理服务工作时，要主动建立档案信息网络服务平台，提高档案信息服务水平。可以建设档案微信公众平台、网上档案室等。在建设微信公众平台时，应该充分考虑职业院校档案的特点及平台的稳定性，收集和分析档案信息服务的案例，建立预警机制，防止网络出现故障或者网络不稳定。

3. 保障档案信息的准确

要提供良好的档案管理服务，就要保证档案信息的准确性，这就要求利用现代技术对信息进行过滤，保障正常的信息量。职业院校应该对建立的档案信息进

行分类细化,对发布的信息进行筛选,保证发布的信息具有较高的质量。

4. 加强与档案信息需求者的交流

档案管理人员应该主动与档案需求者进行沟通交流,充分了解档案信息需求者的实际需求,从而更好地提供服务。档案管理人员还可以在网络平台上定期向师生发送公告等信息,在师生不断分享、共享的过程中,使越来越多的档案用户潜移默化地成为档案信息的传播者[4]。

5. 提高档案管理服务的效率

随着信息化社会的高速发展,使用速度快、精确度高的计算机进行档案管理成为档案管理工作的必然趋势[5]。应用计算机进行档案管理,可缩短档案分类和检索的时间,大大提升工作效率。在进行电子档案查询时,为了保证档案的安全,可建立计算机防护系统,并对重要的档案进行纸质备份。职业院校可以根据自身的实际情况建设数字化档案室,方便档案信息需求者查询和下载,提高档案利用率,有效实现档案信息共享[6]。

参考文献
[1]苏甦.5GAP 模型在提高高职院校档案服务质量中的应用探究[J].兰台世界,2014(35).
[2]景通.论怎样发挥职业院校档案管理服务职能[J].科学中国人,2016(18).
[3]章桂旻.浅谈如何发挥职业院校档案管理工作的服务职能[J].科技展望,2015(34).
[4]杨伟.高校档案服务机制创新意义分析[J].兰台世界,2015(8).
[5]吴君君.信息公开背景下高职院校档案服务的研究[D].福建师范大学硕士学位论文,2012.
[6]姜波.高职院校档案管理的问题与对策[D].西南财经大学硕士学位论文,2014.

宁夏高校辅导员工作家庭冲突与
社会支持的关系研究 *

刘　晖

摘要:本研究采用问卷调查法,对宁夏高校 215 名辅导员进行调查,探讨高校辅导员工作家庭冲突的特点及其与社会支持的关系。结果表明,辅导员的工作—家庭冲突显著高于家庭—工作冲突;工作家庭冲突在性别、年龄、学历上存在显著差异;工作家庭冲突与社会支持呈显著负相关,且社会支持负向预测工作家庭冲突。因此,提高辅导员的社会支持水平,有助于缓解工作家庭冲突。

关键词:辅导员工作家庭冲突;社会支持

作者简介:刘晖,宁夏职业技术学院讲师,研究方向为心理健康教育教学。
* 本文为宁夏职业技术学院科研发展基金项目"宁夏高校辅导员工作家庭冲突与社会支持的关系研究"(XJ201815)成果,发表于《法制与社会》2019年第 9 期。

　　工作和家庭是成年人生活的重要领域,而信息化技术的日益发展和普及使工作和家庭的边界变得日益模糊,工作家庭冲突愈发突出。高校辅导员与学生的学习生活密切相关,需要在非工作时间处理学生的各种问题,很多高校要求辅导员 24 小时开机,以应对各种突发状况。因此,相较于其他职业,辅导员更易产生工作家庭冲突。当前,以辅导员为对象的研究,主要集中在职业生涯、职业倦怠、工作压力、角色定位等方面,对工作家庭冲突的研究不多。本文对宁夏高校辅导员的工作家庭冲突现状进行调查,并在此基础上探究工作家庭冲突与社会支持的关系,以期为减少辅导员工作家庭冲突提供一定的理论依据。

一、对象与方法

(一)对象

　　选取宁夏各类高校辅导员作为调查对象,共发放问卷 232 份,回收 232 份,回收率 100%,其中有效问卷 215 份,有效回收率 93%。

(二)测量工具

1. 工作家庭冲突量表

　　采用 Carlson 编制的工作家庭冲突量表,共 18 个项目,分为工作—家庭冲突(WFC)、家庭—工作冲突(FWC)2 个维度,每个维度又可细分为时间、压力、行为 3 个维度。该量表的系数为 0.925,各维度的系数为 0.776~0.926,采用李克特五级评分,得分越高,冲突越剧烈。

2. 社会支持评定量表

采用肖水源编制的社会支持评定量表,共 10 个项目,分为客观支持、主观支持和支持利用度 3 个维度,得分越高,社会支持程度越高。量表具有较好的信效度,本次测量的系数为 0.726。

（三）统计分析

采用 SPSS 22.0 进行数据录入与统计分析。

二、结果

（一）辅导员工作家庭冲突的现状

对工作—家庭冲突和家庭—工作冲突及其时间(T)、压力(S)、行为(B)维度进行配对样本 t 检验,结果表明(见表 1),辅导员体验到的工作—家庭冲突显著大于家庭—工作冲突,与此同时,辅导员体验到的基于时间、压力、行为的工作—家庭冲突也都显著大于家庭—工作冲突。

表 1　辅导员工作—家庭冲突与家庭—工作冲突比较

配对变量	M	SD	t
WFC–FWC	7.18140	7.22791	14.569***
TWFC–TFWC	3.64651	3.77840	14.151***
SWFC–SFWC	3.06512	3.70216	12.140***
BWFC–BFWC	0.46977	1.80802	3.810***

注:* 表示 $P<0.05$,** 表示 $P<0.01$,*** 表示 $P<0.001$,下同。

（二）辅导员工作家庭冲突的特点

为探索辅导员的工作家庭冲突在人口统计学变量上的特点,本研究分别以性别、年龄、工作年限、学历和婚育状况为自变量,以工作家庭冲突总分及其两个维度为因变量,进行独立样本 t 检验或单因素方差分析。结果表明,男、女性辅导员在工作家庭冲突总分($t=2.352$, $P<0.05$)和工作—家庭冲突维度($t=2.521$, $P<0.05$)上存在显著差异,男性辅导员的得分显著高于女性辅导员。辅导员的年龄在工作—家庭冲突维度($F=3.267$, $P<0.01$)上存在显著差异,进一步多重比较结果表明,36~40 岁的辅导员在工作—家庭冲突维度上的得分最高, 显著高于 25 岁以下、26~30 岁、41~45 岁的辅导员;31~35 岁的辅导员得分次之,显著高于

25 岁以下和 41~45 岁的辅导员。辅导员的学历在工作家庭冲突总分（$F=3.517$，$P<0.05$）和工作—家庭冲突维度（$F=4.448$，$P<0.01$）上存在显著差异，进一步多重比较结果表明，专科毕业的辅导员在工作家庭冲突总分和工作—家庭冲突维度上的得分最高，显著高于学历为本科、硕士、博士的辅导员。辅导员的工作年限和婚育状况在工作家庭冲突总分及其两个维度上的差异均不显著。

（三）工作家庭冲突与社会支持的关系

1. 工作家庭冲突与社会支持的相关分析

对工作家庭冲突与社会支持进行相关分析，结果表明（见表 2），工作家庭冲突总分与社会支持、客观支持、支持利用度呈显著负相关；工作—家庭冲突与社会支持、主观支持呈显著负相关；家庭—工作冲突与社会支持、客观支持、支持利用度呈显著负相关。

表 2　工作家庭冲突与社会支持的相关矩阵（$n=215$）

	1 工作家庭冲突总分	2 工作—家庭冲突	3 家庭—工作冲突	4 社会支持总分	5 客观支持	6 主观支持	7 支持利用度
1	1						
2	0.877**	1					
3	0.883**	0.547**	1				
4	−0.217**	−0.166*	−0.215**	1			
5	−0.188**	−0.114	−0.216**	0.745**	1		
6	−0.132	−0.142*	−0.091	0.876**	0.415**	1	
7	−0.224**	−0.119	−0.273**	0.573**	0.312**	0.300**	1

注：* 表示在 0.05 水平（双侧）上显著相关；** 表示在 0.01 水平（双侧）上显著相关。

2. 社会支持对工作家庭冲突预测程度的回归分析

为了进一步了解社会支持对工作家庭冲突的预测程度，采用多元逐步回归分析法，以社会支持的三个维度为自变量，以工作家庭冲突及其两个维度为因变量，进行回归分析。结果表明（表 3），在以工作家庭冲突为因变量的回归中，支持利用度进入了回归方程，对工作家庭冲突起负向预测作用；在以工作—家庭冲突为因变量的回归中，主观支持进入了回归方程，对工作—家庭冲突起负向预测作用；在以家庭—工作冲突为因变量的回归中，支持利用度和客观支持进入了回归方程，对家庭—工作冲突起负向预测作用。

表3 社会支持对工作家庭冲突预测程度的回归分析($n=215$)

因变量	预测变量	β	t	R^2	F
工作家庭冲突	支持利用度	−0.224	−3.352***	0.050	11.233***
工作—家庭冲突	主观支持	−0.142	−2.091*	0.020	4.372*
家庭—工作冲突	支持利用度	−0.228	−3.310***	0.093	10.913***
	客观支持	−0.145	−2.102*		

三、讨论

(一)辅导员工作家庭冲突的现状

对工作家庭冲突进行配对样本 t 检验时发现,辅导员体验到的工作—家庭冲突显著大于家庭—工作冲突,这与高彩霞的研究结果相同。这一结果可以用角色冲突理论和资源保存理论来解释。工作情境和家庭情境对辅导员的角色期望并不一致,而实现角色期望需消耗一定的资源,如时间、精力等,但个体所具有的资源总量是有限的,辅导员因为经常需要在非工作时间处理工作事务,所以将时间、精力等资源较多地分配于工作,家庭中分配到的资源较少,导致家庭需求难以获得满足,所以其体验到的工作—家庭冲突要大于家庭—工作冲突。

(二)辅导员工作家庭冲突的特点

在性别方面,男性辅导员体验到的工作家庭冲突和工作—家庭冲突显著大于女性辅导员,这可能是因为男性具有较强的事业心,在工作中投入的时间和精力较多,对家庭的照顾较少,无法满足家庭角色的期待和要求,因此体验到的工作家庭冲突程度也较高。在年龄方面,36~40 岁的辅导员工作—家庭冲突程度最高,其次是31~35 岁的辅导员。31~40 岁的个体,大多是独生子女且上有老下有小,既要承担养育子女的责任,又要照顾父母,家庭角色需要他们投注较多的时间和精力,但辅导员的工作现状使其无法兼顾家庭的需求,体验到的工作—家庭冲突程度也就较高。在学历方面,专科辅导员的工作家庭冲突和工作—家庭冲突显著大于其他辅导员,这可能是因为辅导员对自己的职业认同水平通常不高,多数辅导员并未将此作为自己的终身职业,而是在一定的工作年限后寻找机会转行政或教学岗位,相比之下,高学历的辅导员选择和机会较多,而专科毕业的辅导员转岗的选择和机会有限,体验到的工作家庭冲突程度也较高。

（三）工作家庭冲突与社会支持的关系

关于工作家庭冲突与社会支持的关系，已有研究结果并不一致。郑晶、张新娟以职业女性为对象的研究表明，工作家庭冲突与社会支持呈负相关，而邢渺以辅导员为对象的研究则表明二者之间不存在显著相关性。本研究结果表明，辅导员的社会支持与工作家庭冲突呈显著负相关，且社会支持负向预测工作家庭冲突，这意味着辅导员体验到的社会支持水平越高，感受到的工作家庭冲突程度就越低。社会支持是个体所具备的资源之一，社会支持水平越高，个体拥有的资源也就越多，丰富的资源有助于缓解工作家庭冲突。

四、启示

根据本研究结果，笔者认为降低辅导员的工作家庭冲突可从以下几方面着手。

第一，辅导员的工作家庭冲突普遍存在，且工作—家庭冲突显著大于家庭—工作冲突，因此，高校应充分重视这一现象，帮助辅导员制定明确的职业生涯规划并给予适当的政策倾斜，提升辅导员的职业能力以提高工作效率，减少工作家庭冲突。

第二，减少辅导员的工作家庭冲突应有针对性地进行，可以将刚入职、学历较低以及 31~40 岁的辅导员作为重点，为他们提供必要的社会支持，以减少其工作家庭冲突。

第三，增强社会支持有助于减少工作家庭冲突。拓宽辅导员社会支持的渠道，如争取家庭对辅导员工作的理解与认同，为辅导员提供心理咨询服务等，使其在遇到困境时乐于倾诉、学会求助，提高抗压耐挫的水平和解决问题的能力，可减少工作家庭冲突。

参考文献
[1]马玉,谢菊兰,马红宇,等.高校辅导员的边界分割偏好与工作—非工作冲突:边界分割管理策略的调节作用[J].心理科学,2017,40(1):153-159.
[2]邢渺.高校辅导员工作压力、社会支持与工作家庭冲突的关系研究[D].南昌大学硕士学位论文,2015.
[3]高彩霞.高校辅导员工作家庭冲突对其工作态度的影响研究[D].中国地质大学硕士学位论文,2011.
[4]郑晶.职业女性工作家庭冲突与自尊:社会支持和工作压力的中介作用[D].上海师范大学硕士学位论文,2016.
[5]张新娟,詹鸿飞,米娜,等.职业女性工作家庭冲突、社会支持与主观幸福感的关系研究[J].贵州师范大学学报:自然科学版,2016,34(3):116-120.

关于高职学生文化素质教育的几点思考 *

郝瑾洁

摘要：2019 年 2 月，《国家职业教育改革实施方案》的发布，让职业教育在今后一段时间有了明确的目标和方向，也把职业教育的发展推到了新的高度。在产业升级和经济结构调整不断加快、各行各业对技术技能人才需求越来越紧迫的历史条件下，在国家以培养高素质劳动者和技术技能人才为重点的前提下，本文以文化素质教育的培养目标为出发点，通过分析高职学生文化素质现状，对最终培养大国工匠、能工巧匠过程中实施文化素质教育的途径和措施等问题进行了探讨。

关键词：高职；文化素质；教育

作者简介：郝瑾洁（1986—），女，山西平遥人，硕士，讲师，研究方向为语言学及应用语言学。
* 本文发表于《文化创新比较研究》2019 年第 31 期。

职业教育已经被提到与普通教育同等重要的地位，习近平总书记在全国教育大会上明确提出培养什么人、为谁培养人、怎样培养人是教育的首要问题，要全面加强党对教育工作的领导，坚持立德树人。要做到立德树人，就要始终重视高职学生文化素质教育，就要在加强品德修养上下功夫，教育引导学生培育和践行社会主义核心价值观，成为有大爱、大德、大情怀的人。

一、提高对高职学生文化素质教育的认识

文化素质是科学知识、社会能力，还是品德作风、胸怀境界。科学素质和人文素质的统一是高职人才培养目标的最高要求。很长一段时间，我国职业教育发展存在重理论知识和技能培训、轻人文素质培养和情感教育的问题。入校以来，学生就埋没在考证、技能比赛等各类培训里。证书主要包括物流师证、汽车维修证、数控职业技能证、会计从业证等专业类的从业资格证；英语 A、B 级或四、六级证书，计算机等级证等公共类证书。在商品经济的推动下，学生毕业时出现"重物质轻精神、重经济轻文化"的现象，学生中很大一部分找工作只讲物质条件，工作之初看重经济利益，对职业生涯长远发展中个人与集体、竞争与合作、权利与义务等关系的处理缺少深入的了解和真切的感悟。因此在步入社会后，学生在面对物质冲击时就显得很脆弱，更谈不上对家庭、社会、国家的责任和历史使命了。这种情况下，提高文化素质教育水

平,是促进学生身心发展和职业教育社会化的迫切要求。

二、确立大学生文化素质教育的目标

习近平总书记提出中华优秀传统文化是中华民族的突出优势,是我们在世界文化激荡中站稳脚跟的坚实根基。中华优秀传统文化的丰富哲学思想、人文精神、价值理念、道德规范等,蕴藏着解决当代人类面临的难题的重要启示,可以为人们认识和改造世界提供有益启迪,可以为治国理政提供有益启示,也可以为道德建设提供有益启发。[1]在世界多极化、经济全球化深入发展,思想文化交流交融交锋更加频繁,社会思想观念日益活跃,现代传播技术迅猛发展的时代浪潮中,我们更要重视学生人文精神的培养,引导学生增强民族文化自信和价值观自信,自觉践行社会主义核心价值观,培养敢于追求真理、勇于实践创新、有独立品格精神的时代新人,这样才能在国际竞争中有尊严、有价值。习近平总书记在全国教育大会上提出要全面加强和改进学校美育,坚持以美育人、以文化人,提高学生审美和人文素养。[2]人文素养是高职学生人才培养中需要强化的部分。具体的培养目标是:(1)具有良好的思想政治素质。有较高的技术本领,勤奋学习,讲求实干,还要从容自信,坚定自立,富有时代的朝气与锐气,成就有信念、有梦想、有奋斗、有奉献的无悔青春。(2)注重科学人文素养的提高。能用科学和技术等相关知识调整自己的行为,做出正确的决策,为中国特色社会主义事业发展提供思想基础。(3)具有健康的身体、心理素质。身体、情绪协调,能适应环境,人际关系中彼此能谦让,有一定幸福感,在学习工作中能充分发挥自己的能力,过着有效率的生活。简而言之,文化素质教育的目标,就是要把学生培养成有崇高理想、自信自励、有本领有担当的时代新人。

三、实施文化素质教育的途径和措施

马克思主义人学理论认为人的全面发展应包括人劳动能力的全面发展、人的社会关系的全面发展、人的自由个性的全面发展等,准确提出了实现个人全面发展与社会全面进步的途径。[3]在新的历史条件下,实施文化素质教育也要自觉坚持马克思主义人学理论,要始终树立"以人为本"的教育观,努力培养全面发展的社会主义新人。一方面,要创造人文素质教育的客观坏境,形成积极的、先进的影响因素,在处理各种事务时遵循基本的道德规范和习俗约定,通过老师的言传身教,产生教育人、感染人的巨大精神力量,促进学生思想文化素质的全面提高;另一方面,要通过外在影响,让学生积极、主动地认识自身素质现状,自觉树立全面发展的思想。

1. 让文化素质教育与思想政治教育相互促进

文化素质教育和思想政治教育是相辅相成、相互作用的过程。思想政治教育必须讲求科学性、必须正确把握"灌输"的内涵,强调树立坚定的政治信念和正确的人生观、世界观、价值观;但要使思想政治教育产生实效,就必须采用有利于高职学生接受的形式和方法,就需要文化素质教育润物细无声的熏陶。目前,在思想政治教育过程中,学校已经在有限的教学课时内单列出一定课时用于课外教学实践,例如,组织学生参观雷锋纪念馆、革命烈士陵园等大学生红色教育基地,组织学生参观禁毒展览等,从情感上让学生获得更多的共鸣,最终让民族传统文化和爱国热情内化为他们的文化素质及优秀心理品质。

2. 让丰富多彩的社会实践活动发挥积极中介作用

离开教育实践活动,教育方法就失去了存在的价值和意义。根据高职学生动手能力强、参与性高的特点,引导学生尝试研究社会问题、观察社会生活,深化对理论和政策的认识,增强社会责任感,可以选择社会调查、参观访问等方式;帮助高职学生形成高尚的道德情操和良好的行为习惯,可以选择儿童捐资助学、帮助孤寡老人、无偿献血等志愿服务,文明社区及文明家庭创建、勤工俭学等活动形式。同时要坚持不懈地开展社会实践活动,让学生在反复的实践锻炼中不断提高认识,形成良好的文化素养。

3. 充分发挥榜样的示范作用

榜样是学生成长过程中不可或缺的重要因素。榜样的力量首先来源于真实。要让先进的人物现身说法,让有理想的人讲奉献,守纪律的人讲纪律,有牺牲精神的人讲敬业,有诚信品质的人讲诚信。榜样能够产生更加强烈的感染力和说服力,也更能打动学生,从而产生更好的教育效果。例如大国工匠进校园、英雄模范人物巡回报告会等都会产生良好的教育效果。

4. 加强自我教育

在老师的引导下,高职学生必须通过自我学习、自我修养、自我反思等方式,主动接受符合社会要求的思想观念、价值观点、道德规范,以此提高自身文化素质。例如,在学生中建立学党章、学马列主义小组,引导学生开展读书活动,深入学习党的纲领性文件,提高学生的理论水平和思想境界;引导学生深入阅读中国传统文化经典原著,或鲁迅、矛盾、老舍、巴金等大家的优秀作品,以提高文化修养。

5. 利用多种途径和方式开展文化素质教育

随着通信技术的突飞猛进,学生的思维方式、生活方式、行为方式以及获取信息、接受外界因素影响的方式都发生了深刻的变化。要积极采用现代化教育手段,充分利用广播、电视、网络、报刊等大众传播媒介,发挥其正确的意识形态导向和宣传教育作用。例如,充分利用各高校创办的文学刊物,增加版面的多样性、创新性、可读性,由浅入深地介绍中国地理地貌、历史名著、经典名画等优秀文化遗产。发挥校园广播的优势,利用早、中、晚不同时段播放民族音乐、世界名曲、经典歌曲等,营造良好的艺术氛围。利用第二课堂,播放一些优秀影片及体育比赛视频,丰富学生的业余文化生活。还可以利用微博、微信等公众平台,开辟"名人传""历史大事"等栏目。或者依托专业的文化创作机构,拍摄属于学生自己的影视作品,创作主题以青春、校园、职场为主,开辟文化素质教育的新课堂。

6. 加强师资队伍建设,充分发挥教师在文化素质教育中的作用

教师要有较高的科学文化素养,具有精深的专业知识、必备的现代教育理论以及广博的现代科技知识,还要有健康的体魄和心理、良好的审美和高尚的思想道德。一方面要具有培养社会主义新人的历史责任感,在教学过程中不断强化这种意识,以良好的道德品质和人格潜移默化地影响学生;另一方面要用心育人,善于发现学生的心理变化,总结学生的成长规律,建立平等的师生关系,真正做到教书育人。

总的来说,大学生文化素质教育是职业教育发展中不可或缺的,是时代发展的要求,是社会可持续发展的需要。要切实做好大学生文化素质教育工作还有许多问题亟待研究和解决。但我们相信,只要认准目标,常抓不懈,扎扎实实,在实践中探索和前进,文化素质教育工作一定会取得长足进步。

参考文献

[1]中共中央宣传部.习近平新时代中国特色社会主义思想学习纲要[M].北京:学习出版社,人民出版社,2019.

[2]湖南大学.文化素质教育理论与实践[M].长沙:湖南大学出版社,1997.

[3]陈万柏,张耀灿.思想政治教育学原理[M].北京:高等教育出版社,2015.

竞新集 2020

应用研究（工科）

基于现代学徒制的数控技术专业人才培养模式改革的实践探索*

杨秀琴

摘要：在校企合作的教学改革中，人才培养模式是整个教学改革中的顶层设计，也是教学改革中的重中之重。在现代学徒制中，校企双方共建"双主体"人才培养方案是学校、企业共同培养符合企业新技术需要人才的基础。

关键词：现代学徒制；校企合作；人才培养模式；改革创新

为贯彻落实全国职业教育工作会议和《国务院关于加快发展现代职业教育的决定》（国发〔2014〕19号）精神，深化产教融合、校企合作，完善技术技能人才培养模式，2015年8月5日，《教育部办公厅关于公布首批现代学徒制试点单位的通知》（教职成厅函〔2015〕29号）公布首批165家现代学徒制试点单位和行业牵头单位，宁夏职业技术学院成为国家首批现代学徒制试点单位。宁夏职业技术学院数控技术专业积极申报并获批成为现代学徒制项目试点的四个专业之一。

宁夏职业技术学院数控技术专业虽然拥有一支优秀的教师队伍，拥有较为宽敞的实践教学场地及丰富的设施，但在培养专业技术人才方面，还与社会需求存在较大差距，实施现代学徒制项目正是对这一人才培养差距的有力补充。从专业发展的角度来考量，学院现有的设备还不能满足企业大型、多轴、多类型设备的操作需求，现代学徒制项目则提供了来自企业生产一线、全方位的设备与技术支持。

在现代学徒制的教学改革中，校企合作商定人才培养模式是整个教学改革中的顶层设计，也是教学改革中的重中之重。

一、校企共商人才培养模式

1. 共建"工学交替、岗位成才"的人才培养模式

在现代学徒制教学改革中，校企双方共建人才培养方案是学校、企

作者简介：杨秀琴，女，教授，硕士，数控车技师，研究方向为数控加工及数控技术专业教学。

* 本文为2016年宁夏高等职业学校教改项目"现代学徒制下的数控技术专业教学改革研究"成果，发表于《教育现代化》2018年第48期。

业共同培养符合企业新技术需要人才的基础。校企共建"双主体"人才培养方案可以最大限度地减少学生学校学习的技术落后于企业实际需求的问题，使校企联合培养出的学生能紧跟行业的最新变化，从根本上解决学校提供的教育服务与社会需求脱节的问题。在现代学徒制中，学徒的学习是企业实训与课堂学习的有机结合。按照数控技术专业试点班培养目标，分析职业岗位对应的主要工作任务，以能力培养为主线，依据岗位技能要求和技能人才成长规律，将职业资格认证融入专业课程体系，构建"1+0.5+0.5+1"四段式课程体系。即第一学年主要由学院教师开展职业素养课程、专业基础知识的教学，该学年的教学任务全部在学校完成。第二学年第一学期前两个月由企业提供学习、实习、实训、生活等场所及设施，将企业的实际工作项目进行教学项目转化，建设成以企业典型项目为载体的工学结合的项目化课程，学生可以直接看到工作人员的活动并参与不同水平的专业性技能作业；后三个月返回学校进行企业开展不了的专业知识的学习和数控车中级工技能考试。第二学年第二学期前三个月在学院完成相关岗位技能课程的学习，后两个月到企业进行学徒实践学习。第三学年由企业提供师资和场地，与学校老师一起完成学生学徒、准员工的实践学习，完成岗位技能综合实习并撰写实习报告，从而实现学生学员、学徒、准员工、员工四个身份转换的培养。

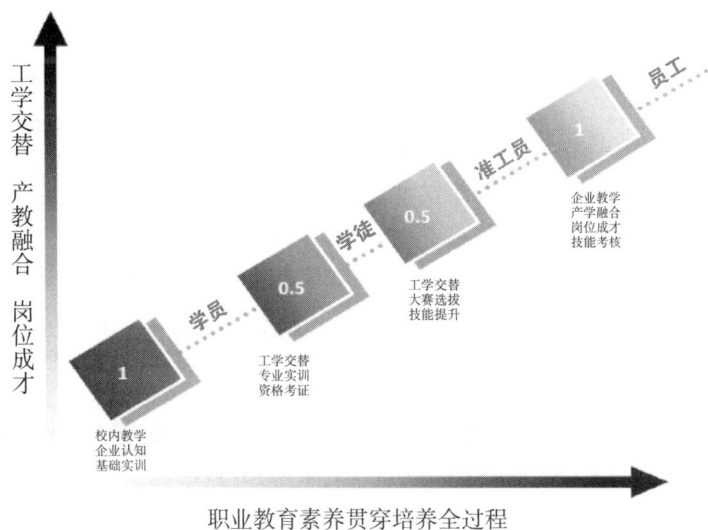

图1 "工学交替、岗位成才"培养模式

2. 共建"产教融合、工学交替"的教学实施计划

现代学徒制项目在立足"1+0.5+0.5+1"四段式课程体系的基础上，结合学校教学与企业生产的实际情况，通过与企业协商共建，采用更加灵活的教育教学方式，即学校选派学校指导教师、课程专业教师进行知识的传授，企业选派专业技术人员和企业岗位师傅进行技术传授，使学生的学习既有理论保障，又有技术支持。

校企合作、工学交替、产教融合、岗位成才

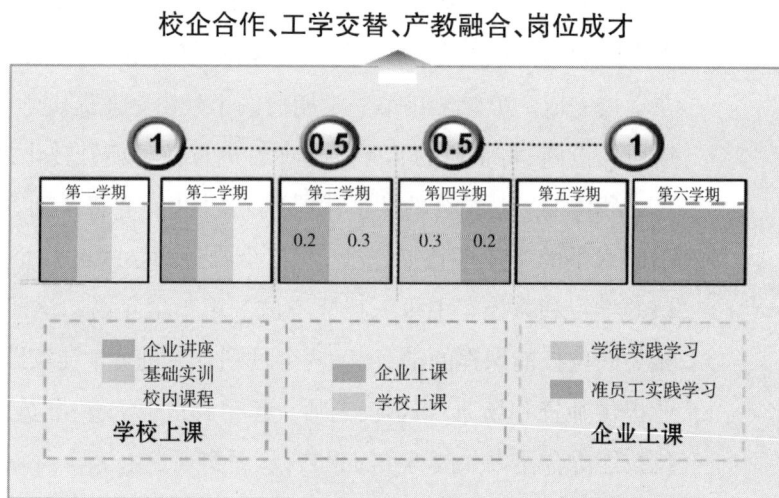

图2 "产教融合、工学交替"的教学实施计划

3. 共建"合作共赢、职责共担"的教学标准体系

校企双方共建"合作共赢、职责共担"的教学标准体系主要立足于校企共同制定的专业教学标准、课程标准、岗位技术标准、师傅标准，共同开发的基于企业岗位任务的教学内容和教材、相关的实训项目及实训任务书，共同制定的学徒制岗位实习计划及大纲、学徒轮训岗位标准等。校企双方在"双主体"人才培养方案制订的过程中，必须融入国家职业资格标准的专业教学内容，必须共建基于工作内容的专业课程和基于典型工作过程的专业课程体系。

4. 共建"校企交替、技能递进"的育人课程体系

依据"多能并重，学做一体，校企融通"的校企合作、工学结合人才培养模式要求，在分析调研企业岗位需求和梳理典型工作任务的基础上，把企业生产要求与行业企业标准以及国家职业技能鉴定标准结合起来确定课程学习领域；校企合作共同开发学习情境和编写教材；以完成工作任务为导向，采用学做一体的形式组织教学；把学校"双基训练"和到企业进行学徒、准员工实践学习结合起来，既强调学生专业技能的培养，又重视学生职业道德和社会能力的培养，突出综合职业能力的培养主线。采取深入企业调研、召开专家研讨会、梳理典型工作任务、开发学习领域课程、工学结合实施教学、毕业生跟踪反馈等方式构建课程体系。

围绕学习领域开发编写工学结合教材，每门课程不是传授单纯的专业知识，而是让学生在尽量真实的职业情境中学习"如何工作"，即以工作过程为导向，依据数控领域的职业能力和相关工作任务要求，以学生为主体完成理论与实践一体化的综合学习任务。课程体系由职业素养课程、专业基础课程、岗位技能课程、专业拓展课程四个部分组成。

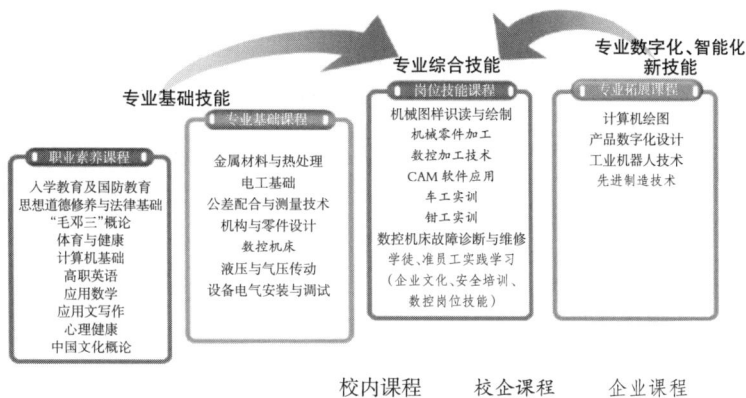

图 3 "校企交替、技能递进"的育人课程体系

二、校企联合共培养，学生岗位成英才

2017 年 11 月，宁夏维尔铸造有限责任公司对企业"双创"活动优秀人员进行表彰，其中对 2015 级数控班柴微同学的评语是：柴微是公司的一名学徒，工作踏实、积极主动、善于思考，解决了加工工艺中毛坯缺陷及定位问题。此项荣誉的获得是数控技术专业学生在现代学徒制项目试点中能力获得提升的直接证明，在参加现代学徒制项目的学生中反响强烈，获得了一致的赞誉。

三、结束语

三年来,现代学徒制经过探索与实践,在人才培养、校企合作、学生技能和教师专业能力提升等方面取得了初步的成效。现代学徒制在宁夏职业技术学院数控技术专业的运用,有效促进了学院数控技术专业的建设与发展。虽然在实施过程中还存在许多问题,但随着现代学徒制的不断深入和推进,其人才培养模式的优势将被众多企业认识和认可,必将形成政府引导、行业参与、社会支持、企业和职业院校"双主体"育人的职教特色。

参考文献

[1]教育部.关于开展现代学徒制试点工作的意见[EB/OL].
(2014-08-25).

[2]高葵芬.高职院校实施现代学徒制存在的问题与解决对策——基于首届职业院校现代学徒制教学交流研讨会的思考
[J].河南科技学院学报,2014(6):5-9.

[3]张庆玲.高职机电一体化技术专业现代学徒制实践探索
[J].职业技术教育,2014(14):27-29.

[4]李传伟,董先,姜义.现代学徒制培养模式之育人机制研究与实践[J].职教论坛,2015(9):75-77.

[5]王甘林.现代学徒制下的校内企业化环境初探[J].长江工程职业技术学院学报,2014,31(4):19-22.

双足机器人腿部结构设计 *

李振威

摘要:本文首先介绍了国内外机器人的发展历程,然后根据机械原理与机械结构的要求,设计传动路线,主要包括齿轮与轴的设计、轴承的选择等,最后对各部分部件进行所受应力应变分析,校核是否达到设计要求,并针对设计的不足进行改进。

关键词:机器人;连杆机构;回转机构

作者简介:李振威(1975—),本科,副教授,研究方向为机械制造工程技术及数控技术。
* 本文发表于《现代制造技术与装备》2018 年第 10 期。

机器人是综合了机械、电子、计算机、传感器、人工智能、仿生学等多种学科的复杂智能机械,目前已成为世界各国研究的热点,机器人的种类、数量以及完成工作的能力成为衡量一个国家工业化水平的重要标志。近几十年来,各国在机器人研究中出现了很多新技术、新产品。国外对机器人的研究起步较早,发展也较成熟。美国于 1961 年制造了世界上第一台工业机器人 Unimate。日本经过多年的研究,后来居上,迅速成为世界上生产、出口和使用机器人均第一的"工业机器人王国"。除工业机器人以外,还有其他用途的机器人被不断研发出来,例如,日本东京大学 Mamoru 等人研制的机器人微作业系统可用于微创外科手术;美国华盛顿大学生物机器人研究室研制的微细作业系统可用于蛋白晶体操作和处理等。我国机器人的研究制造始于 20 世纪 70 年代,1975 年川崎重工业株式会社在北京展出了 Unimate-2000 型搬运机器人。此后,国内各高等院校和科研院所纷纷开始研制机器人。

工业的发展对焊接技术的要求不断提升,而焊接技术与机器人系统相结合,不但有利于实现焊接的自动化和现代化,还能有效提高焊接的质量和效率。然而,由于焊接环境受到各方面因素的影响,实际焊接条件的变化往往会导致焊炬偏离焊缝,从而造成焊接质量下降甚至失败。为适应行业需求,迫切需要一种具有广泛使用价值的焊接辅助设备:变位机。从现在的使用状况来看,变位机为机械制造业带来了巨大经济效益和技术革新,使机器人焊接系统的优势得到体现。对于机器人焊接系统来说,变位机是其最重要的组成部分。一台性能优良的焊接变位机的价格通常远远超出焊接机器人本身的价格。因此,重视焊接变位机的研究和生产已经成为现在机械制造业的一个重要研究方向和技术革新方向。

一、两轴座式焊接变位机设计方案

1. 总体设计方案

根据设计要求,对具有 $2T$ 承载能力的两轴座式焊接变位机的相关机构及总体方案进行设计。两轴座式焊接变位机(总体方案如图 1 所示)由底座、电机、减速装置、齿轮、轴承、回转机构等组成。该方案主要包括翻转机构和回转机构的设计,翻转机构的主要功能是使整个焊接平台绕水平方向转动,从而调节焊接件与焊接头接触的角度;回转机构的主要功能是使焊接平台绕回转轴转动,从而调节焊缝在平面内的位置。

图 1 两轴座式焊接变位机总体设计方案

总体设计最重要的就是进行空间布局上的调整,使模块之间能相对独立地完成自己的工作,进而完成机构的工作。

2. 翻转机构的设计

(1)翻转机构的总体设计

翻转机构为实现使整个焊接平台绕水平方向转动的目的,采用的设计参数为 T=2000 N·m,再生速度为 3 r/min。翻转机构由伺服电机、联轴器、减速器和一级齿轮构成,伺服电机连接到减速器后通过齿轮传动与整个工作台相连接,实现工作台的翻转,如图2所示。电机的转速很高,大都在1000 r/min以上,所以必须连接减速器使其与齿轮连接时的转速能够降到合理范围,再根据整个平台要求的再生速度选择合适的齿轮传动比。

（2）翻转机构的齿轮与翻转轴设计

翻转机构的齿轮传动比必须按照减速器输出转速与再生速度的比值进行设计,齿轮的齿面一般为金属软齿面,为延长齿轮的寿命,必须提高大齿轮和小齿轮的疲劳极限,因此,大小齿轮应采用不同的材料,保证它们之间有足够的硬度差。此外,齿轮齿数的设计必须满足传动比,故齿数应尽量多一点,这样可以保证齿轮的配合度,提升齿轮传动效率和平稳度;在选择齿数时,应尽量保证齿数互质,这样可以保证大小齿轮的啮合更加均匀,有利于提升齿轮的疲劳强度,防止断齿发生。

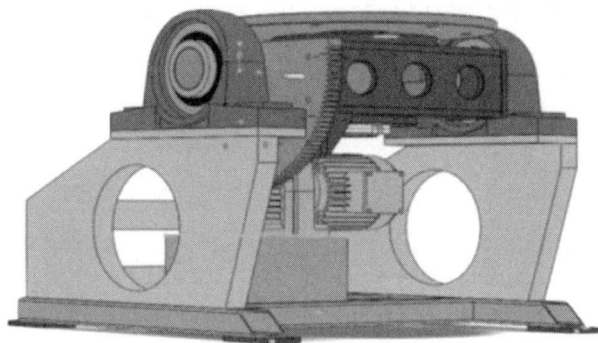

图2　翻转机构的设计

翻转轴的最小直径必须根据其转速和所承受的应力应变进行设计。根据设计手册选择合适的材料、加工精度等一系列参数,按标准对轴上的零部件进行安装,相关国标件也要按照要求选取。

3. 回转机构的设计

（1）回转机构的总体设计

回转机构采用与翻转机构相同的设计参数,即$T=2000$ N·m,再生速度为3 r/min。回转机构由传动齿轮、伺服电机、减速器、联轴器和工作台组成,如图3所示,伺服电机与减速器通过齿轮传动的方式与回转轴连接。回转机构由伺服电机驱动,同样,由于电机转速很高,必须外接一个减速器,再通过选择适当的传动比,使回转机构能够达到要求的再生速度。

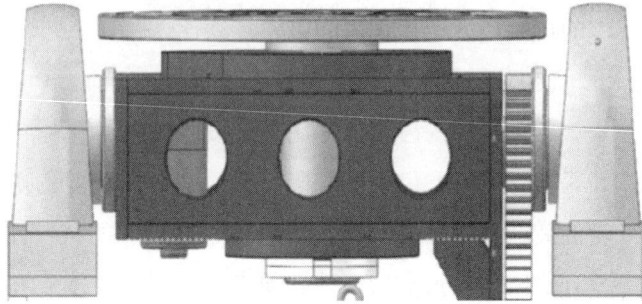

图 3　回转机构的设计

（2）回转机构的齿轮与回转轴设计

回转机构的齿轮设计与回转轴设计,其原则、方法和步骤与翻转机构基本一样,但受力情况与翻转机构有所不同,故在利用软件对其进行校核时所呈现出的应力应变图会有很大差异,其危险截面产生的位置也不同,根据这些不同,在运用翻转机构的设计方法进行设计之后还需检查软件显示的危险截面是否符合标准。

二、翻转机构的部件设计及选型

1. 翻转机构的伺服电机选型

选用电动机必须注意负载启动特性以及运行特性,必须严格选取与使用场所的特殊环境相适应的防护方式以及冷却方式等。选用电动机的主要步骤为:根据机械的运动学要求及工作情况来选取电动机的种类;针对环境提供的不同电压条件,选择不同额定电压的电动机;根据输出转速和减速比选择电动机额定转速,据此选择合适的电动机。

电动机输出功率计算公式如下:

$$P_d = \frac{p_w}{\eta}$$

已知 $T=2000$ N·m,故:

$$P_w = T \cdot W = 2000 \times 3 \times 2\pi \div 60 \approx 0.75 \text{ kW}$$

$\eta = \eta$ 减速器 η^4 轴承 η 齿轮 $= 0.9 \times 0.99^4 \times 0.96 \approx 0.83$，则 $P_d \approx 0.904$ kW

2. 翻转机构的齿轮设计

（1）翻转机构的传动参数计算与设计

①计算各轴的转速

$$n_1 = 1500 \text{ r/min}$$

$$n_2 = \frac{n_1}{i_1} = \frac{1500}{100} = 15 \text{ r/min}$$

$$n_3 = \frac{n_2}{i_2} = \frac{15}{7} \approx 2.14 \text{ r/min}$$

②计算各轴的输出功率

$$P_1 = 1.3 \text{ kW}$$

$$P_2 = P_1 \cdot \eta \text{ 减速器} = 1.3 \times 0.9 = 1.17 \text{ kW}$$

$$P_3 = P_2 \cdot \eta \text{ 齿轮} = 1.17 \times 0.96 \approx 1.12 \text{ kW}$$

③计算各轴的输出转矩

$$T_1 = \frac{9550 \times P_1}{n_1} \approx 8.28 \text{ N·m}$$

$$T_2 = \frac{9550 \times P_2}{n_2} = 744.9 \text{ N·m}$$

$$T_3 = \frac{9550 \times P_3}{n_3} \approx 4998.13 \text{ N·m}$$

（2）翻转机构的齿轮设计

由上述计算数据可知，翻转机构的齿轮轴输入功率为 $P_2 = 1.17$ kW，齿轮传动比为 $i_2 = 7$，驱动采用伺服电机。

（3）选择齿轮类型、精度等级、材料及齿数

第一，根据总体设计方案，确定传动齿轮的类型为直齿圆柱齿轮。

第二，变位机为一般工作设备，根据《机械设计》要求选用 7 级精度。

第三，翻转机构的大齿轮材料选择 45 钢（调制），翻转机构的小齿轮材料选择 40Cr（调制）。

第四，根据设计要求，小齿轮可选择齿数为 $Z_1 = 20 \sim 40$，因此，在这里根据需要选取小齿轮齿数为 20。$Z_2 = i_2 \cdot Z_1 = 7 \times 20 = 140$，故大齿轮齿数为 140。

（4）按齿面接触疲劳强度计算

齿面接触疲劳强度设计公式如下：

$$\sigma_H \geqslant 2.32 \cdot \sqrt[3]{\frac{KT_1}{\varnothing_d} \cdot \frac{u \pm 1}{u} \left(\frac{Z_E}{[\sigma_H]}\right)^2}$$

①确定公式里各参数的数值

a. 先试选载荷系数 $K_t = 1.4$。

b. 小齿轮所传递的扭矩 $T_2 = 0.7449 \times 10^3$ N·m。

c. 齿宽系数根据小齿轮的布置情况进行选取，则 $\varnothing_d = 0.4 \sim 0.6$，为符合实际需要选择 $\varnothing_d = 0.5$。

d. 根据选取的齿轮材料查阅资料，确定其弹性影响系数 $Z_E = 189.8$ MPa$^{\frac{1}{2}}$。

e. 查阅相关资料可知：根据工作情况，小齿轮接触疲劳强度极限 $\sigma_{Hlim1} = 610$ MPa，大齿轮接触疲劳强度极限 $\sigma_{Hlim2} = 575$ MPa。

f. 对于一般齿轮，应力循环次数的决定性因素为疲劳极限，计算公式如下：

$$N = 60\, njL_h$$

假设齿轮工作制度为两班制，使用年限为 15 年，平均每年使用 300 日，根据上述公式可得：

$$N_1 = 60n_2 jL_h = 60 \times 15 \times 1 \times (2 \times 8 \times 300 \times 15) = 6.48 \times 10^7$$

$$N_2 = \frac{6.48 \times 10^7}{7} \approx 9.26 \times 10^6$$

g. 取接触疲劳寿命系数 $K_{HN1} = 0.96$，$K_{HN2} = 0.99$。

h. 计算接触疲劳许用应力：

$$[\sigma_H]_1 = \frac{K_{HN1}\, \sigma_{Hlim1}}{7} = 0.96 \times 610 \text{ MPa} = 585.6 \text{ MPa}$$

$$[\sigma_H]_2 = \frac{K_{HN2}\, \sigma_{Hlim2}}{7} = 0.99 \times 575 \text{ MPa} = 569.25 \text{ MPa}$$

②计算

a. 计算分度圆直径：

将上述所得接触疲劳许用应力较小值带入分度圆直径估算公式，得分度圆直径 d_{1t} 为 78.356 mm。

b. 计算圆周速度：

$$V=\frac{\pi d_{1t}n_2}{60\times1000}=\frac{\pi\times78.356\times15}{60\times1000}\text{m/s}\approx0.0615\text{ m/s}$$

c. 计算齿宽：

$$b=\varnothing_d\cdot d_{1t}=0.5\times78.356\text{ mm}=39.178\text{ mm}$$

d. 计算齿宽与齿高比 $\frac{b}{h}$：

模数：$m_1=\dfrac{d_{1t}}{Z_1}=\dfrac{78.356}{20}\approx3.918\text{ mm}$

齿高：$h=2.25\ m_1=2.25\times3.918\text{ mm}\approx8.816\text{ mm}$

则：$\dfrac{b}{h}\approx4.444$

e. 计算载荷系数：

$$K=K_AK_VK_{H\alpha}K_{H\beta}=1.25\times1.02\times1\times1.201\approx1.53$$

f. 校正分度圆直径：

$$d_1=d_{1t}\sqrt[3]{\frac{K}{K_t}}=78.356\times\sqrt[3]{\frac{1.53}{1.4}}\approx80.709\text{ mm}$$

g. 计算模数：

$$m=\frac{d_1}{Z_1}=\frac{80.709}{20}\text{ mm}\approx4.035\text{ mm}$$

（5）按齿根弯曲疲劳强度计算

齿根弯曲疲劳强度设计公式如下：

$$m\geqslant\sqrt[3]{\frac{2KT_1}{\varnothing_dZ_1^2}\left(\frac{Y_{Fa}Y_{sa}}{[\sigma_F]}\right)}$$

①确定公式里各参数的数值

a. 查得小齿轮弯曲疲劳强度极限为 $\sigma_{FE1}=540$ MPa，$\sigma_{FE2}=400$ MPa。

b. 查得弯曲疲劳寿命 $K_{FE1}=0.95$ MPa，$K_{FE2}=0.98$ MPa。

c. 计算弯曲疲劳许用应力：

$$[\sigma_F]_1=\frac{K_{FE1}\sigma_{FE1}}{S}=\frac{0.95\times540}{1.4}\text{ MPa}\approx366.43\text{ MPa}$$

$$[\sigma_F]_2=\frac{K_{FE2}\sigma_{FE2}}{S}=\frac{0.98\times400}{1.4}\text{ MPa}=280\text{ MPa}$$

d. 计算载荷系数 K：

$$K=K_A K_V K_{H\alpha} K_{H\beta}=1.25×1.02×1×1.16≈1.479$$

②计算

$$m≥\sqrt[3]{\frac{2×1.479×1.031×10^6}{1×20^2}×0.0143}≈3.78$$

根据设计手册，选取 $m=4$，前面已经按齿面接触疲劳强度得到分度圆直径为 80.709 mm，从而得到小齿轮齿数为：

$$Z_1=\frac{d_1}{m}=\frac{80.709}{4}≈20$$

大齿轮齿数为 $Z_2=7×20=140$。

（6）计算齿轮几何尺寸

①计算分度圆直径

$$d_1=Z_1 m=20×4 \text{ mm}=80 \text{ mm}$$

$$d_2=Z_2 m=140×4 \text{ mm}=560 \text{ mm}$$

②计算中心距

$$a_1=\frac{d_1+d_2}{2}=\frac{80+560}{2} \text{ mm}=320 \text{ mm}$$

③计算齿轮宽度

$$b=\varnothing_d d_1=0.5×80 \text{ mm}=40 \text{ mm}$$

三、实验测试

结合由 RP2 型旋转/倾斜变位机及 KR350/2 型弧焊机器人组成的工作站，采用定时插补法，进行实验测试。在弧焊作业中，对机器人姿态的控制非常重要，故采用位置和姿态分开插补的策略，对姿态进行精确控制。首先，根据焊缝的形状确定示教焊点的位置，驱动变位机使得示教焊点处于最佳状态。其次，控制机器人在最佳状态时运动到这个焊点，记录焊点处机器人和变位机的转角、工艺要求以及焊接速度、加速度等。根据下列关系式确定机器人的运动情况。

$$_{T_0}^{R}T = \begin{bmatrix} -1 & 0 & 0 & 1000 \\ 0 & 0 & 1 & -580 \\ 0 & 1 & 0 & 800 \\ 0 & 0 & 0 & 1 \end{bmatrix} \quad _{T_1}^{T_0}T = \begin{bmatrix} \cos\theta_1 & -\sin\theta_1 & 0 & 0 \\ \sin\theta_1 & \cos\theta_1 & 0 & 0 \\ 0 & 0 & 1 & 0 \\ 0 & 0 & 0 & 1 \end{bmatrix} \quad _{T_1}^{T_0}T = \begin{bmatrix} -\cos\theta_2 & \sin\theta_2 & 0 & 0 \\ 0 & 0 & 1 & 70 \\ \sin\theta_2 & \cos\theta_2 & 0 & 0 \\ 0 & 0 & 0 & 1 \end{bmatrix}$$

$$_{T_0}^{R}T = \begin{bmatrix} -1 & 0 & 0 & 150 \\ 0 & 0 & 1 & -40 \\ 0 & 1 & 0 & 20 \\ 0 & 0 & 0 & 1 \end{bmatrix} \quad _{H_{pm}}^{W}T = \begin{bmatrix} 1 & 0 & 0 & 0 \\ 0 & 1 & 0 & 0 \\ 0 & 0 & 1 & 0 \\ 0 & 0 & 0 & 1 \end{bmatrix} \quad _{H_q}^{H_p}T = \begin{bmatrix} \cos45° & -\sin45° & 0 & 2 \\ \sin45° & -\sin45° & 0 & 2 \\ 0 & 0 & -1 & 0 \\ 0 & 0 & 0 & 1 \end{bmatrix}$$

式中，$_{H_{pm}}^{W}T$ 是焊点的坐标系相对于工件坐标系的位姿矩阵，是根据船形焊约束 $_{H_q}^{H_p}T$ 给出的待焊点的目的位姿矩阵。

经过实验测试以及计算，焊枪在焊点的位姿矩阵为：

$$\begin{bmatrix} 0 & 1 & 0 & 830.29 \\ 0 & 0 & 1 & -520 \\ 1 & 0 & 0 & 760.40 \\ 0 & 0 & 0 & 1 \end{bmatrix}$$

通过联合轨迹插补完成机器人和变位机的协调运动，得到机器人末端的轨迹在世界坐标系和变位机工作台坐标系的位姿矩阵。显而易见，机器人的末端轨迹在世界坐标系中并不是直线，但其在变位机工作台坐标系中是直线。从计算中可看出，对于实验中的直焊缝，只要进行一次旋转，各焊点就都进入理想位置。

四、结论

在机器人焊接系统中，焊接变位机是整个加工工艺流程中最关键的机构，良好的焊接变位机不仅保证了加工质量，也能很好地节约能源。本文设计的两轴座式焊接变位机不仅从结构上设计了传动部分，提高了传动效率，发挥了稳定性好的优势，而且针对导热、通风也有着很好的结构改进和优化，保证了机构使用寿命，具体设计结果如下。

制订了两轴座式焊接变位机的总体设计方案，包括翻转机构的设计、回转机构和机架的设计。分别设计了翻转机构及回转机构的传动方案，根据转矩及转速要求进行了伺服电机及减速器的选型,选择了键、轴承等标准件。根据强度要求,通过软件对传动部件(翻转轴、回转轴)、翻转机构和回转机构内的传动齿轮进行了应力应变的校核,最终确定传动部分设计满足要求。

参考文献
[1]陈爱.基于四元数的汽车焊接机器人工作站研究[D].广东工业大学硕士学位论文,2013.
[2]李素萍,李永刚.变位机在机器人焊接工作站中的应用[J].机器人技术与应用,2013(6):30-33.
[3]王舟如.炮塔壳体智能焊接系统的研究与开发[D].天津大学硕士学位论文,2005.
[4]寇英.现代焊接工程在制造业中的作用及其发展研究[J].企业文化,2015(6):52.

AZ31B 镁合金手机外壳冲压工艺技术研究[*]

高孝书

摘要:针对 AZ31B 镁合金手机外壳冲压工艺进行研究,分析单个工艺参数对冲压成形性能的影响,通过正交试验确定多个工艺参数的优化组合。结果表明,采用正交优化后的工艺参数组合能显著提高 AZ31B 镁合金手机外壳的冲压成形性能。

关键词:AZ31B 镁合金;手机外壳;数值模拟

一、单个工艺参数的影响分析

本文对凸模圆角半径 R_p=0.5 mm、1 mm、2 mm、4 mm、8 mm 的五组试样进行冲压成形研究,直壁圆角半径 R_c=6 mm,压边力 F=9800 N,板材温度 T_b=250℃,凸模温度 T_p=100℃,凸模圆角半径(R_p)越大,最大冲压成形深度越大,镁合金的冲压成形性能越好[1]。凹模直壁圆角半径 R_c=1 mm、3 mm、5 mm、7 mm、9 mm、11 mm,在 R_c=7 mm 时最大冲压成形深度达到最大值。

凸模、凹模间隙 Z=0.80 mm、0.88 mm、0.96 mm、1.04 mm、1.12 mm、1.20 mm(1 t、1.1 t、1.2 t、1.3 t、1.4 t、1.5 t,t 为板材厚度)时的成形情况如

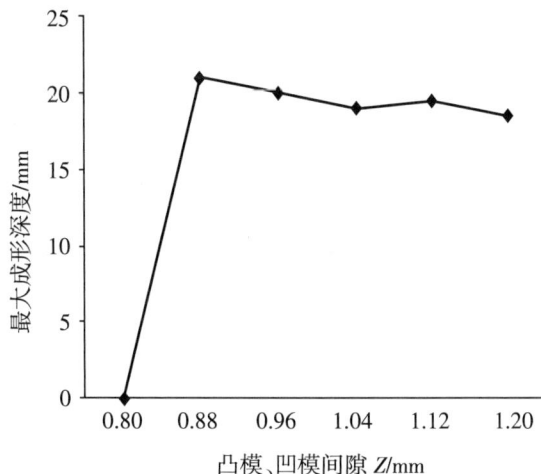

图 1　凸模、凹模间隙对冲压成形性能的影响图

作者简介:高孝书(1986—),男,讲师,硕士,研究方向为材料加工工程。

* 本文为宁夏高等学校科学研究项目(NGY2017258)成果,发表于《科技创新与应用》2018 年第 25 期。

图1 所示。当 $Z=0.8$ mm 时,板材与模具间阻力很大,破裂集中在凹模圆角处;当 $Z=0.88$ mm 时,冲压成形深度最大,成形质量最好。当凸模、凹模间隙 Z 大于 0.96 mm 时,板材的贴模性差,冲压形状不理想、成形精度不高,难以控制冲压件外形尺寸误差[2]。将板材、凸模、凹模、压边圈温度分别设定为 50℃、100℃、150℃、200℃、250℃、300℃、350℃。从图 2 可见,当 $T_0=250$℃时镁合金手机外壳达到最大冲压成形深度。

冲压速度 $v=0.1$ mm/s、1 mm/s、5 mm/s、10 mm/s、20 mm/s 时,冲压成形情况如图 3 所示,当冲压速度 $v=0.1$ mm/s 时,板材能够完全进入冲压模具,此时板材

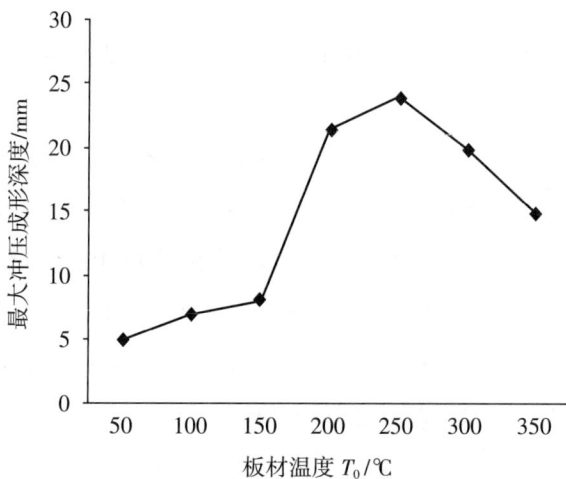

图 2　温度对冲压成形性能的影响

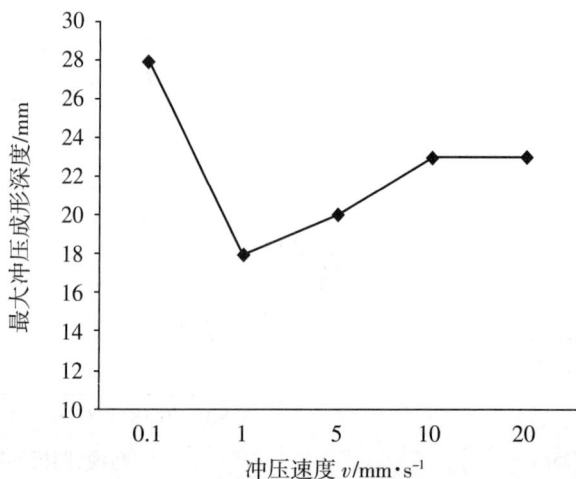

图 3　冲压速度对冲压成形性能的影响

的冲压性能最好,试验和模拟得到的镁合金最佳冲压速度都是 $v=0.1$ mm/s。当 $v=1$ mm/s 时,镁合金板材的冲压成形性能最差,板材未能完全进入冲压模具,在冲压成形初期就发生破裂。这是由于镁合金板材的变形速度增大,流动应力增大,断裂抗力受冲压速度影响较小,使板材在冲压成形初期就发生破裂。当 $v>5$ mm/s 时,随着冲压速度的增大,最大冲压速度有所提高,但还是比 $v=0.1$ mm/s 时的冲压成形性能要差。在 DEFORM[3]有限元模拟中,分别对比了摩擦系数为 0.08、0.12、0.25、0.40、0.70 的五组冲压成形性能,结果(如图 4 所示)显示,镁合金的冲压成形性能随摩擦系数增大而降低。当压边力 $F=0$ N、4900 N、9800 N、19600 N、29400 N(0 t,0.5 t,1 t,2 t,3 t)时,压边力对镁合金手机外壳冲压成形性能的影响如表 1 所示。

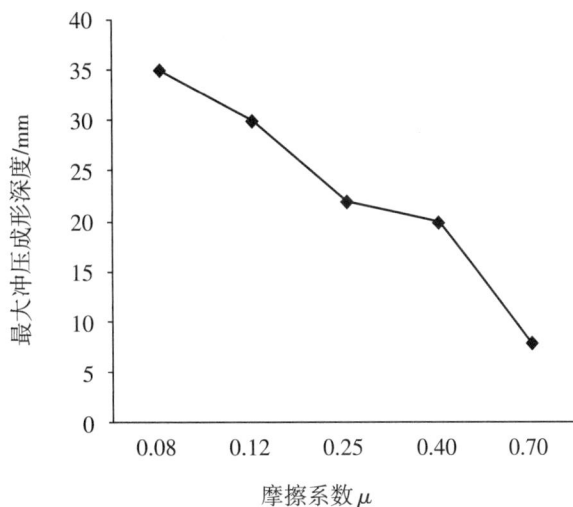

图 4　摩擦系数对冲压成形性能的影响

表 1　压边力对冲压成形性能的影响

压边力 /N	最大冲压成形深度 /mm	破裂情况	成形效果
0	15.3	角部破裂	起皱,板材脱离压边圈
4900	30.2	角部破裂	起皱,板材脱离压边圈
9800	21.5	先角部破裂,后棱部破裂	未起皱,板材未脱离压边圈
19600	18.0	直壁部分破裂	未起皱,板材未脱离压边圈
29400	15.1	直壁全部破裂	未起皱,板材未脱离压边圈

二、多个工艺参数组合的影响分析

上述单个参数的最优取值是在其他因素不变的情况下得出的,具有片面性和不完整性,而实际冲压生产是多种因素相互影响、共同作用的结果,需要进行合理的组合方案试验。本文采用最大冲压成形深度作为正交试验参考指标,正交试验选用 4 因素 4 水平 L1644 方案。试验结果见表 2,正交试验结果分析见表 3,因素与指标趋势见图 5。

表 2　正交试验结果

试验	凸模圆角半径 A /mm	凹模温度 B /℃	凸模温度 C /℃	压边力 D /N	冲压成形深度 H /mm
1	1	150	20	4900	21.5
2	1	200	50	9800	16.0
3	1	250	100	19600	17.0
4	1	300	150	29400	16.5
5	2	150	20	19600	16.0
6	2	200	50	29400	17.5
7	2	250	150	4900	22.0
8	2	300	100	9800	22.5
9	4	150	100	29400	17.5
10	4	200	150	19600	20.0
11	4	250	20	9800	22.5
12	4	300	50	4900	31.0
13	8	150	150	9800	24.0
14	8	200	100	4900	37.0
15	8	250	50	19600	25.0
16	8	300	20	29400	24.5

表 3　正交试验结果分析

	A 因素	B 因素	C 因素	D 因素
K1	71.00	79.00	84.50	111.50
K2	78.00	90.50	89.50	85.00
K3	91.00	86.50	94.00	78.00
K4	110.50	94.50	82.50	76.00
$\overline{K1}$	17.75	19.73	21.13	27.86
$\overline{K2}$	19.50	22.62	22.38	21.25
$\overline{K3}$	22.75	21.63	23.50	19.50
$\overline{K4}$	27.63	23.63	20.63	19.00
极差 R	9.88	3.90	2.87	8.83
因素主次	A　D　B　C			

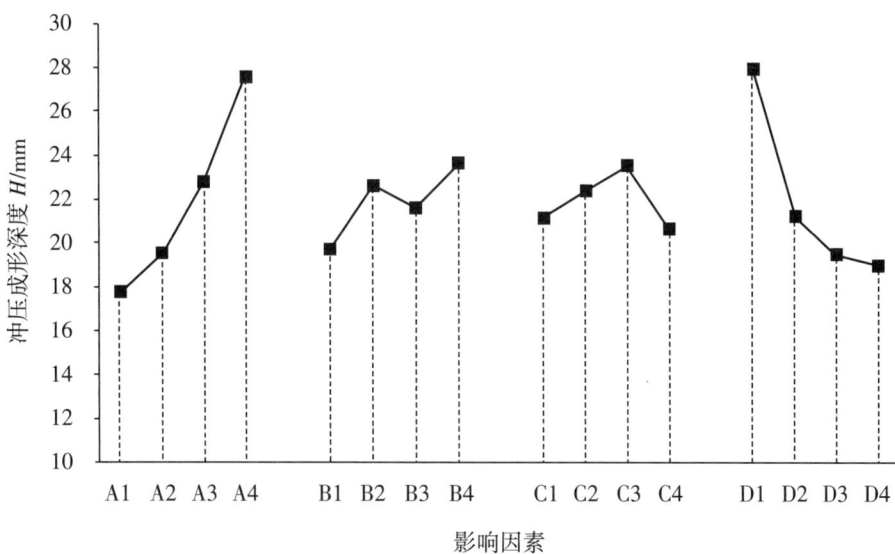

图 5　因素与指标趋势图

三、结束语

确定单个因素对 AZ31B 镁合金手机外壳冲压成形深度影响的主次顺序为：凸模圆角半径（A）、压边力（D）、凹模温度（B）、凸模温度（C）。对 AZ31B 镁合金手机外壳冲压成形深度影响较优的组合是：A4B4C3D1。当 R_p=12 mm（A4）、T_b=300℃（B4）、T_p=100℃（C3）、F=4900 N（D1）时，最大冲压成形深度为 H=37.5 mm，明显优于此前试验中的最大冲压成形深度 H=31 mm。

参考文献

[1]李文娟.AZ31B 镁合金板材成形性能研究[D].山东大学硕士学位论文,2012:3-20.

[2]高孝书,赵雪妮.AZ31B 镁合金笔记本外壳冲压工艺技术研究[J].科技与创新,2018(7):57-59.

[3]Scientific Forming Technologies Corporation. Overview of DEFORM[EB/OL]. DEFORM-3D Manual.

面向对象的计算机网络设计软件系统的开发 *

丁新义

摘要：本文使用面向对象可扩展计算机网络设计软件系统，对 OSI 模型创建软件进行分析，此软件不仅能够提高网络实用性，还能够延长其使用寿命，将其在智能手机中使用，能够方便人们的生活。

关键词：面向对象；扩展；计算机网络设计；软件系统

作者简介：丁新义（1976—），男，回族，宁夏职业技术学院软件学院教师，副教授，研究方向为计算机网络。
* 本文发表于《网络与信息工程》2018 年第 15 期。

一、计算机网络设计软件可扩展的方向

1. 外部接口可扩展

在数字化、电子化不断发展的过程中，人们对软件外部接口的需求也在进一步增加，比如人们要求多接口从而有效满足不同的工作需求。在软件外部接口设计过程中，实现多外部接口的设计，能够有效满足接口扩展性的需求，使软件系统使用效率得到进一步提高，以此使人们的工作效率得到进一步提高，以此有效满足多接口需求。

2. 软件功能可扩展

网络设计软件可扩展还包括功能可扩展，主要基于可视化软件及其功能开发方面。在互联网技术不断发展及计算机网络设计软件技术不断发展的过程中，相关设计人员将自己的目光放到软件功能扩展方面，使计算机网络设计软件的应用性、便捷性及科学性得到进一步提高。计算机网络设计软件可视化功能的扩展主要基于构建创新性网络协议，计算机网络设计软件系统朝着跟踪处理及可视化视频方面发展，从而实现软件系统功能的有效扩展。

二、面向对象的概念

面向对象技术指的是将对象作为基础，利用事件或者消息促使驱动对象执行处理的计算机程序设计技术。面向对象技术实际上就是面

向过程的技术,主要是将数据作为中心实现系统描述,因为数据具有较高的稳定性,所以利用面向对象技术的计算机网络软件系统具有较高的稳定性,且具有集成性、多态性、抽象性及封装性等特点。其中,抽象性指的是对事物进行抽象描述及概括,使客观世界朝着计算机世界发展。抽象的过程比较难,并且是面向对象技术的基础。多态性指的是面向对象在设计过程中借鉴现实世界多态性,主要指的是不同事物在接收到相同消息的时候会产生多种不同的行为。集成性由软件开发特点决定,在软件开发过程中,利用集成性能够有效实现软件模块的可重用性、独立性,并且能够使软件开发周期有效缩短,使软件开发效率得到进一步提高。

三、面向对象的可扩展计算机网络设计软件系统的开发

1. 系统的结构设计

根据计算机网络设计中的主要内容,将计算机网络软件划分为系统调度、网络拓扑、网络性能仿真及网络性能分析四个模块。其中系统调度的主要目的是实现系统中各功能的有效调度;网络拓扑的主要目的是实现网络拓扑结构可视化、网络路由器设计、子网划分设计及网络设备参数输入设计等;利用网络性能仿真实现网络仿真运算,利用网络性能分析及根据性能需求创建的分析模型,实现计算机网络软件运行效果及安全性能的有效分析。为了有效保证外部功能实现扩展,可在设计过程中添加相应的数据库接口模块,利用通用数据库系统实现和其他软件系统的连接。

2. 面向对象和数据接口

(1)类与对象标识。计算机网络设计过程中的类与对象标识功能就是实现面向对象分析及设计,标识质量对软件功能实现及未来扩展具有一定的影响。以系统调度模块为基础,通过编程工具能够寻找解决方法及类库,全面分析网络拓扑结构及网络仿真性能,从而实现响应系统的创建。类与对象标识部分的主要设计代码为:

```
var xmlHttp = false;
if (! xmlHttp && typeof XMLHttpRequest ! ='undefined') {
xmlHttp = new XMLHttpRequest();
```

```
        }
if（! request）
alert（"Error initializing XMLHttpRequest! "）;
function getCustomerInfo（）{
var phone=document.getElementByIdx（"phone"）.value;
var url = "/cgi-local/lookupCustomer.php?phone="+escape（phone）;
request.open（"GET", url, true）;
request.onreadystatechange=updatePage;
request.send（null）;
        }
function updatePage（）{
alert（"Server is done! "）;
        }
</script>
```

（2）类与对象。OSI 模型是由国际权威的标准化机构提出的,其主要目的就是使计算机网络能够在全世界创建规范化的互动联网框架。OSI 模型在网络设计软件中具有代表性,能够提高网络及计算机设备的结构创建水平,并且能够实现不同网络层模型实体的互相连接。表 1 为 OSI 模型结构。

表 1　OSI 模型结构

物理层 1	通过信道传输原始位,保证 1 与 0 能够定时接收
数据链路层 2	通过数据分成帧与对帧,保证传输正确
网络层 3	对输出信息及数据包进行控制
传输层 4	输送方及接收方生成与管理
会话层 5	创建与管理用户的会话
表示层 6	实现网络数据的压缩、表示及变换
应用层 7	计算机网络用户接口

3. 系统的创建分析

可扩展计算机网络设计软件系统在设计过程中的前提就是数据接口、系统结构及面向对象,通过计算机客户终端平台实现仿真运算及实验,保证能够有效使用每个网络设计系统中的分层子网及设备，从而开展功能性设计。现代计算机网络软件系统能够有效实现仿真运算，对计算机网络软件延时和存储堵塞等问题进行全面分析，实现网络软件功能扩展，完善网络软件系统中的网络设备，实现网络数据库接口的扩展，提高现代计算机网络软件设计的便捷性及高效性，从而有效满足人们在网络软件使用过程中的需求。

在网络软件模块层次划分过程中，以网络设备对象和参数相互结合为基础，重视多层软件体系结构的应用，并且实现软件系统规模化连接，使用网络设备对设备参数进行优化处理，从而便于实现功能的扩展。在可扩展计算机网络软件开发方面，要重视软件的独立功能，基于系统调度，实现设备和网络数据的设计，在软件功能调度的过程中实现数据共享，从而有效解决数据访问过程中出现的问题。以下为软件界面的实现代码：

```
Label lb=(Label)Page.Master.FindControl("username");
lb.Text=Session["username"].ToString()
Label lb2=(Label)Page.Master.FindControl("time");
lb2.Text = DateTime.Now.ToString();
auth =Convert .ToInt32 (Session["Authority"].ToString());
URL u = new URL();
List<Main_Interface>list = u.GetAllUrl(auth);
Menu.DataSource=list;
Menu.DataBind();
```

四、结束语

为了有效满足人们对智能化通信的需求，需要设计面向对象可扩展的计算机网络设计软件系统，有效提高软件系统的适应性、效率，从而为人们提供便捷的服务，充分发挥自身的价值。本文使用面向对象可扩展计算机网络设计软件系统，对 OSI 模型创建软件进行分析，以实现网络设计软件功能的扩展，从而满足人们智能化通信的需求。

参考文献

[1]江伟,连仁明,邢博.面向对象可拓展计算机网络设计软件系统[J].电子技术与软件工程,2016(10):55.

[2]李娜.可扩展计算机网络设计软件系统的开发设计研究[J].赤峰学院学报:自然科学版,2016,32(14):30-32.

[3]李彬.可扩展计算机网络设计软件系统的开发设计[J].数字化用户,2017(16).

浅析中小型网站开发工作中 PHP 技术的应用 *

陈　芳

摘要：随着计算机技术的广泛应用以及信息网络逐渐渗入日常生活中，人们通过网络可以更好地完成相互之间的交流，整个社会的信息交流也向着网络化发展。在网络化不断推进的过程中，中小型网站起到了至关重要的作用。PHP 技术的应用在中小型网站开发建设时相对较普遍。本文对中小型网站开发工作中 PHP 技术的应用进行了分析和探索，以期提出一些意见或建议，从而保障其开发工作。

关键词：PHP 技术；中小型网站开发；计算机技术

作者简介：陈芳（1975—），女，江苏常州人，宁夏职业技术学院软件学院专职教师、软件技术教研室主任，副教授，硕士，研究方向为计算机软件开发。
* 本文发表于《现代职业教育》2018 年第 11 期。

计算机技术以及网络的普及化让人们生活得到极大的便利，当今世界步入了信息化时代，网络在人们生活中的地位也得到了提高。网络在人们日常生活中的使用愈发普遍，也让以网络为宣传媒介的企业获得了更好的宣传途径。可以说，网络的广泛使用推动了我国各行各业的高速发展，同时也让我国中小型企业得以不断进步。怎样使用网站开发技术才能够让网站开发工作更加高效，在当前具有极为重要的意义。

一、中小型网站开发工作的需求及满足方法

1. PHP 技术

PHP 技术实质上是一种应用于网络服务器的程序语言，该语言可以通过与其他文本语言相结合，保证服务器对各种功能的实现。值得注意的是，PHP 语言使用的方式与其他传统语言较类似，故而在中小型网站开发工作中，开发人员可以更加方便地使用该语言进行编程。除此之外，PHP 语言的应用范围较广，它主要应用于服务器运行的脚本文件中，因而可以较好地适用于当前较为常见的各类平台，如 Windows、Mac OS、Linux 以及 Android 等。同时，PHP 语言可以直接嵌入 Html 语言，故而其实用性相较于其他语言更强[1]。PHP 语言在正式执行任务时，首先需要在服务器端以 PHP 语言为后缀的 Html 文件进行显示，进而在浏览器中得到展示；随后运用 PHP 技术对其进行分析，如果存在不能正常运行的程序则需要按照使用要求进行改写，从而保证其符合

用户端对文件的要求,使之得以在浏览器上正确显示。

2. PHP 技术应用的各方面需求

要想让 PHP 技术能够在中小型网站开发工作中充分发挥作用,首先要做的是对网站开发需求进行全方位的分析。PHP 技术的特点在于其可以在当前主要的操作平台进行使用,也可以跨平台运用;在执行网站开发工作时具有较高的效率,与传统的编程语言相比可以使效率提高近二十倍。因此 PHP 在中小型网站开发工作中具有较强的优势,在使用 PHP 技术时,其需要满足的网站开发需求主要包括:(1)PHP 语言编写的程序在运行过程中需要能够对信息进行处理,处理的主要内容包括对系统信息进行添加或删除;(2)PHP 技术编写的程序需要能够对网页进行管理,必要时可以对网页上的内容进行改写;(3)PHP 技术编写的程序需要能够对网站运行参数进行管理,这样可以有效提升网站的运行效率;(4)PHP 编写的程序需要能够有效管理网站使用者的数据,根据用户特征的不同对使用者进行行为画像分析并加以分类管理;(5)所开发的网站需要在页面上提供相关其他网页的链接,从而达到不同网站交互链接的目的。

二、基于 PHP 技术的中小型网站设计

通过上文的叙述,我们已经清晰地罗列出中小型网站需要满足的各类需求,因而在进行中小型网站设计时需要以这些需求为出发点,对网站的系统、数据库等进行整体设计,从而保证网站的各项功能能够完美实现。在设计工作完成之后,网站开发设计人员也需要对网站功能进行验证,如果存在不满足设计要求的程序需要立刻改写。

1. 中小型网站的系统设计

在进行系统设计时首先需要完成的是网站后台结构的设计,只有这样才能更好地实现对网站整体的管理。其次是网站前台结构的设计。网站的前台结构主要包括网站的页面、用户的使用界面以及网站的功能界面等[2]。系统后台设计工作是为了能够更好地实现网站的各项功能。在进行网站系统后台设计时,需要极力保障网站后台与前台之间结构的统一性,使之存在密切的联系,从而满足设计需求。当前所使用的网站绝大多数都可以通过客户端与服务器的连同作用对用户的数据进行储存,服务器对数据的储存面向的范围较大,而客户端对数据的储

存则主要面向那些对网络要求较高的用户，或者实时需要对储存数据进行修改的用户。客户端对数据的储存可以有效减少服务器的运载负荷，对当前应用最广泛的 Html 5 技术而言，这样的储存方式无疑是安全性能最高的一种。

2. 中小型网站的数据库设计

中小型网站在 Web 上对数据进行储存的主要方式包括网络数据服务器储存和本地用户储存，二者的联系在前文已经有所提及。为了保证网站服务器正常运行且保持较高的运行效率，一般来说可以让用户在客户端进行大内存的文件数据储存工作，而且这些文件的上传需要受到一定的限制，只有在得到网站的允许时才能够上传到网络服务器。Web Storage 的使用可以极大程度上让数据存储的方式得到简化，数据文件只需在客户端保存而无须进行服务器回传，可以有效减小服务器的运行负荷，同时可以提高数据储存的安全性。

3. 中小型网站的结构设计

为了更好地满足上述中小型网站开发的各类需求，在进行程序编写时需要让程序和网站的界面相分离，即让网站的网页和操作界面得到各自管理。这样可以避免由于程序的代码存在错误而使网站无法正常运行。

三、中小型网站设计后的系统测试

在对中小型网站进行设计开发工作之后，为了能够让 PHP 技术得到更加充分的使用，同时减少由于程序问题造成网站不能正常使用的情况的发生，必须在设计工作完成之后对系统进行测试，及时发现问题并进行改正。在进行系统测试工作时，首先需要保证测试工作的科学性。所有的测试工作必须符合相关要求，并能够在测试中体现出现有系统的不足，从而对其进行分析[3]。其次，测试工作必须严谨，能够得到各个结构准确的测试数据，并交由专业技术人员进行分析。

1. 中小型网站系统后台功能的测试

在对中小型网站系统的后台功能进行测试时，预期的效果是通过对系统后台进行测试来保证系统正常运行。测试过程中需要保证后台文件添加的技术分类不大于三级，同时网站系统后台需要具有删除、添加、编辑等功能，且各个功能要能够正常运行。同时，网站系统后台需要确保网站的数据库以及其他配置文件的安全性达到设计要求，避免出现数据泄露、数据丢失等问题，威胁网站以及用户的利益。

2. 中小型网站系统前台功能的测试

在对中小型网站系统的前台功能进行测试时,主要需要对网站的页面及其相关功能进行测试。该项工作相对简单,且如果系统前台功能存在问题,可以更加方便地发现。尽管系统前台功能的测试拥有诸多优点,在开展测试工作时仍然需要注意如下问题:首先,需要检测网站页面能否正常显示;其次,审核网站页面是否存在错误文字、图片等;最后,审核网页内容是否存在乱码。

四、结论

在中小型网站开发工作中,PHP 技术具有较强的便捷性、高效性、专业性,且应用范围广、处理效果好。正是由于这些优势,PHP 技术在中小型网站开发工作中将起到越来越重要的作用。本文针对中小型网站开发工作中 PHP 技术的应用进行了整体性论述,提出了 PHP 技术在中小型网站开发工作中的需求分析、设计步骤以及后续的系统检测方法,希望为未来的网站开发工作提供一些指导和帮助。

参考文献

[1]焦显伟.基于 PHP 的信息系统数据安全性分析与探讨[J].价值工程,2017(35):153-154.

[2]罗云芳.PHP 通用数据库操作模块的设计与实现[J].电子测试,2013(16):98-99.

[3]陈于扬,尚秋峰.基于 PHP 和 Ajax 技术的个人博客设计[J].海南大学学报:自然科学版,2010(4):338-342.

基于 LVS 的数据库集群负载均衡性能测试与分析 *

张旭红

摘要：随着数据库技术的不断发展，数据库在各行各业中都得到了应用，但当下的技术难以满足人们对数据精准度的要求。在当今的企业集群中，Linux 虚拟服务器（LVS）作为一种负载均衡技术，已经得到了广泛的应用，但由于现实条件的约束，当前对 Linux 虚拟服务器的研究仅仅集中在 Web 服务器集群负载均衡性能方面，忽视了 Linux 虚拟服务器在特定的情况下可以实现与数据库集群的对接。本文基于当前研究现状，以负载均衡算法的数据库集群为对象，运用 HP LoadRunner 对其进行负载均衡性能的实验，构建 Linux 虚拟服务器下数据库集群负载均衡性能测试的具体方案。

关键词：Linux 虚拟服务器；数据库集群；负载均衡；性能测试分析

作者简介：张旭红（1972—），女，宁夏人，教授，本科，研究方向为计算机网络。
* 本文发表于《现代信息科技》2018 年第 3 期。

引言

大数据时代的到来为人们的生产生活带来了极大的便利，但随着越来越多的数据产生，传统的数据库难以满足人们日益多样化的需求。数据库集群的发展使这一问题得到了改善，作为数据库集群中的中心技术，负载均衡性能的提高是使数据库得到根本优化的关键，可以利用 Linux 虚拟服务器（LVS）架构实现数据库集群负载均衡。从目前的研究现状来看，LVS 的算法性能主要以 Web 为基础，缺少对数据库集群负载均衡算法的分析，为了解决这一问题，本文将通过数据库集群负载均衡性能测试来探寻数据库集群所对应的最高效的负载均衡算法。

一、Linux 虚拟服务器概述

Linux 虚拟服务器以提高服务器群组的功能为目标，如今已经在网络服务器集群的负载均衡调度过程中得到实践，与其他服务器相比，Linux 虚拟服务器具备成本较低、伸缩性能好、配置简便等优点，仅仅通过简单的安装即可实现多台服务器的连接，使其成为一个集群。而科学技术的发展同时增强了对负载均衡的需求，使 Linux 虚拟服务器得到进一步推广，淘宝网等知名网站也都应用了 Linux 虚拟服务器集群系统。Linux 虚拟服务器能够有效解决内容分发的负载调度问题，并且已经在系统中被应用，可进一步将服务器群组融合，通过其中的一台服务器,使分布在网络中的服务器与用户相连,当用户发出请求时,其信息会首先被传递到负载调度器上,以此作为媒介,将用户的请求分发给其他的服务器,使用户无须进行复杂的操作,便可得到所要获取的数据信息。Linux 虚拟服务器集群需要负载均衡器、服务器池以及共享存储系统三部分共同配合。负载均衡器是整个系统的开端,当使用者的请求发出时,会被传送到一台服务器上,经过负载调度器进行二次传递,发回的信息也要经过负载调度器的处理,这样可保障给使用者的最终结果出自同一个 IP;处理用户请求的真实服务器从属于服务器池,根据需求对服务器池中的服务器数量进行调整;共享存储系统则为真实服务器的数据提供保障,降低由于系统更新产生损失的可能性。

二、数据库集群系统和负载均衡技术

1. 数据库集群系统

并行系统是由一组计算机连接而形成的系统, 通过集群管理的相关软件使计算机形成一个整体,实现对外部的服务功能,集群可以增加服务器的数量,而用户并不能发现,集群可以分为高性能集群、高可用集群、负载均衡集群以及网络计算集群。数据库的集群同样有多种架设模式,以主机节点能否实现共享数据存储为依据,可以划分为共享存储结构和无共享存储结构。共享存储结构中,主机具有单独的处理器,但又使用同一个存储系统,可以保障存储系统的数据完整性;面对用户的请求,节点必须从存储系统中获取数据,再存储到节点内存中。共享存储结构具有负载均衡性强的优点,但是其费用较高,程序复杂。无共享存储结构中,服务器不仅有单独处理器,而且存储器也是单独的,各个节点之间保持相对独立性,这种独立性极大地提高了其并发处理能力。

2. 负载均衡技术

(1)负载均衡技术的概念。负载均衡技术将多台服务器集合成一个整体,并且在这个系统内各个服务器处于独立的状态,使得服务器节点能够根据使用者的请求做出反应并及时处理,给使用者以信息反馈,但是当系统的处理量没有达到一定数量时,这种效能难以体现出来。不过,随着用户请求数量的增加,当一台服务器不能处理时,负载均衡便会发挥作用,对大量的数据进行分析处理,根据使用者的请求发送到节点上,提高了设备的使用效率。

（2）负载均衡技术分类。按照实现的方法划分，负载均衡技术可以分为软件实现方式和硬件实现方式。软件负载均衡是根据使用者的请求来进行均衡调度，操作简单，在网络服务器集群中应用较多，但由于其运行需要一定的硬件支持，因此会提高对资源的占用率。硬件负载均衡是以硬件来实现负载调度，不会受到软件的约束，但必须有相应的配套设备予以支持，因此会提高成本。按照网络的物理结构划分，负载均衡技术可以分为全局负载均衡和本地负载均衡。本地负载均衡主要解决本地区的流量负荷问题，将用户的请求分发到各个服务器当中，本地负载均衡具有价格低、类型多的特点，但是需要软件来运行，在此过程中很难避免硬件的消耗。全局负载均衡可以实现对不同地区的服务器的控制，其可靠性和服务质量相对较高，因此，在大型的网站服务中，全局负载均衡有很高的应用价值。按照网络层次划分，负载均衡技术可分为第七层负载均衡、第四层负载均衡以及第二层负载均衡。第七层负载均衡应用在 Web 服务器集群中，可分析 HTTP 的报头信息，以此实现调度。第四层负载均衡是在传输层实行负载均衡，在这种负载均衡模式下，用户请求的地址首先会被任务调度器修改，根据调度的原则，进而被发送到服务器节点上。第二层负载均衡则是在数据链路层当中，将处在同一条逻辑链路的数据发送给其相应的物理链路，从而加快其发送效率。

三、测试原理

Linux 虚拟服务器负载均衡架构有三种搭建模式：一是 VS/TUN 模式，通过 IP 通道实现对使用者请求的均衡分发；二是 VS/NAT 模式，考虑到在系统中可能出现通信压力，用转换网络地址的方式将请求进行分发；三是 VS/DR 方式，可将最终的结果发送给使用者，具有较快的返回能力。在当今的科学技术推动下，Linux 虚拟服务器可以采用最小连接调度算法、目标地址散列调度等八种算法。

在 My SQL 数据库中，经常采用 NDB 存储引擎来将数据集群中的数据节点进行整合，采用复制的方式达到数据之间的同步性。另外，在 HP LoadRunner 中设置 IP Wizard，使用者可以根据自己的需求来对 IP 地址进行调整，达到以一台主机操作多个 IP 地址的效果，可将使用变量参数化，保障使用者之间的差异得到检验。对负载测试生成节点进行设置，通过增加样本数量对结果进行分析，基于本文的研究目的，应根据数据分发状况监测 LVS 负载均衡算法的性能，以此判断算法的效果好坏,可采用并发测试来进行试验,基于较少误差的考虑,采用 VS/DR 的方式进行搭建。

四、测试实验

1. 实验配置

完整的 My SQL 数据库集群需要具备管理节点、数据节点以及 SQL 节点。本次测试将把三种节点运用到集群当中,以此提高数据库的完整度,并把数据节点和 SQL 节点与主机作为真实的服务器。主机的 IP 分别如下。

LVS 负载均衡器 IP:192.168.1.141

负载均衡 IP:192.168.1.250

DB Node 01 IP:192.168.1.142

DB Node 02 IP:192.168.1.143

DB Node 03 IP:192.168.1.144

为了提高数据库节点的性能,在节点的 RAM 中配置 512 MB、1024 MB、2048 MB 内存,并使用高速路由器进行连接,根据 My SQL 数据库集群搭建的方式和 LVS 的配置原理,在管理节点中以 ipvsadm-l 命令来查询内配置。

2. LoadRunner 配置

将用户的信息存储到 HP LoadRunner 文件中,以 lr_eval_string( )函数来实现参数文件的调用,将使用者的循环调用方式调整为 Unique-Once 模式,在此基础上导入文件,编辑使用者的 action 脚本。为了使使用者之间保持相对独立性,需要借助 IP spoof 功能,通过 IP Wizard 将 IP 地址发送到本地网卡中,启动专家模式和 IP 欺骗功能,绑定虚拟用户的 IP 地址。

3. 实证过程

(1)将用户的信息进行执行授权。

(2)创建共享分享式数据表,并指向 SQL 语言。

(3)为了减少实证过程中 My SQL 数据库最大连接数受限带来的影响,对连接数值进行调整。

(4)设定数据库的连接超时使用户能够有效进行访问。

(5)同时在计算机上运行虚拟用户的脚本,执行 SQL 语言,测量用户数和所需时间,在负载均衡器上对不同的算法进行反复的测试。

五、实验结果的分析

通过以上对轮询调度算法(rr)、加权轮询调度算法(wrr)、最小连接调度算法(lc)、加权最小连接调度算法(wlc)、源地址散列调度算法(sh)、目的地址散列调度算法(dh)六种算法的实验,对所产生的数据进行划分,由于数据较分散,本次实验以三十秒为间隔,分别选取十个间隔点,去除其中的干扰因素,计算响应所需时间的平均值,根据 AVEres_time=(Σ 10 n=1 aven)/10 这一公式,得出以下结果,如表 1 所示。

表 1 用户的响应时间数据分析结果/ms

调度算法	用户数量					
	10	20	30	40	50	60
rr	46	69	90	107	127	151
wrr	55	64	83	98	119	137
lc	114	133	169	190	207	221
wlc	56	71	92	103	112	124
sh	60	75	104	120	141	163
dh	62	77	128	147	170	191

根据 res Time=conn Time+exe Time 这一公式可知,当数据库集群的节点在同一集群时,conn Time 可以被看作一个不变量,节点间所需的通信时间比较短,而用户的响应时间会随着数据处理时间的增加而增加,二者呈正相关关系。在不考虑通信对时间影响的情况下,SQL 请求所需的时间会直接在用户的响应时间中得到体现,对于非对称集群而言,集群中节点性能不同,最小接连调度算法难以实现调度节点的功能,导致其不能很好地发挥集群的功能,而加权最小连接调度算法则可以根据相关的硬件来进行调度。但是加权最小连接调度算法适用于用户数量较多的情况,当数量不足时,权值的计算会增加反应时间,导致执行效率低下。

参考文献

[1]王超.基于 LVS 数据库集群负载均衡算法的研究 [D].曲阜师范大学硕士学位论文,2017.

[2]丁敏.云环境下高性能数据库集群关键技术研究 [D].电子科技大学硕士学位论文,2017.

[3]高攀.基于 LVS 的负载均衡改进算法在 DRC 集群中的应用 [D].成都理工大学硕士学位论文,2016.

[4]栾羿鲁.集群 WEB 应用下的负载均衡技术研究与应用 [D].天津大学硕士学位论文,2014.

[5]朱红.基于 MySQL 集群实现的高性能数据库架构设计 [D].上海交通大学硕士学位论文,2014.

[6]宣振国.基于 MySQL 的数据库集群设计与实现 [D].北京邮电大学硕士学位论文,2013.

桌面云在高校计算机实验室中的应用 *

降　玮

摘要:随着计算机和网络技术的发展,桌面云技术出现并应用,极大地方便了人们的日常工作,提升了工作效率。高校计算机实验室在建设过程中存在诸多问题,如任务复杂、管理困难、安全性差等,桌面云技术在高校计算机实验室中的应用则可以很好地解决这些问题。笔者主要探究了桌面云技术在高校计算机实验室中的具体应用。

关键词:桌面云;计算机实验室;高校

作者简介:降玮(1968—),男,吉林永吉人,本科,讲师,研究方向为计算机实验室管理、计算机应用。
* 本文为宁夏职业技术学院科研发展基金项目成果,发表于《计算机工程应用技术》2018 年第 17 期。

一、高校计算机实验室存在的突出问题

1. 任务复杂

现阶段,高校对信息化教学十分重视,计算机的应用也越来越广泛,远程教学、多媒体教学、在线考试、上机考试等都需要在计算机实验室完成,这些不同的任务需求,增加了计算机实验室的管理难度。

2. 硬件较落后

信息时代,电子产品的更新换代速度加快,而且一些应用软件对计算机配置要求越来越高,加上高校扩建、学生扩招,客观上也要求计算机实验室的规模扩大以及硬件升级。然而在实际工作中,计算机实验室只是作为教学的辅助工具,硬件配置较为陈旧和落后。例如,部分高校计算机实验室并未扩建,而是让学生在不同时间段使用计算机。部分高校虽扩建了计算机实验室,引进了部分新机器,但并未淘汰旧的机器,导致硬件和系统存在差异性,不利于计算机的管理。

3. 安全性较差

计算机实验室在使用过程中,学生经常自带 U 盘上机,使用人数和频率较高,无法做到个人计算机的实时更新,这就容易导致实验室计算机受到病毒的侵害,出现系统故障和数据丢失等问题。高校计算机处于同一局域网内,如果一台计算机感染病毒,则易在局域网内传播,影响整个机房安全。

二、高校计算机实验室桌面云的项目需求

为了促进宁夏职业技术学院计算机实验室桌面云项目的开展，需要对计算机的数量和配置进行调整，置换掉一些配置低、年限久的机器，针对教师和学生分别配备不同配置的机型。具体项目需求如下。

1. 教师用机需求

分配机制：预分配，采用 1:1 的分配方式，选用高性能的虚拟机。

瘦终端：具有多种可选瘦终端。

系统权限：创建统一镜像，设置管理员权限。

2. 学生用机需求

分配机制：采用 1:1 的分配方式。

回收机制：关机之后，系统自动还原。

系统权限：创建统一镜像，设置管理员权限。

结合教师和学生对计算机的不同需求，在配置计算机系统和硬件时，可以采取如下配置方式，详见表 1 和表 2。

表 1 教师计算机系统和硬件配置

VCPU	内存	硬盘	系统
4	8G	系统盘 40G、数据盘 60G	Windows 7/XP

表 2 学生计算机系统和硬件配置

VCPU	内存	硬盘	系统
2	4G	系统盘共享、数据盘 10G	Windows 7/XP

三、桌面云在高校计算机实验室的应用方案

为了保证计算机实验室系统的安全性以及具有较高性能、便于远程管理和维护等，选用业界流行的华为桌面作为虚拟化平台，用于对计算机桌面系统的管理。为了实现这一目标，需要从以下两点出发。

1. 资源池设计

使用虚拟化软件 FusionSphere，将计算机服务器池化。将池化之后的 VDI 桌

面、服务器等组成集群,便于对虚拟机的管理和监控。在集群里,虚拟机可以实现手动热迁移、定制策略迁移、故障热迁移等。此外,资源池应有较高的平滑扩容特性以及可靠性。资源池的设计包括两方面的内容:计算资源池和存储资源池。计算资源池主要用于管理计算机内存和 CPU 等计算资源。由于后期计算机管理和扩容的需要,建议使用刀片式服务器,这样既可以保证服务器的性能,又可以保证服务器的稳定,而且服务器有着很好的拓展功能。存储资源池主要为桌面云系统提供数据空间和系统空间,包括用户数据、Windows 系统数据以及计算机管理数据等,建议使用专业设备进行存储。

2. 桌面云设计

桌面云设计使用内嵌的 FusionAccess 客户端,其与桌面之间使用 SSL 加密的方式传递信息,结合桌面虚拟化平台 FusionSphere,可以禁止或者开放云终端的 USB 外设同虚拟机之间的关联。用户登录时,只需在云终端输入用户名和密码,便可以进入相应的桌面,给客户带来优良的桌面体验。桌面云设计有两种方案:完整复制桌面云和链接克隆桌面云。

首先,完整复制桌面云。创建虚拟桌面时,采用完整复制的方式,系统会在虚拟桌面单独分配一个系统盘空间,这样便可以将虚拟机的模板直接复制到虚拟桌面的系统盘。采取完整复制桌面云的方式,每个虚拟桌面都有单独的系统盘以及用户数据盘。虚拟机的隔离等级更高,个性化以及安全性更强,可以支持多种类型的外设,用户在使用桌面云时,与传统 PC 端没有太大区别,而且可以根据用户的使用情况,有弹性地进行虚拟机规格的调整。这种桌面云设计方式比较适合科研和办公差异比较大的情况。

其次,链接克隆桌面云。这种桌面云设计方式相较于完整复制桌面云,最大区别在于系统盘的存储方面。采用链接克隆桌面云的方式,虚拟机共享系统母盘,虚拟机的个性化配置、缓存数据、临时安装的程序等存放于差分盘。通过差分盘和母分盘的共同映射,形成链接克隆桌面云的系统盘。采用这种桌面云设计方式,系统母盘作为共享系统,其存储性能比较强,差分盘需要配备更新还原设置,可以为重启还原,也可以为手动还原。这种桌面云设计方式适用于电子阅览室、电教室、计算机实验室。

四、结语

综上所述,随着桌面云技术的发展,其应用范围越来越广。高校计算机实验室任务复杂、硬件落后、安全性差,因此,对高校计算机实验室进行改造,将桌面云技术应用到计算机实验室,有一定的必要性。由于计算机实验室机器使用频率比较高,加上学生自带外部设备,使用桌面云方式,可以更好地管理机器。现阶段,应根据教师和学生的不同需求,配置不同的计算机系统和硬件。在桌面云建设方面,将完整复制桌面云和链接克隆桌面云两种方式相结合,可以满足高校计算机不同的使用需求,保证系统的安全稳定。

参考文献

[1]于洲.桌面云在高校计算机实验室建设中的应用[J].中国新通信,2014(15):75-76.

[2]翁国秀.云桌面技术在高校计算机实验室建设和管理中的应用[J].信息与电脑:理论版,2012(11):110-111.

[3]陈浩新.云桌面技术在高校计算机实验室建设和管理中的应用[J].中国管理信息化,2017,20(6):148-149.

[4]康玉虎.云桌面技术在高校计算机实验室中的应用[J].自动化与仪器仪表,2016(9):213-214.

[5]邹永康.桌面云技术在高校计算机类实验室建设中的应用[J].重庆文理学院学报:社会科学版,2016,35(5):119-122.

[6]郑俊.虚拟化云桌面在高校计算机实验室中的应用[J].电脑知识与技术,2015(14):249-251.

[7]戴磊.云桌面技术在高校计算机实验室建设和管理中的应用[J].计算机产品与流通,2017(10).

基于超星学习通平台混合式教学模式设计与应用

——以高职人体工程学课程为例*

汤子凤

摘要:在素质教育背景下,高职教育教学模式发生了巨大的转变,多种教学手段应用于课堂教学中。超星学习通是将信息技术、教学资源有效整合,利用混合式教学模式,为高职教育教学提供多元化的发展平台,有效打破了传统的教学模式和理念,推动了高职院校高效课堂的构建。基于此,本文简述了超星学习通与混合式教学的发展,并就人体工程学课程的教学设计和应用展开分析。

关键词:学习通平台;混合教学;教学模式;人体工程学

作者简介:汤子凤(1984—),女,硕士,讲师,研究方向为装饰艺术设计、室内设计等。
* 本文发表于《河北画报》2020年第5期。

引言

随着网络信息技术的加速发展和应用,移动互联网、云计算、大数据、人工智能与教育教学深度融合,中国教学模式发生了根本性变革,随之而来的将是教学整体的变革。在习近平新时代中国特色社会主义思想的指导下,中国教育进入了新时代。基于"新时代高教40条"等相关政策的引领及教学改革的推动,混合式教学模式打破了传统的教学模式,推动了高职教育事业的革新。该模式可将超星学习通等教学辅助平台应用在教学中,能更好地将线上与线下资源有效融合,实现教学资源的共享;更好地保障教学质量和效果,提升教学效率,激发高职学生的学习兴趣,培养高职学生的自学能力。因此,高职院校要紧跟时代步伐,积极转变教学理念,确保在素质教育背景下,更好地培养高技能型人才。

一、超星学习通概述

"互联网+"时代下的教学手段呈现多元化发展趋势,在信息技术的支持下,线上教学掀起了高职教育教学改革的浪潮,各高职院校充分利用云班课、职教云、雨课堂等教学辅助平台丰富教学形式,拓展学生的视野,新课标要求下的高职教育更加重视人才的培养以及实践操作能力的提升。5G时代,智能手机全面普及,校方充分利用学生对网络感兴趣这一特点,丰富教学手段。超星学习通是一种面向智能手机、平板电脑等移动终端设备的学习平台,学生能够结合个人需求,自行在平台上检索、学习等。超星学习通平台为学生提供了便捷的移动学习服务,学生的学习时间、空间更加优化和自由。教师可建立自己的课程,通过将碎片化的教学资源进行整合,并上传到超星学习通平台,教师可以实时对学生的学习动态进行把控,并在线为学生答疑解惑,增强师生之间的互动效果,对维护良好的师生关系具有重要意义[1]。同时,通过超星学习通平台,教师可以更加便捷地进行签到、选人、抢答、分组教学、主题讨论、随堂测验等教学活动,并与泛雅平台全面对接,做到线上课程及资源实时调用。通过以上功能,教师能更好地掌握学生的学习情况,学生能更好地巩固所学知识,利用碎片化时间查漏补缺,进一步提升学习质量和效率。

二、混合式教学模式

混合式课堂教学模式最早来源于企业培训,在长期的实践中,被教育界所借鉴和应用,并在教学实践中发现,线上+线下的混合式教学模式能够有效提升教学质量和效果,提升学生学习兴趣。这种模式下,教师可在线引导,监督学生学习,教师还可将教学资源上传到网络平台,便于学生进行课前预习,加深对重难点知识的理解和记忆[2]。同时,教师可在线布置课后作业,提升学生课后的学习效果,最大化激发学生的自主探究能力。将超星学习通平台与混合式教学模式相结合,可产生 1+1>2 的效果,将其运用在高职院校的课堂教学中,效果更显著。

三、基于超星学习通平台的混合式教学流程设计

1. 超星学习通平台课程建设

以高职人体工程学课程为例,教师利用移动端或者 PC 端创建人体工程学课程,根据教学设计将课程具体划分为课程导学、认识人体工程学、人体工程学与室内设计、人体工程学的实践与方法等模块,并对各个模块进行知识点的细分,对于知识点中涉及的内容,结合学生专业特点,将整理的课程资源发布到学习通平台上,对重点内容的配套资源可设置任务点,各章节设计测试题从而构建

试题库,督查学生学习情况和效果。学生通过手机下载学习通 APP,二维码扫描就可进入教师所建课程参加学习。为激发学生学习的积极性,教师可充分发挥平台优势,调用一切可利用资源,包括与课程相关的电子书、期刊、图片、视频等,推送资源包确保学生更加直观地理解知识点。同时,超星学习通平台丰富的课堂教学互动功能,如签到、抢答、选人、投票、主题讨论等,可帮助教师营造出良好的课堂学习氛围。

2. 混合式教学流程设计

新课改背景下,混合式教学模式可将线上和线下教学资源进行有效整合,打破时空局限,通过结合超星学习通平台,有效实现高职学生自主学习的目的。以高职人体工程学课程来说,教师更加重视学生在课堂中的主体地位,确保通过教师的正确引导,发挥教与学的优势。这一模式可将线上学习内容与线下学习内容相搭配,丰富教学手段,学生能够就问题进行在线讨论,线下可以成立课堂讨论小组,切实保障教学任务高质量完成,保证学生学习效果。

3. 课堂教学活动设计

教师可以通过学习通平台的课堂活动功能,进行课上学习情况检查,进而了解学生的知识技能掌握水平,便于教师更好地吸引学生的注意力,提升课堂教学管理水平。人体工程学是一门研究人在某种工作环境中解剖学、生理学、心理学等方面因素的科学,教师在课堂教学过程中,要利用多媒体进行直观的情境演示和指导,强化学生对知识点的记忆。

4. 考评体系设计

超星学习通平台中,可以设定多元化的评价方式,对学生成绩能够给出客观的评定,并就学生在学习中遇到的问题进行解答,减少课堂拖拉现象,学生自主学习能力更强。人体工程学课程通过线上作业和测试帮助学生完成教学评价,评估学习目标是否达成。

四、基于超星学习通平台的混合式教学法的应用

1. 课前准备

人体工程学课程涉及的内容较多,专业性较强,高职学生在学习基础理论知识的同时,必须提升实际应用能力。校方积极构建了人体工程学线上课程,并对

课程背景进行了分析和介绍,教师将制作好的视频、课件、案例、试题等教学资源上传到超星学习通平台,高职学生通过对知识的梳理和深入挖掘,进一步探究人体工程学学科的奥秘,进一步解读人体工程学的起源,深入研究人与工程机械的关系,确保最终弄懂人与环境之间的相互作用。教师可在学习通平台上发布课程相关学习资料和讨论题目,让学生提前预习、探讨和思考,并在上课前就学生预习的内容进行知识问答,了解学生预习情况,让学生带着对讨论题目的疑问进入课程的学习,引起学生的学习兴趣,培养学生分析问题和解决问题的能力。为保证课堂教学内容的顺利实施,教师可以通过超星学习通平台发布通知,要求学生准备与当堂课有关的素材等,便于教学计划的顺利实施。

2. 课中实施

除课前的课程资源推送外,教师还可开展在线讨论,对学生没有解决的问题进行汇总和分析,这样在面授时教师可进一步讲解重难点知识,帮助学生理清知识盲点。课堂组织阶段针对不同的知识点,采用不同的教学方法进行混合式教学。例如,在人体工程学与室内设计模块的实践教学中,教师运用模拟企业的教学方法,让学生几人一组,每组组建一个虚拟的设计公司,让学生体验装饰公司的运营过程,学生经历与客户沟通、现场勘查、实地量房、制作施工图及设计师成员互讲方案、相互评价等环节,直观地体验和感受人体工程学知识是怎么解决实际问题的。在这一教学过程中,教师结合案例分析、翻转课堂、任务驱动、互动讨论等教学法,把案例教学和讨论教学有效结合起来,加深学生对教学内容的了解,逐步培养学生用所学理论对实际项目进行分析的能力和处理问题的能力。

3. 课后评价

课堂教学结束后,教师要布置学习任务和作业,并借助学习通平台安排一些讨论性话题或实践性项目,让学生的学习不局限于课堂内容。据以往经验,这个环节可设置一些具有挑战度的作业或任务,适当的挑战度不仅可以提高学生学习的收获感,还可以满足程度较好的同学进一步探究专业知识的需求,如果只有简单的客观题或很容易完成的任务,学生没有"跳一跳"的感觉。教师要鼓励、引导学生参加课余活动,如"互联网+创新创业大赛"和第二课堂活动,通过实践活动灵活掌握所学知识。在实践过程中学生遇到问题也可以通过学习通平台、微信、QQ等随时与教师沟通、交流。同时,在教学过程中要充分发挥"双师"教师的社会资源,利用校企合作、产教融合机制,组织学生到企业中参观、实习,直观感受人体工程学在实际生活中的应用,通过在企业中的实践活动,灵活应用所学知识,真正做到学以致用,再次激发学生对人体工程学课程的学习兴趣。

4. 课程考核

为了检验学生的学习效果,针对混合式教学的特点,采用线上线下相结合的考核方式,加强过程考核,关注学生的学习过程,保证教学目标达成。人体工程学课程教师可利用学习通平台的随堂练习、分组抢答、测验等功能,不定期进行知识检测,或者布置作业,安排辩论赛、小组展示等多种形式的考核,在不同环节跟踪学生学习情况和对知识的掌握情况,对学生的学习效果进行实时评价与反馈。期末考试通常以以展代考、以赛代考等形式出现,可让学生对课程充满新鲜感,刺激学生运用人体工程学知识解决实际问题,这种考核更加倾向于对学生知识应用能力的评价。

5. 课程拓展

学生按照教师的教学计划,完成各项任务,接受线上线下考核后,并没有就此结束对该课程专业知识的学习。人体工程学课程教师还将围绕学生后续课程,实时补充和更新网络平台上的资源,并安排助教在讨论区和群聊区继续跟踪指导,引导学生主动学习,并在实践探究过程中渗透学科核心素养,实现教师教学形式、课程设计、教学管理和学生学习方式、师生评价方式等深层次的变革。

高职院校在开展课程教学的过程中不断完善教学资源,并对课外知识进行延伸和拓展,教师更加注重自身的引导作用,学生在课堂中的主体地位更加明显,学生学习的积极性得到激发,对促进学生全面发展具有重要的现实意义。

结论

综上所述,利用超星学习通平台进行混合式教学,人体工程学课程的课堂有了以下改变:减少了课堂重复讲授,提高了知识传授效率,改革了课堂的教学模式,训练了学生的自学能力,且监督评价轻松省时,资源积累逐年丰富,教师通过不断收集教学数据,可积极开展教学研究。因此,混合式教学模式对促进学生全面发展具有重要的现实意义,不仅能促进高职院校不断优化课程体系,建立更加完善和健全的知识结构体系,推动高职教育教学不断进步。

参考文献

[1]张瑞.基于超星学习通的应用型高校混合教学模式改革探索[J].计算机产品与流通,2020(4):230.

[2]杨姣仕,马倩.基于超星学习通的翻转课堂教学模式研究[J].中外企业家,2020(8):211.

ISAR 探测信号处理机在船载探测方向的软件设计 *

鲁　菁

摘要：本文主要研究船载 ISAR 的探测信号处理，在处理过程中充分考虑了距离/速度分选、多普勒速度处理和目标检测估值等因素，最后在 VSDSP++环境中利用 C 语言进行编程，实现探测信号的处理。

关键词：探测信号；逆合成孔径雷达；信号处理

引言

加强对海岸线的监测和保护海洋权益是我国当前乃至今后一个时期的重要战略。本文所研究的船载逆合成孔径雷达（ISAR）能够实现对海洋的探测和成像，并且分辨率高、监控范围大[1]，其工作原理是对雷达发射的信号进行脉压，得到距离维上的高分辨率；再根据目标和雷达间的相对运动，对回波信号的合成阵列进行处理，最后得到雷达探测信号的二维图像。

一、ISAR 探测信号处理

本文主要研究ISAR 探测信号处理，在雷达的接收机接收到回波信号后需要通过以下步骤来实现对目标的检测：距离/速度分选、多普勒速度处理，利用线性插值对目标进行估值，最后得到多目标处理中各个目标的航行轨迹。

1. 距离/速度分选

首先需要对雷达探测信号进行采样，然后进行双通道数字正交解调，最后对正交后的信号进行处理。通过对脉冲的压缩实现对距离的分选，即将要处理的信号通过线性时不变系统进行自相关处理，求出输出信号在某点的最大值，最后在取得最大值点处进行目标检测。在进行目标检测的过程中，若接收到的信号中有目标反射波，则说明已经探测到

作者简介：鲁菁（1973—），女，硕士，副教授，研究方向为通信及网络技术。
* 本文发表于《舰船科学技术》2017 年第 8A 期。

了目标。

令脉冲按照压缩比 D 进行压缩,带宽宽积是 TB,通过发射信号来确定线性时不变系统函数。令发射信号为 $p(t)$,那么与之相匹配的线性时不变系统的脉冲响应为:

$$h(t) = P^*(t_0-t) \tag{1}$$

其中 t_0 为时延。为了分析的方便性,本文令 $t_0=0$,可得:

$$h(t) = P^*(-t) \tag{2}$$

雷达所发射的信号是线性调频信号,则:

$$P_R(t) = rect(\frac{t}{\tau})e^{j\pi Kt^2} \tag{3}$$

由此可得线性时不变系统的脉冲响应为:

$$h(t) = rect(\frac{t}{\tau})e^{-j\pi Kt^2} \tag{4}$$

式中,$rect(\frac{t}{\tau})$ 为矩形信号,$K=\frac{B}{\tau}$ 为线性调频的斜率。在雷达的回波信号满足延时 $t_d=0$ 和 $TB \geq 100$ 时,线性时不变系统的输出为:

$$p_0(t) \approx \tau \sin c(K\tau t) \tag{5}$$

2. 多普勒速度处理

从数字信号处理的角度出发,对距离/多普勒二维矩阵进行分选,通过对多普勒速度处理可以得到运动目标与雷达连线方向上的速度分量,此分量的正负和目标与雷达运动的方向有关,由此可以根据速度将不同的目标区分开来。

目标运动速度的获取过程:将不同的脉冲进行周期性累积,形成矩阵,再在相同距离的脉冲中进行频谱分析,由此得到目标相对运动造成的多普勒频移,并得到目标运动的速度,在经过频谱分析后得到的矩阵中,行表示距离信息,列表示速度信息。

由采样定理可知,最大的多普勒频移 f_d 是采样频率 T_s 的 1/2,采样周期与脉冲重复的周期相等,即 $T_s=PRI$,由此可得:

$$f_d = \frac{1}{2}\frac{1}{PRI} = \pm\frac{PRF}{2} \tag{6}$$

通过式(6)和 $v_r = \frac{f_d\lambda}{2}$ 可得最大的不模糊速度为:

$$V_{max} = \frac{f_d \lambda}{2} = \frac{PRFg\lambda}{4} \qquad (7)$$

如果 N 为脉冲的累计数,那么速度的分辨率为:

$$\Delta V = \frac{PRFg\lambda}{4N} \qquad (8)$$

3. 目标检测估值

利用雷达对目标检测,将通过预处理的前期信号进行处理,得到阈值固定或者可变的信号,然后进行判断。在实际应用中,通过虚警率来检测阈值,得到 CFAR 恒虚警检测算法的自适应阈值,这种算法抗干扰能力强,在均匀杂波和杂波边缘环境中都有较强的处理能力[2]。

在利用 Rohling 提出的有序统计恒虚警检测算法时,其算法实现过程是:在滑动窗上计算每个数据点的门限,得到此数据点前后的数据,并且将其排序,从中选出 k 个数据,将其看成背景杂波功率,然后与比例因子 T 相乘,最后通过比较强输出最后的估计值。

在检测目标后,需要对目标的距离和速度进行估计。距离估计过程中,本文对检测到的目标进行加海明窗的处理,这样目标的最大值会出现在幅度最高的相邻两谱线间,然后进行线性插值来估计目标距离。由表 1 可知,两谱线的幅度之比为 $\delta=B(J)/B(J+1)$,线性插值为 $\delta=7.287-14.575x, x \in [0,1]$,那么距离

表 1　相邻谱线的幅度比和位置之间的对应关系

相邻间隔的等分数	相邻间隔的幅度比
0	7.0
10	6.3
20	5.6
30	4.8
40	4.1
50	3.4
60	2.7
70	2
80	2.3
90	1.6
100	0.9

估计为：

$$Q=(J+0.5-\delta/14.575)\Delta Q =(J+0.5-\delta/14.575)\frac{c}{2Fs} \tag{9}$$

同理，利用插值对速度进行估计。相邻两谱线的幅度比是 $\delta=B(J)/B(J+1)$，通过实测数据得到的线性插值公式是 $\delta=5.978-11.956x,x\in[0,1]$，那么速度估计为：

$$v_r=\frac{c}{2f_0}\frac{1}{2T}\left[\frac{2}{N}(I+0.5-\frac{\delta}{11.956})-1-\frac{2}{N}\right] \tag{10}$$

式中，c 为光速，$N=32$ 为脉冲个数，f_0 为载频，T 为脉冲周期。

二、基于 DSP 的探测信号处理机软件实现

在进行雷达信号处理的过程中，要运用到傅立叶变换、数字滤波、卷积等多种运算，本文利用 TS 系列中的 DSP 进行程序开发，同时运用 C 语言完成程序的编写，其实现流程如图 1 所示。

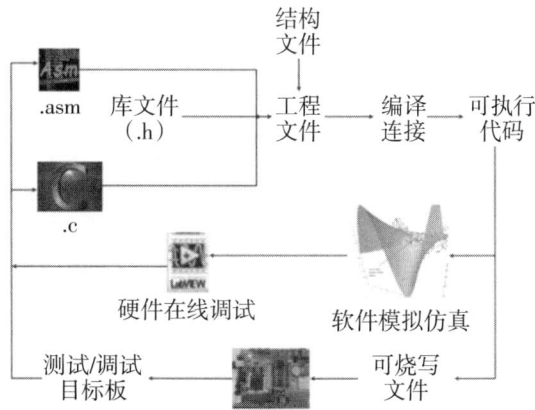

图 1　C 语言软件实现过程

在软件开发的过程中，本文使用的开发环境是 VSDSP++[3]，其整合了大量的开发工具，能够实现对 C 语言的编译，并且扩展性好，预留了汇编语言的接口，能够进行混合编程。

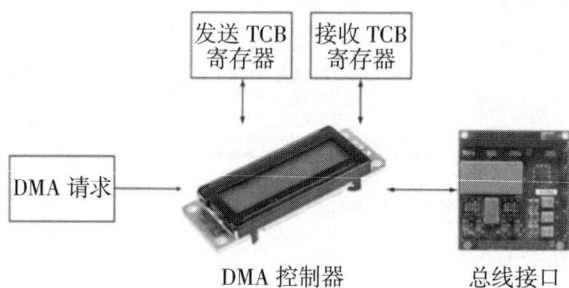

图 2　DMA 结构图

在数据处理时,采用的传输方式是 DMA 方式(结构如图 2 所示),即直接访问寄存器,并且在后台执行数据传输。通过 DMA 控制器可以实现多种类的数据传输,如内存和外存间、外存和外存间以及外存和链路口的数据传输等。

当 DMA 和其他主处理器访问相同的内存时,若出现总线冲突,需要进行优先级判断,优先级高的处理器具有访问的优先权,进行 IFIFO 处理,进行数据的写入和存储,最后进行取指令操作[4]。

本文利用 DMA 进行数据传输,是对前端的数据进行处理,并且通过对应的通道写入内存,最后进行相关的运算处理。

三、结语

本文从距离/速度分选、多普勒速度处理和目标检测估值等方面对目标探测进行了详细阐述,并在 VSDSP++开发环境中,利用 C 语言进行编程,实现对探测信息的处理。

参考文献
[1]高建军,宿富林,孙华东,等.海杂波对 ISAR 成像的影响
[J].系统工程与电子技术,2009,31(8):1851–1855.
[2]胡小川,华云.机载相控阵雷达目标回波信号的实时模拟
[J].信号处理,2001,17(6):563–567.
[3]罗勇江,刘书明,肖科.VisualDSP++集成开发环境实用指南[M].北京:电子工业出版社,2008.
[4]冯小平,曹向海,鲍丹.TigerSHARC 处理器技术及其应用
[M].西安:西安电子科技大学出版社,2010.

羊毛衫起口坯布组织结构设计与编织 *

何北宁　葛威江

摘要：羊毛衫大身衣片、袖片以及领头等附件的编织均需单独起口，且针织物具有脱散性和卷边性，因而羊毛衫的起口组织设计非常重要。生产中通常采用罗纹组织结构起底以形成优良的不脱散光边；有时为了达到特殊的毛针织服装设计效果，也可采用纬平针、空转、四平空转等组织结构起口。本文通过经验总结、实例验证及文献研究等方法，对羊毛衫起口操作、各类起口坯布组织结构设计、编织方法及用途进行了详细的梳理和分析，以期为羊毛衫设计生产提供指导。

关键词：羊毛衫；起口；组织结构；编织

作者简介：何北宁（1970—），女，宁夏职业技术学院副教授，研究方向为针织横机新技术和新产品开发。

葛威江，中国石油宁夏销售公司职员。

* 本文为 2016 年度宁夏高等学校科学研究项目（NGY2016258）成果，发表于《组织导报》2017 年第 12 期。

羊毛衫可以采用横机和圆机编织。针织横机具有可编织与人体形状相符的成形衣片、无须或只需少量裁剪即可缝合成衣的生产特点，既能降低原料裁剪损耗，又能减少缝合线迹，提高羊毛衫产品质量。因而，目前羊毛衫企业多采用针织横机编织生产。羊毛衫衣片编织成形主要包括起口、翻针、平摇、放针、收针、落片等基本单项操作动作。羊毛衫生产的特点之一就是计件成形编织，因此羊毛衫大身衣片、袖片以及领头等附件的编织均要单独起口。

针织横机起口的目的是防止起口线圈脱散和实现成圈过程中的织物牵拉动作，横机起口及牵拉形式主要包括穿线板重锤起口牵拉、自动起口与罗拉牵拉等。罗纹组织卷边性小、外观平整，具有良好的横向延伸性和弹性，且 1+1 罗纹组织只能沿逆编织方向脱散，尤其适合作为起口组织，因而羊毛衫起口坯布经常采用罗纹组织；有时为了达到特殊的毛针织服装设计效果，也可采用纬平针、空转、四平空转等组织结构起口。本文就羊毛衫起口操作、各类起口坯布组织结构设计、编织方法及用途进行了详细的分析和介绍。

一、羊毛衫起口操作分析

针织横机前后针床起口操作的第一个横列，因舌针上没有旧线圈，导纱器在舌针上垫上新纱，纱线呈不封闭线圈状态。以穿线板重锤起口牵拉方式编织 1+1 罗纹为例，需将穿线板从线圈下方推上，将各段纱线隔开,然后在露出线圈上方的穿线板针孔中穿入钢丝,在穿线板下面的孔洞中挂上适量重的挂锤,钢丝压在纱线之上,形成起口横列,即起口操作的第一个横列(图 1)。实际生产中,为了保证起口织物边缘光洁,不出现荷叶边,在起口第一个横列操作后,通常要关闭 1、3 号或 2、4 号起针三角,先摇 1~1.5 转空转,然后打开上述起针三角,进行正常的编织。

图 1　羊毛衫起口操作

二、羊毛衫起口组织结构设计方法

实际生产中,通常起口排针方式为织物正面比反面多排 1 枚织针,翻口袖罗纹相反,以留出手缝罗纹的缝头;起口第一个横列后下摆、袖口、横门襟、翻领等罗纹通常摇 1.5 转空转,且要求织物正面比反面密度略小;领附件通常编织 1 转空转,且要求正反面密度基本一致;空转数目为 1.5 转时,正面 1 转、反面 0.5 转编织,使织物正面比反面多出 1 个线圈横列,这样做的目的是使起底织物边缘由正面向反面卷曲,以提高织物正面外观效果。

1. 1+1 罗纹织物起口组织设计

编织 1+1 罗纹织物时,横机前后针床针槽相对,2 个针床均 1 隔 1 相间错位排针,起头牵拉后关闭 1、3 号起针三角摇 1.5 转空转,后打开起针三角开始正常编织,其编织图如图 2 所示。1+1 罗纹织物横向弹性和延伸性好、门幅较为狭窄,不能沿着顺编织方向脱散,故能在织物底部形成不脱散的光边,因而常用作羊毛衫大身下摆、袖口及领边起口组织。

2. 四平织物起口组织设计

四平组织也称满针罗纹组织,编织时横机前后针床针槽相错、满针排针,起

右侧标注: 循环 n 转（图2）、循环 n 转（图3）、循环 n 转（图4）

起头后前床右移 1 个针距

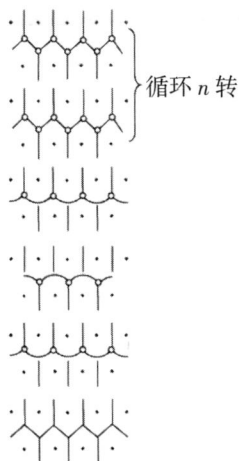

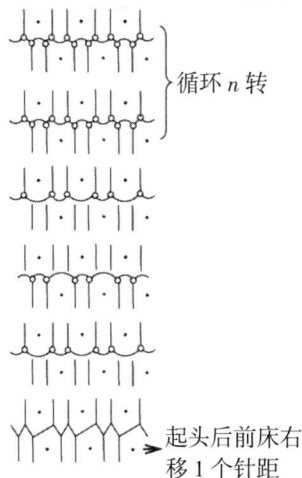

图 2　1+1 罗纹织物编织图　　图 3　四平织物编织图　　图 4　2+2 罗纹织物编织图

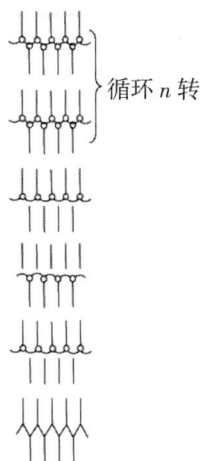

头牵拉后关闭 1、3 号起针三角摇 1.5 转空转，后打开起针三角开始 2+2 罗纹正常编织(图3)。尽管四平织物与 1+1 罗纹织物组织结构及线圈配置相同，但两种织物弹性、坯布厚薄程度、沿线圈横列方向的纵行条纹密度等都不相同，因此在羊毛衫生产中，习惯将四平织物和 1+1 罗纹织物区别对待。四平织物因织物横向延伸性好、厚实紧密、坯布挺括，经常用于编织领头、开衫横、竖门襟和袋带，弹力衫、裤等。

3. 2+2 罗纹织物起口组织设计

编织 2+2 罗纹织物时横机前后针床针槽相错，2 个针床均 2 隔 1 空针排针，排列方式需使前后针床有效工作织针呈 2 隔 2 出针状态。起头编织前，需将 2 个针床相对横移 1 个针距，使有效工作织针呈 1 隔 1 出针状态，编织第一个横列垫上纱线，推上穿线板挂重锤牵拉；然后将针床横移回到初始排针状态，关闭 1、3 号起针三角摇 1.5 转空转，后打开起针三角开始 2+2 罗纹正常编织。2+2 罗纹常用于下摆、袖口、领边及紧身衫等的编织，其起口编织图如图 4 所示。

4. 空转织物起口组织设计

空转织物排针方式与四平织物相同。编织起始横列垫纱，推上穿线板挂重锤牵拉，然后关闭 1、3 号或 2、4 号起针三角平摇空转，其起口编织图如图 5 所示。空转组织常用于女式收腰款毛衫下摆、袖口罗纹的编织，也可用于编织横门襟等。

151

图 5 循环 n 转

图 6 循环 $2n$ 转

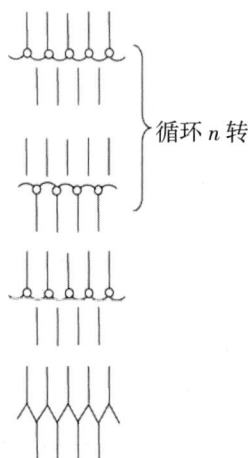

图 5　空转织物编织图　　　图 6　四平空转织物编织图

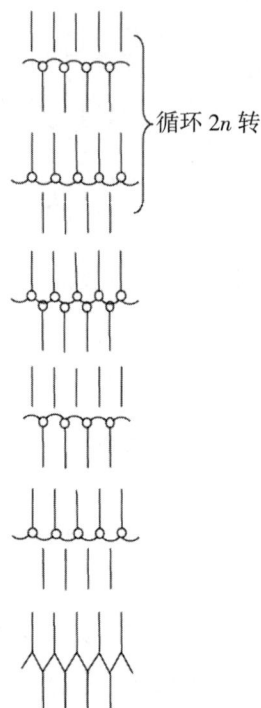

5. 四平空转织物起口组织设计

四平空转织物学名为米拉诺罗纹空气层组织,由 1 个罗纹线圈横列与 1 组管状纬平针线圈横列结合编织而成。它在横机上是由半转四平、1 转纬平针空转循环编织而成的,即前后针床针槽相错、满针错位排针,编织半转四平组织,关闭 1、3 号或 2、4 号起针三角编织摇 1 转空转,后打开起针三角,循环编织(图 6)。四平空转织物组织紧密、挺括,横向延伸性很小,织物尺寸稳定性好,特别适用于横门襟、领头等的起口编织。

6. 其他坯布起口组织设计

有时为了达到特殊的花色效果,也会使用特殊的起口组织,例如狗牙边与荷叶边的起口组织。

(1)狗牙边起口组织。有些毛衫在下摆、领头等部位呈月牙状,俗称狗牙边。这种效果用移圈操作可以实现,在编织四平、罗纹或空转组织起底后,按照花色规律每隔 1 针或几针移圈 1 针,即将 1 枚织针上的线圈向旁边织针移动,然后正常编织,即可形成上述花纹。

（2）荷叶边起口组织。荷叶边作为毛衫细节修饰手法，一直深受女性消费者喜爱。荷叶边编织的实质是先编织几转平针或空转组织，再翻针编织罗纹组织，因罗纹织物横幅窄、横向收缩性大，自然会形成明显的荷叶边。由于纬平针组织具有卷边性，且沿顺、逆编织方向均可脱散，不能直接形成起口光边，故织平针前可以先编织半转罗纹起底以形成良好的光边。

荷叶边编织方法一：可用 1+1 罗纹起头，编织 1 转空转、半转罗纹后翻针编织若干转纬平针组织，再翻针进行正常罗纹组织编织，即可呈现荷叶边外观（图 7）。

荷叶边编织方法二：四平满针起头，编织若干转空转组织后翻针，编织 1+1、2+2 或其他罗纹组织，织物也可呈现荷叶边外观（图 8）。

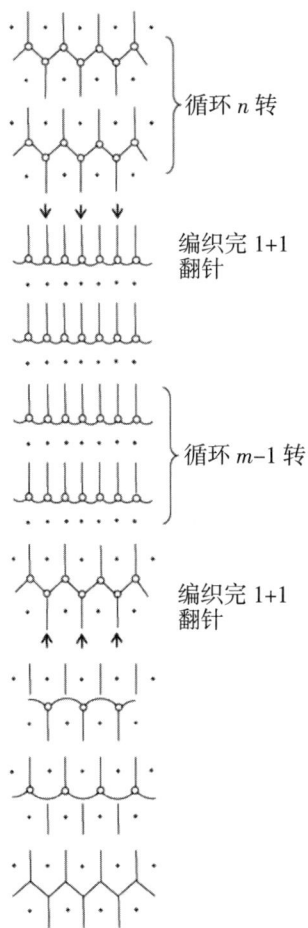

图 7　荷叶边编织方法一　　　　图 8　荷叶边编织方法二

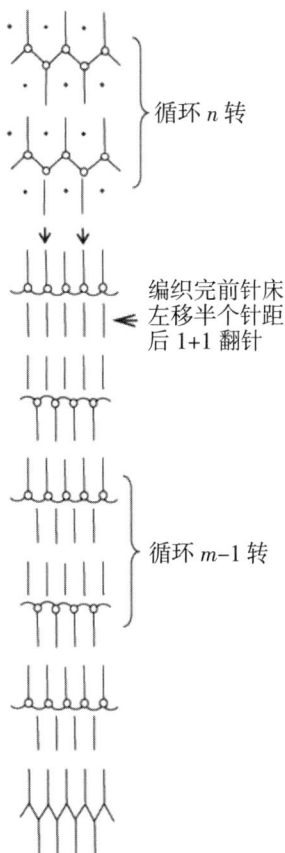

153

三、结束语

由于毛针织服装各个部位的组织结构及尺寸均不一样,编织的工作针数也会发生变化,每次织好一个衣片后,均需从空针上重新起头编织,且针织物具有脱散性和卷边性,因而羊毛衫的起口组织设计非常重要。可以采用罗纹等组织结构起底以避免羊毛衫边口脱散和卷边,也可以充分利用某些组织的卷边性,形成独特的边口外观装饰效果。本文就羊毛衫生产中各种常用的起口组织种类、编织方法、密度调节、用途等进行了详细分析和介绍,以期对实际生产具有现实指导意义。

参考文献
陈绍芳.羊毛衫起口花型设计及编织工艺分析[J].国际纺织导报,2014,42(2):35-36,40.

羊绒纱性能对羊绒针织物
起毛起球性能的影响 *

魏晓娟　马　辉

摘要:本研究针对羊绒针织物易起毛起球的问题,选用8种38.46 tex×2走锭纺纯羊绒纱线为试验对象,测试纱线捻度、线密度、强力、条干均匀度和毛羽等性能指标,并将8种羊绒纱线分别编织成纬平针组织针织物,利用YG511N型箱式起毛起球仪测试羊绒针织物分别经2、3、4、5 h摩擦后的起毛起球性能,分析纱线性能对羊绒针织物起毛起球性能的影响。结果表明,羊绒纱线的毛羽值和捻度对羊绒针织物起毛起球性能的影响较大,纱线强力和条干不匀率对羊绒针织物起毛起球性能的影响较小。该研究为企业解决羊绒针织物起毛起球问题提供了一定依据。

关键词:羊绒;纱线性能;捻度;强力;条干均匀度;毛羽;起毛起球性能

作者简介:魏晓娟(1975—),女,副教授,硕士,研究方向为羊绒针织物起毛起球性能。
* 本文为宁夏高等学校科学技术研究项目(NGY2016253)成果,发表于《针织工业》2018年第12期。

　　羊绒是世界上珍贵的天然纺织原材料之一,其纺织制品柔软轻薄、舒适美观,而且保暖性非常好,备受消费者喜爱。然而,羊绒纺织制品在穿用过程中很容易起毛起球,毛球附着在织物表面,不仅影响织物的手感和外观美感,同时也给生产和经营羊绒纺织制品的企业带来极大的困扰。影响羊绒针织物起毛起球性能的因素有很多,包括纺纱方法、纤维原料、纱线性能、缩绒后整理等[1-4],本文研究纱线性能对羊绒针织物起毛起球性能的影响,为企业解决羊绒针织物起毛起球问题提供一定依据。

一、试验设计

　　本文采用8种38.46 tex×2走锭纺纯羊绒纱线作为试验纱线,首先分别测试8种纯羊绒纱线的捻度、强力、条干均匀度和毛羽等性能,然后采用这8种羊绒纱线分别编织纬平针组织针织物试样,织物试样的编织参数均相同。织物试样经过缩绒处理后,在YG511N型箱式起毛起球仪上进行起毛起球性能测试。通过羊绒纱线的性能测试结果和羊绒针织物的起毛起球试验数据,对比分析纱线性能对羊绒针织物起毛起球性能的影响。

二、羊绒纱线性能测试

1. 测试方法

针织物纱线性能的测试指标和方法有很多种，本试验根据羊绒针织物对羊绒纱线的性能要求，通过测试羊绒纱线试样的捻度、强力以及纤维在纱线中分布的条干均匀度和纱线毛羽等性能指标，衡量羊绒纱线性能对纱线结构、外观特征和内在质量的影响。同时，纱线性能对织物的性能也有较大的影响。

（1）纱线捻度

纱线捻度是衡量纱线性能的重要指标之一，加捻可以改变纱线的性能，使纱线具有一定的强力、伸长率、光泽和弹性等物理机械性能。为了将纤维纺制成纱线，必须对纤维进行加捻处理。加捻的实质是须条一端被握持，另一端绕纱轴回转，使纱线中相互平行的纤维发生倾斜，纤维的倾斜程度越大，纱线加捻程度越大。加捻可改变纱线的结构，对纱线的物理性能、织物风格及使用价值都有很大影响[5-6]。

试验参照 GB/T 2543.1—2015《纺织品　纱线捻度的测定　第 1 部分：直接计数法》，采用 YG155A 型电子纱线捻度仪，以直接计数法测试 8 种羊绒纱线试样的捻度，每种纱线试样测试 5 次。

（2）纱线强力

纱线强力也是衡量纱线品质的重要指标之一，纱线必须具备一定的强力才有使用价值，因此，在纺纱生产过程中，强力是纱线最基本的测试指标，测试时，断裂强力和断裂长度是表示材料性能和质量的重要指标。

本试验参照 GB/T 3916—1997《纺织品　卷装纱　单根纱线断裂强力和断裂伸长率的测定》，采用 YG023C 型全自动单纱强力机对 8 种羊绒纱线试样进行测试，并计算断裂长度、断裂强度、断裂强力的总体平均值和变异系数。

（3）纱线条干均匀度和毛羽

纱线条干均匀度是指沿纱线长度方向上较短片段内粗细或质量的均匀程度。纱线条干均匀度同样是衡量纱线品质的重要指标之一，纱线条干不匀不仅对纱线质量有影响，还会严重影响针织物的外观质量。

试验参照 GB/T 3292.1—2008《纺织品　纱线条干不匀试验方法　第 1 部分：电容法》，采用 CT3000 电容式条干均匀度测试仪测试 8 种羊绒纱线试样的变异

系数 CV 值、毛羽值 H、毛羽标准偏差 SII、不匀率 U_m 值、偏移率 DR 值、千米纱疵数等[7-8]，其中变异系数和不匀率对纱线条干影响很大，毛羽值和毛羽标准偏差对织物的起毛起球性能影响很大。

2. 测试结果与分析

8 种羊绒纱线试样的捻度、强力、条干均匀度和毛羽的测试结果分别见表 1 至表 3。

表 1　羊绒纱线捻度测试结果

纱线编号	平均捻度值 / [捻·(10 cm)⁻¹]	均方差 S	变异系数 CV 值 /%	平均差不匀率 h/%	捻系数 α
1	21.29	1.73	4.4969	4.4103	59.0372
2	20.73	2.09	4.8012	3.5396	57.4843
3	19.98	0.98	4.6724	3.9815	55.4045
4	19.87	1.12	3.8167	3.2542	55.0995
5	19.56	0.93	3.5290	3.6293	54.2399
6	18.76	2.77	3.4511	3.3098	52.0215
7	17.96	0.73	3.9180	3.5351	49.8031
8	17.61	1.70	3.1570	2.1698	48.8325

表 2　羊绒纱线强力测试结果

纱线编号	断裂强力/cN	断裂强度/(cN·dtex⁻¹)	断裂长度/mm
1	511.47	3.8011	11.78
2	465.00	2.8012	11.45
3	420.70	2.5343	11.12
4	431.68	2.6005	10.67
5	407.27	2.4534	10.71
6	370.20	2.2301	9.01
7	379.47	2.2860	9.78
8	354.78	2.1372	7.93
总体平均值	413.82	2.6055	10.31

注:断裂强力、断裂强度、断裂长度变异系数 CV 值分别为 11.8952%、20.3003%、12.7259%。

表 3 羊绒纱线条干均匀度和毛羽值测试结果

纱线编号	不匀率 U_m 值/%	毛羽值 H	毛羽标准偏差 SH	细节/(个·km⁻¹)(−40%)	粗节/(个·km⁻¹)(+35%)	棉结/(个·km⁻¹)(+200%)	变异系数 CV 值/%		偏移率 DR 值	
							200 m	5 m	(1 m)+5%	(20 cm)+35%
1	8.67	6.92	2.33	0	1	0	10.66	2.13	7.38	0.11
2	9.03	7.23	2.59	4	1	1	11.38	2.06	6.58	0
3	7.71	8.58	2.67	0	2	0	9.72	2.01	10.30	0.08
4	8.97	9.73	3.09	4	4	2	11.30	1.36	4.95	0.11
5	8.38	9.58	2.95	21	9	7	10.56	2.36	6.89	0.11
6	7.92	10.37	2.49	20	25	4	9.98	1.78	4.99	0.08
7	8.79	11.86	3.12	28	31	9	11.08	2.65	8.07	0.11
8	9.54	13.80	4.01	13	32	12	12.03	2.96	14.23	0.08

注：羊绒纱线试样的线密度为 38.46 tex×2；刻度为 2.5 m/div；量程设置为100%；速度为 200 m/min；时间为 1 min；槽号为 4 槽。

根据以上羊绒纱线的性能测试数据,可以得到羊绒纱线平均捻度值与断裂强力的关系曲线(如图 1 所示)以及纱线平均捻度值与毛羽值的关系曲线(如图 2 所示)。

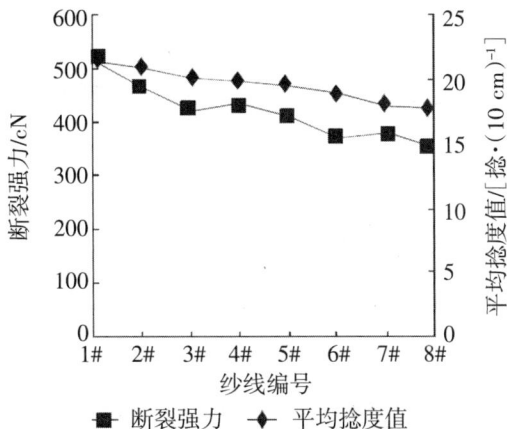

图 1　羊绒纱线平均捻度值与断裂强力的关系曲线

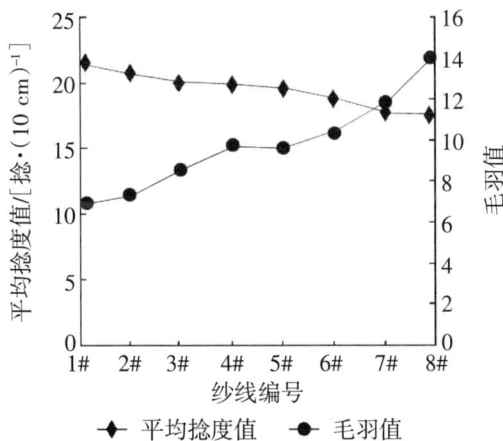

图 2　羊绒纱线平均捻度值与毛羽值的关系曲线

由图 1 和图 2 可知,虽然所选羊绒纱线试样的纤维成分、线密度、纺纱工艺及所用设备都相同,但是 8 种纱线性能测试结果有很大区别,其中 1# 纱线试样的平均捻度值最大,为 21.29 捻/10 cm,断裂强力也最大,为 511.47 cN,毛羽值最小,为 6.92;8# 纱线试样的平均捻度值最小,为 17.61 捻/10 cm,断裂强力也最小，为 354.78 cN，毛羽值最大，为 13.80。纱线试样的平均捻度值与捻系数呈正比关系，纱线试样的断裂强力与平均捻度值也呈正比关系，但毛羽值与平均捻度值呈反比关系。因此，在一定范围内，纱线的强力随捻度的增加而增大，毛羽值随捻度的增加而减小。

三、羊绒针织物起毛起球性能测试

1. 测试方法

根据羊绒针织物易起毛起球的特性，本试验参照 GB/T 4802.3—2008《纺织品　织物起毛起球性能的测定　第 3 部分：起球箱法》，采用 YG511N 型箱式起毛起球仪进行测试，该仪器适用于羊绒羊毛粗纺针织物及其他易起毛起球织物的滚动摩擦起球试验，可以评定针织物在不受压力条件下通过反复摩擦的起球等级，符合针织物在实际穿着过程中因反复摩擦而起球的特点。

试验过程中，首先将羊绒针织物试样裁剪成规定的尺寸，并套在聚氨酯塑料管上缝合加固，边缘用胶带纸粘贴固定，然后将其置于能够转动的衬有橡胶软木的方形木箱内反复滚动。试验结束后，将经过摩擦的羊绒针织物试样置于规定光照条件下与标准样进行对比，评定起球等级[4]。

2. 测试结果与分析

本试验 8 种羊绒针织物试样的抗起毛起球等级评定结果见表 4。

表 4　羊绒针织物抗起毛起球等级评定结果

纱线编号	摩擦 2 h			摩擦 3 h			摩擦 4 h			摩擦 5 h		
	抗起毛起球等级/级	评定结果	毛粒/g	抗起毛起球等级/级	评定结果	毛粒/g	抗起毛起球等级/级	评定结果	毛粒/g	抗起毛起球等级/级	评定结果	毛粒/g
1	4	优等	—	3~4	优等	—	3	一等	—	3	一等	0.014
2	3~4	优等	—	3	一等	0.007	3	一等	0.026	2~3	二等	0.078
3	3~4	优等	—	3	一等	—	3	一等	0.009	3	一等	0.029
4	3	一等	0.009	3	一等	0.026	2~3	二等	0.057	2~3	二等	0.089
5	3~4	优等	—	3	一等	—	2~3	二等	0.021	2~3	二等	0.092
6	3	一等	0.017	2~3	二等	0.056	2~3	二等	0.098	2	三等	0.147
7	3	一等	—	3	一等	0.026	2~3	二等	0.049	2	三等	0.143
8	3	一等	0.025	2~3	二等	0.072	2	三等	0.169	2	三等	0.278

根据以上数据,绘制羊绒针织物毛粒克数与羊绒纱线平均捻度值的对比图(如图 3 所示),以及羊绒针织物毛粒克数与羊绒纱线毛羽值的对比图(如图 4 所示)。

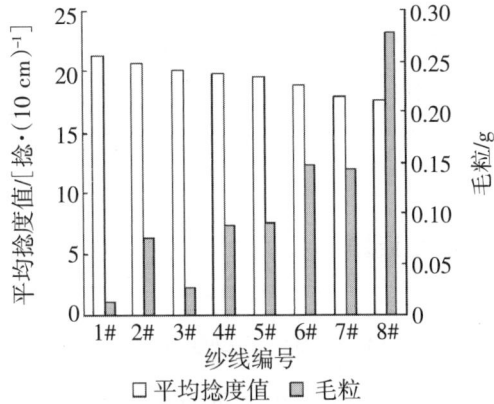

图 3　羊绒针织物毛粒克数与羊绒纱线平均捻度值的对比图

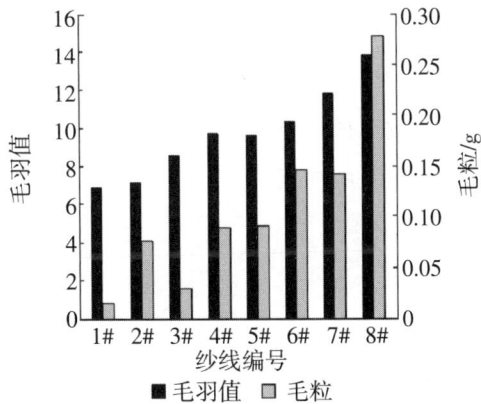

图 4　羊绒针织物毛粒克数与羊绒纱线毛羽值的对比图

从表 4 及图 3 和图 4 中可以看出,羊绒纱线的性能对羊绒针织物的起毛起球性能具有很大影响,其中羊绒纱线的毛羽值和平均捻度值对羊绒针织物的起毛起球性能影响较大,具体表现在纱线毛羽越多,显露在针织物表面的纤维头端就越多,就越容易起球,因此,纱线表面光洁,表面的绒毛则短而少,所以光洁纱线不易起球[9-10]。如果纱线捻度较大,纤维间抱合紧密,纱线受到摩擦时,纤维在纱线内部的滑移就相对较少,因此,随着羊绒纱线捻度的增大,羊绒针织物的起毛起球程度降低,但是如果纱线捻度过高,也会直接影响针织物的手感。

羊绒纱线的强力和条干不匀率对羊绒针织物的起毛起球性能影响较小,因为在一定捻度范围内,纱线的强度随捻度的增加而增大,若纱线条干不匀,则在粗节处容易起毛起球,因为粗节处的捻度较小,纱线松软,摩擦时容易起毛起球。因此,纱线的结构和特性是影响针织物起毛起球性能的重要因素之一[11-12]。

在羊绒针织物的设计过程中应充分利用纱线的特性,选择合适的纱线性能指标可以有效改善羊绒针织物的起毛起球性、外观以及服用性能。

四、结束语

关于羊绒针织物起毛起球性能的研究,总体上已经得到了一些规律和方法,但在抗起毛起球的应用方面,仍需要进一步研究和改善。本文通过对走锭纺羊绒纱线的各项性能指标进行分析,发现纱线性能对羊绒针织物的起毛起球性能有较大影响。研究结果表明,纱线的毛羽值和捻度对羊绒针织物的起毛起球性能影响较大,纱线强力和条干不匀率对羊绒针织物起毛起球性能的影响较小。该研究可以为企业解决羊绒针织物的起毛起球问题提供一定依据,在羊绒针织物的设计中,尽量选择合适的纱线性能指标,可以有效改善羊绒针织物的起毛起球性及外观,提高服用性能。

参考文献

[1]李龙,李欢意.山羊绒制品工程[M].上海:东华大学出版社,2004.

[2]丁盛,季延.不同整理工艺对山羊绒针织物起毛起球性能影响研究[J].山东纺织科技,2018,59(1):20-23.

[3]李志刚.缩绒工艺对羊绒织物起毛起球的影响分析[J].针织工业,2013(8):34-36.

[4]刘洋,李龙.纺织工艺对山羊绒针织物起毛起球性能的影响[J].毛纺科技,2008(9):51-53.

[5]魏晓娟,李龙,眭睦.环锭纺和走锭纺山羊绒纱线性能比较[J].现代纺织技术,2012,20(4):21-23.

[6]魏晓娟.环锭纺与走锭纺纱线山羊绒针织物起毛起球性能[D].西安工程大学硕士学位论文,2012.

[7]陈忠,郭建红.针织物的性能与纱线选择[J].纺织导报,2004(6):108-110.

[8]魏晓娟,李龙,眭睦.纺纱方法对山羊绒针织物起毛起球性能的影响[J].毛纺科技,2012,40(7):1-4.

[9]胡雪玉,李龙,刘洋.山羊绒纤维防毡缩处理后起毛起球性能的变化[J].针织工业,2010(9):52-54.

[10]张建伟,赵帆.纱线条干均匀度两种测试方法的对比研究[J].针织工业,2014(6):70-72.

[11]张威,刘智,王飞翔.纱线形态结构对纬平织物起毛起球性能的影响[J].针织工业,2013(4):25-27.

[12]兰红艳.织物起毛起球的影响因素与预防[J].针织工业,2010(11):17-19.

山羊绒制条和绒加油装置与工艺设计 *

陈前维　王　和　李发洲

摘要:针对现有山羊绒制条和绒加油设备的缺陷,人们研发出一种新型喷雾式和绒加油装置,并对和绒加油工艺进行优化设计。本文以生产 44 mm 国产白绒条为例,对比分析了传统和绒加油方法与喷雾式和绒加油方法对绒质量及后道制条加工过程的影响。研究表明,喷雾式和绒加油方法的和后绒回潮率及含油脂率均匀,和毛油消耗少,生产成本低。

关键词:山羊绒;和绒加油;装置;工艺

山羊绒是一种珍稀的特种动物纤维,素有"软黄金"和"钻石纤维"之美称,它以自身特有的柔、软、滑、糯等特性被誉为动物"纤维之王"[1-2]。中国是山羊绒资源大国和生产大国,尤其是内蒙古西部阿拉善地区的白色山羊绒在国际市场上有"白如雪、轻如云、软如丝"的美誉,价格极其昂贵[2-3]。

然而,长期以来,中国的山羊绒纺纱加工多集中在粗梳纺纱加工阶段,精梳纺纱加工技术发展缓慢[3-4],主要表现在精梳制条设备的专业性和针对性不强,多采用传统的棉纺和毛纺制条加工设备,设备缺陷一定程度上制约了山羊绒精纺产业的发展。

随着山羊绒精深加工的进一步深入,山羊绒制条产业的技术瓶颈越来越突出[3-5]。本文针对中国山羊绒制条加工中和绒加油设备的缺陷,研发出一种新型喷雾式和绒加油装置,并优化和绒加油工艺,提高了和后绒的质量,节省了原料成本,以期为山羊绒精纺加工技术的提升提供指导。

一、传统和绒加油方法的缺陷

传统和绒加油方法是根据分梳山羊绒长度、细度、离散性、色泽等特点和最终产品指向性要求选配好原料,进行充分的开松和混合[3],使混合后山羊绒原料的成分均匀一致,然后将其通过喂入帘和传送带输送至和绒机加油仓内。根据工艺要求,用水、和毛油、抗静电剂和强力

作者简介:陈前维(1981—),男,陕西汉中人,高级工程师,研究方向为纺织材料与纺织品设计。

* 本文为宁夏高等学校科学技术研究项目(NGY2018-187)成果,发表于《现代纺织技术》2020 年第 2 期。

剂等配制成和毛油乳化液后在储油箱内进行充分的搅拌，然后通过输油泵输送至和绒机加油仓顶部，并在一定的压力下喷洒在加油仓内的山羊绒原料上，在加油仓内完成加油，加油后的原料经管道输送至闷绒仓内闷放，以备梳绒上机使用。传统和绒加油方法存在以下几个缺陷。

（1）和后绒回潮率和含油脂率不均匀。传统和绒加油方法虽然是连续加油，但对输送至加油仓内的原料缺乏必要控制，羊绒纤维团形状和大小不一，输绒也不连续；加上喷头喷洒的和毛油乳化液具有一定的压力，导致羊绒飞花严重，和毛油和水分在羊绒原料上分布不均匀，甚至有些原料上没油水，有些原料上油水过多，出现粘块现象。

（2）和毛油原料浪费。传统和绒加油方法加油时，很多和毛油乳化液喷洒或飞溅在加油仓侧壁和底板上，羊绒原料从加油仓内输出时，侧壁和底板上的和毛油乳化液并不能全部被黏附在羊绒上带走，造成和毛油乳化液在加油仓侧壁和底板等处黏附而浪费；同时，加油后的羊绒原料在通过输绒管道输送至闷绒仓的过程中，输绒管道会黏附羊绒原料上的和毛油乳化液，造成和毛油乳化液的损耗。

（3）设备折旧和老化加快。和绒机的加油仓和输绒管道在生产过程中会黏附大量的和毛油乳化液，这些和毛油乳化液如果清理不及时，车间合适的温度会为和绒机的快速折旧和老化创造条件。

（4）生产管理成本高。生产实际中，为保障生产设备的长期稳定，和绒机加油仓和输绒管道中的和毛油乳化液需要及时清理，设备的频繁清理增加了工人的劳动量，也增加了生产的管理成本。

（5）制条加工制成率低。生产实际中，羊绒上的和毛油乳化液分布不均匀，有些原料油水过多造成羊绒粘块，这些粘块的羊绒原料上机后会缠绕针布和皮辊，必须通过人工拣出后单独存放，影响了制条的制成率。

二、和绒加油装置及工艺的优化设计

在对山羊绒原料进行轻柔开松混合后，均匀地加入适量的和毛油乳化液，可使原料有一定的回潮率和含油脂率，必要时还需加入抗静电剂和强力剂，以使原料成分均匀一致，减少纤维间摩擦力和静电的产生，防止纤维纠缠受损，便于后道制条加工顺利进行。和绒加油装置是基础,工艺设计应根据设备状况、原料性能和车间环境条件而定[3]。

1. 和绒加油装置的优化设计

加油装置的优化设计是新型喷雾式和绒加油方法的基础。喷雾式和绒加油是利用喂入帘和输绒管道将羊绒输送至集束器后,在原料通过集束器后下落至闷绒仓的过程中喷雾加油。新型喷雾法加油装置简图如图1所示。

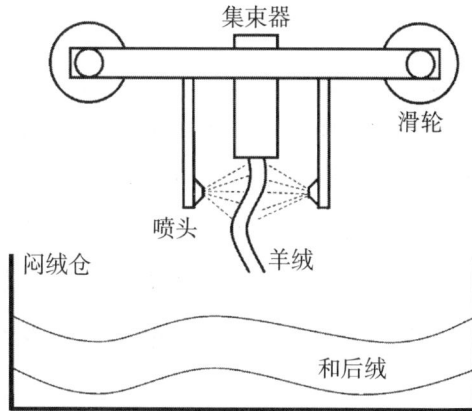

图1　新型喷雾法加油装置示意图

由图1可以看出,羊绒散纤维经集束器集束后下落时,呈蓬松连续条带状,加油喷头从不同方向将经过高压雾化的和毛油乳化液喷洒在下落的羊绒原料上,保证了和毛油乳化液和羊绒原料充分接触,羊绒加入和毛油乳化液后落入闷绒仓进行闷放。集束器和喷头随滑轮的转动左右滑动,保证加入和毛油乳化液的羊绒原料均匀洒落在闷绒仓里,实现再次混合。

2. 和绒加油工艺的优化设计

和绒加油工艺是保证山羊绒制条加工顺利进行和产品质量的核心。和绒加油工艺设计必须以羊绒原料的性能和产品要求为依据,结合设备状况和车间环境而定[3]。本工艺设计的助剂选用北京纺星助剂有限公司的和毛油 FX-K902N、抗静电剂 FXAS30N 和强力剂 FX-USE。车间温度为(25±3)℃,车间相对湿度为72%±3%,抗静电剂和强力剂根据原料性能和车间环境而选择性加入。工艺设计如表1所示。

表 1 喷雾式和绒加油工艺参数设计

工艺指标	参数
回潮率/%	26±2
含油脂率/%	1.5~2.0
抗静电剂/%	0.3~0.5
强力剂/%	0.2~0.6
闷绒时间/h	24
水温/℃	25±5
喂入量/(kg·min⁻¹)	1.7~2.4

分梳山羊绒本身含有一定量的水分和油脂,和绒加油时在保证上述工艺指标回潮率和含油脂率要求的前提下,将不足的水分、和毛油、抗静电剂和强力剂按照工艺要求配制成乳化液后均匀加入。加水量和加油量的计算分别如式(1)和式(2)所示,抗静电剂和强力剂的计算方法参照含油脂率的计算方法。

$$W=W_0 \times \frac{G_1-G_0+X}{G_0+100} \tag{1}$$

$$Y=W_0 \times (G+100) \frac{C_1-C_0}{G_0+100} \tag{2}$$

式中:W——和绒加水量,kg;W_0——和绒前羊绒原料的实际质量,kg;G——分梳羊绒原料的公定回潮率,%;G_0——和绒前原料的实际回潮率,%;G_1——梳理成条上机工艺要求的回潮率,%;X——修正系数,%,随车间温湿度而定(冬季 1~3,夏季 3~5);Y——和绒加油量,kg;C_0——和绒前羊绒原料的含油脂率,%;C_1——和后绒含油脂率,%。

三、结果与分析

1. 试验

本试验以国产绒为原料,加工 44 mm 国产白绒条。

(1)原料:国产分梳山羊绒,细度 15.8 μm,长度 37.3 mm,短绒率 14.7%,白色,数量 200 kg。

(2)制条工艺流程[3]:原料选配→开松混合→和绒加油(和绒机 L740/04)→梳绒成条(梳理机 CSPC/G188MM413)→头道针梳(针梳机 GN5)→二道针梳(针

梳机GN5)→三道针梳(针梳机 GN5)→精梳(精梳机 PB28、PB29)→四道针梳(针梳机 GN5)→末道针梳(针梳机 GN5)→成品打包。

将羊绒原料混合均匀后均分成两份做平行试验,确保和绒前回潮率和含油脂率相同。然后分别用传统和绒加油方法(传统法)和新型喷雾式和绒加油方法(喷雾法)和绒加油并制条。和绒加油工艺为:和毛油 FX-K902N 用量 1 kg,抗静电剂 FXAS30N 用量 0.3 kg,强力剂 FX-USE 用量 0.2 kg,水 12 kg,搅拌均匀后加入。回潮率 26%,含油脂率 1.8%,水温 25℃,车间温度 25℃,车间相对湿度 75%,闷放时间 24 h,闷绒仓密闭。

2. 和后绒质量分析

两份试样分别用传统法和喷雾法进行和绒加油,在闷绒仓内闷放 24 h 后各随机抽取 8 个试样(严重粘块和后绒不抽取)分析,测试两份试样的回潮率、含油脂率、离散系数(CV 值)和粘块情况。试验结果如表 2 所示。

表 2 传统法和喷雾法和后绒质量测试结果对比

加油方法	指标	试样 1	试样 2	试样 3	试样 4	试样 5	试样 6	试样 7	试样 8	平均值	CV 值 /%
传统法	回潮率 /%	24.65	20.82	23.74	18.97	29.32	22.65	28.79	25.98	24.37	14.87
	含油脂率 /%	1.65	1.42	1.54	1.33	2.25	1.48	2.21	1.66	1.69	20.66
	粘块现象	有									
喷雾法	回潮率 /%	25.40	24.70	26.30	25.10	25.60	25.50	26.20	25.30	25.51	2.09
	含油脂率 /%	1.75	1.64	1.89	1.73	1.81	1.76	1.97	1.68	1.78	6.10
	粘块现象	无									

由表 2 数据可知,喷雾法和后绒平均回潮率为 25.51%,平均含油脂率为 1.78%;传统法和后绒平均回潮率为 24.37%,平均含油脂率为 1.69%,喷雾法比传统法和后绒的回潮率高 1.14%,含油脂率高 0.09%。这说明喷雾法和绒加油对和毛油的利用率高,浪费少。喷雾法和后绒回潮率变异系数为 2.09%,含油脂率变异系数为 6.10%;传统法和后绒回潮率变异系数为 14.87%,含油脂率变异系数为 20.66%;喷雾法和后绒回潮率和含油脂率离散系数明显小,且传统法和后绒有粘块现象,而喷雾法和后绒没有粘块现象,说明喷雾法和绒加油更均匀,效果更佳。

3. 制条加工过程分析

喷雾法和传统法的和绒加油工艺不同,但制条加工工艺流程相同。两种和绒加油方法除和后绒回潮率和含油脂率显著不同外,后道制条加工效果也有不同。研究发现,梳绒成条上机前,和后绒虽然闷放了 24 h,但传统法和后绒仍有少量的粘块,上机前必须人工拣出,否则粘块上机后出现缠绕针布和皮辊现象。同时,传统法和后绒回潮率和含油脂率均偏低,且不均匀,上机后绒网不均匀,后道的针梳和精梳条子光洁度偏差,有起毛现象;喷雾法和后绒上机后绒网均匀,后道的针梳和精梳条子光洁度和起毛现象比传统法好,外观质量也较好。

4. 羊绒制条质量分析

对两种和绒加油方法所制成的羊绒制条进行检测对比后发现,喷雾法和绒加油制成的山羊绒绒条回潮率为 18.03%,含油脂率为 1.63%;传统法制成的山羊绒绒条回潮率为 17.26%,含油脂率为 1.56%;喷雾法比传统法的回潮率和含油脂率略高,喷雾法和绒加油制成的山羊绒绒条更光洁,起毛少,外观质量好。生产实际中可以根据要求适当降低喷雾法和绒加油的目标回潮率和含油脂率,降低成本。

四、结论

本试验对和绒加油装置进行了优化设计,并对喷雾法和传统法的和后绒及后道加工过程进行了对比研究,结论如下。

(1)原料性能是决定山羊绒制条和绒加油工艺的主要因素。山羊绒因产地和生长部位不同,其纤维品质差异很大。近年来受绒山羊饲养方式、品种改良、气候变暖和饮食结构变化的影响,山羊绒品质发生了变异。这就要求对山羊绒原料进行分析,制条生产时必须采用合适的和绒加油工艺。回潮率和含油脂率过低对加工不利,生产中易起静电,导致绒网不匀,条子发毛;过高会缠绕针布和皮辊,浪费原料。

(2)和绒加油时对水质与和毛油的选择要慎重。不合适的水质或和毛油将会使产品发霉变质,造成存储期缩短,也不利于后道的制条和纺纱加工。同时,在加工色绒条时,不合适的水质与和毛油可能会造成颜色的变化。

(3)喷雾法和绒加油是一种新型和绒加油方法,该方法和后绒回潮率和含油脂率较高且均匀,可节约和毛油原料,缓解设备的折旧和老化,减少工人的劳动量,提高纺纱制条生产制成率,降低生产管理成本,具有一定的经济效益。

(4)喷雾法和绒加油对山羊绒制条加工技术的提升有一定的指导作用,可为羊绒粗纺纺纱技术和其他毛纺技术的革新提供一定的实践基础,其他制条设备和工艺有待进一步研究。

参考文献
[1]王新萍,寿卫东.山羊绒分梳工艺初探[J].毛纺科技,1999(6):48-50.
[2]李龙,李欢意,吴宏伟,等.山羊绒分梳技术讨论[J].毛纺科技,2002(2):19-21.
[3]王和,李发洲,陈前维,等.山羊绒制条工艺设计与质量控制[J].毛纺科技,2011(5):28-31.
[4]李发洲,陈前维,戴飞,等.JLW羊绒联合分梳机分梳工艺设计[J].毛纺科技,2011(1):32-34.
[5]高海青,李国萍,李发洲.20.83tex/2羊绒精纺梳毛工艺研究[J].国际纺织导报,2012(8):36-39.

竞新集
2020

应用研究（农科）

宁夏地区树莓新品种引进与适应性*

任 杰 汪 洋 魏 鹏 张树杰 王 培

摘要：以1年生红树莓为试材，采用单因素随机区组设计，测定永宁县闽宁镇4个树莓品种"海尔特兹""费尔杜德""D""秋英"的果实产量及主要指标成分含量，对宁夏地区红树莓新品种的引进与试种试验进行研究。结果表明，引进的4个品种在试验地区长势健壮，表现出较强的抗性；生长旺盛且能够取得较高的产量，果实品质较高；"D"品种表现最佳，百果质量287.15 g，单果质量3.83 g，维生素C含量215 mg/kg；"D"品种667 m² 产量为580.81 kg，"海尔特兹"667 m² 产量为506.50 kg，经济效益显著，表现出极大的丰产性。

关键词：树莓；品种；引进

作者简介：任杰(1962—)，女，教授，研究方向为植物组织培养与果树栽培等。
*本文为宁夏高等学校科学研究资助项目(NGY2015206)成果，发表于《北方园艺》2017年第24期。

树莓属蔷薇科(Rosaceae)悬钩子属(Rubus spp.)多年生灌木类小浆果，又称马林、覆盆子[1]。树莓为第三代新兴水果，其果实味道酸甜可口，果实内含有较高的天然抗氧化物质，营养丰富，在国际市场上被誉为"水果之王""黄金水果"[2]。树莓除生食外，还可加工成果酱、果汁、果酒，具有较高的营养价值和经济价值。树莓作为天然的绿色食品，逐渐得到消费者的认可，市场需求量越来越大。因此，引种和推广树莓栽培在我国具有非常广阔的发展前景。该研究以引进的4个树莓品种为试材，通过分析树莓品种在试验地区的适应性、生长发育规律、商品性、果实品质及产量等表现，分析引进树莓品种在宁夏闽宁镇的生长发育习性与生态适应性，从中筛选出最适合在该地区栽培的品种，以期为树莓在闽宁镇大面积推广种植提供参考依据。

1 材料与方法

1.1 试验材料

供试树莓品种为"海尔特兹""费尔杜德""D"和"秋英"，各品种均为秋果型红树莓，购自黑龙江省尚志市。供试土壤养分情况见表1。

表 1 试验地土壤养分含量

土层厚度/cm	pH	无机质/(g·kg⁻¹)	全盐/(g·kg⁻¹)	有机质/(g·kg⁻¹)	全氮/(g·kg⁻¹)	全磷/(g·kg⁻¹)	全钾/(g·kg⁻¹)	碱解氮/(mg·kg⁻¹)	速效磷/(mg·kg⁻¹)	速效钾/(mg·kg⁻¹)
0~20	8.71	0.46	0.46	8.63	0.59	0.30	19.71	51.80	2.65	152.00

1.2 试验方法

试验于 2015 年 10 月至 2016 年 11 月在宁夏永宁县闽宁镇原隆村进行。采用完全随机区组设计,3 次重复,小区面积 15 m²,每小区定植 28 株,双臂离架栽培,株行距 0.6 m × 2.5 m,植株按照常规管理。

1.3 项目测定

1.3.1 果实形态指标的测定

每小区选择树莓植株 5 株,测定树高、树径,记录根蘖苗数量、单株结果枝数量,植株定植后记录物候期。采用 SL502N 型电子天平称量果实单果质量。果实横径为果实横向最大长度,果实纵径为果实纵向最大长度,均用游标卡尺测量。每次采收时测定每小区产量,计算单果质量、百果质量等指标。

1.3.2 果实品质的测定

在果实采收中期每小区随机选取 5 个鲜果测定果实品质。可溶性总糖含量采用蒽酮比色法测定[3];可滴定酸度采用酸碱滴定法测定[3];可溶性固形物含量采用 TD-45 数字折光仪测定;维生素 C 含量采用钼蓝比色法测定[4];黄酮含量采用亚硝酸盐—氯化铝法测定[5]。

1.3.3 隶属函数综合评价方法

对植物的形态发育评价有多个指标,各指标对植物的评价都具有重要意义,但任何单一指标都不能准确地反映植物的综合性状。因此,该试验采用模糊数学中隶属函数法进行数据分析,以期对各引进品种的生长发育做出较为准确的评价。指标隶属函数求值公式为 $U(X_j)=(X_j-X_{min})/(X_{max}-X_{min})$,其中,$X_j$ 为某一处理某一指标的测定值,X_{max} 为该指标测定的最大值,X_{min} 为该指标测定的最小值。数据分析处理时,分别对各项单一指标进行测量,再计算主要影响指标的隶属函数值,累加后求平均值,即植株综合评价指数,值越大,说明植株生长越好[6]。

1.4 数据分析

采用 Excel 2007、DPS 7.05 统计分析软件对试验数据进行处理。

2 结果与分析

2.1 不同树莓品种适应性表现

从表 2 可以看出,4 个树莓品种的定植成活率较高,均在 90% 以上,均表现出了较强的抗病性,未发生明显的病虫害。结合定植成活率、植株抗旱性、抗寒性及抗病性综合表现得出,"海尔特兹""费尔杜德""D"和"秋英"4 个品种适应性较好,均可在试验地区种植。

表 2 不同树莓品种定植后适应性

品种	定植成活率/%	生长期成活率/%	抗旱性	抗寒性	抗病性
"海尔特兹"	95	95	强	强	强
"费尔杜德"	93	90	强	强	较强
"D"	97	98	强	强	强
"秋英"	96	95	较强	强	强

2.2 不同树莓品种物候期表现

环境因子与果树物候期存在相互关联的关系,光周期、温度、土壤、水分等环境因子都是影响果树物候期的重要因素[7]。在树莓引种评价中,树莓品种物候期和生育期的表现是反映该品种是否适合在当地选育的一个重要因素,物候期与生育期长短也是评价树莓利用价值的重要指标之一。

由表 3 可知,各树莓品种在 4 月、5 月进入展叶期,7 月进入现蕾期,7 月下旬至 8 月初进入始花期、盛花期,8 月进入果实成熟期,10 月下旬进入落叶期,果实采收期长达 2 个月。4 个品种的物候期有所不同。"D"品种的生长发育期较早,其次为"秋英""海尔特兹","费尔杜德"生长较慢。"D"品种从结果到果实成熟时间最短,其次为"海尔特兹","秋英"时间最长。

表 3　不同树莓品种定植后物候期表现

品种	展叶期	现蕾期	始花期	盛花期	果实成熟期	落叶期
"海尔特兹"	05-05	07-23	08-01	08-07	08-23	10 月下旬
"费尔杜德"	05-28	07-28	08-05	08-10	08-30	10 月下旬
"D"	04-20	07-10	07-15	07-19	07-30	10 月下旬
"秋英"	04-26	07-05	07-23	07-28	08-18	10 月下旬

2.3　不同树莓品种定植后生长特性与结果习性表现

由表 4 可知,4 个树莓品种各指标之间存在显著差异。在树高、树径、根蘖苗数量、结果枝数量上,"D"品种均表现最好,与其他处理差异显著。其次为"海尔特兹","费尔杜德"与"秋英"表现较差。

表 4　不同树莓品种定植后生长特性与结果习性表现

品种	树高/cm	树径/cm	单株根蘖苗数量/条	单株结果枝数量/条	枝条直立性	具刺性
"海尔特兹"	127.97b	3.63b	12.35b	11.67b	直立	多
"费尔杜德"	119.34bc	2.96c	7.68c	7.05c	匍匐	中等
"D"	178.34a	3.90a	15.34a	15.01a	直立	中等
"秋英"	116.33bc	2.95c	8.05c	7.67c	直立	多

注:同列不同小写字母表示差异显著($P<0.05$)。下同。

树莓植株定植 1 年后,各处理植株生长旺盛。"海尔特兹"品种生长 1 年后植株的平均高度为 127.97 cm,树径为 3.63 cm,单株根蘖苗数量为 12.35 条,其中平均 11 条枝条可结果。"D"品种生长表现更优,定植 1 年后树高为 178.34 cm,茎秆粗壮,达 3.90 cm,结果枝条数量多,且当年结果枝条高达 15 条。"费尔杜德"品种的枝条为匍匐型,生长过程中枝条长度生长明显,但枝条粗度生长缓慢,在结果枝数量上表现略差。

2.4　不同树莓品种鲜果品质及商品性比较

2.4.1　树莓果实横径与纵径动态发育

树莓幼果初期为浅绿色,接近成熟时红树莓转变为黄色,成熟时再转变为鲜艳的红色,并有光泽。由图 1、图 2 可看出,树莓果实充分成熟前 4~5 d,果实纵径、横径一直稳定增加,体积也在一直稳定增加,接近成熟时体积迅速增加,因

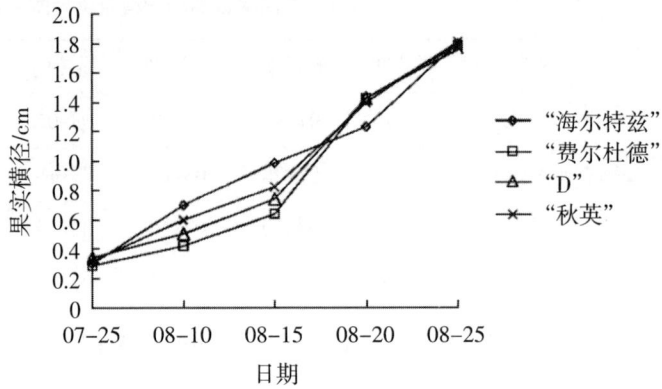

图 1　果实横径生长动态

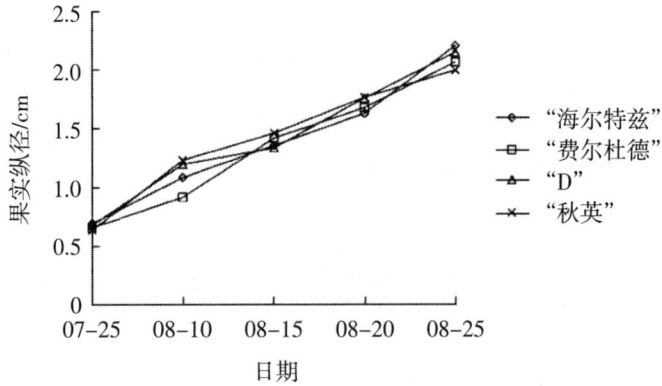

图 2　果实纵径生长动态

此,果实应在充分成熟时采收,以提高树莓产量及品质;树莓果实横径与纵径的动态变化基本一致,前期生长略慢,后期体积膨大加速。其中"海尔特兹"果实生长速率最快,其次为"D"品种,"费尔杜德"前期果实生长最慢,后期果实生长速率变快。

2.4.2　树莓鲜果商品性表现

由表 5 可知,各树莓品种结果后果实外观品质存在很大差异。其中,"海尔特兹"在百果质量、最大单果质量、最小单果质量等指标上表现优异,与其他品种存在显著差异。"费尔杜德""秋英"2 个品种在百果质量、最大单果质量、果实横径、果实纵径等指标上无明显差异。"秋英"在各指标上表现较差,百果质量、最大单果质量上与"海尔特兹""D"品种间差异显著。

表 5 不同树莓品种鲜果商品性表现

品种	百果质量 /g	最大单果质量 /g	最小单果质量 /g	横径 /cm	纵径 /cm	硬度	果形指数	风味指数
"海尔特兹"	289.55a	3.96a	2.63a	1.88a	2.34a	中等	1.175	7
"费尔杜德"	261.04bc	3.75bc	2.06c	1.76ab	2.03b	中等	1.125	6
"D"	287.15ab	3.83ab	2.37b	1.84ab	2.15b	硬	1.097	8
"秋英"	238.35c	3.67c	2.34b	1.81ab	2.00ab	中等	1.104	6

"海尔特兹""D"品种的果实百果质量均达到 280 g 以上,其次为"费尔杜德",百果质量达 261.04 g,果实百果质量表现较好。"海尔特兹"果实的最大单果质量最大,为 3.96 g,其次为"D"品种(3.83 g),"秋英"果实的最大单果质量最小,为 3.67 g。"海尔特兹""D"果实的整体表现较好,果实大小均匀,且果实硬度表现较好,有利于后期储藏。各品种间的果形指数差异略大,果形指数均超过 1,"D"品种的果形指数为 1.097,更接近 1,说明其果实更接近圆形。各品种的果实风味指数高,说明果实风味较好。

2.4.3 不同树莓品种鲜果品质表现

果实内糖分的含量很大程度上决定了树莓果实的品质。由表 6 可知,树莓各品种含有丰富的营养物质。"D"品种在各项指标上(除可溶性固形物外)与"费尔杜德""秋英"均存在显著差异。"海尔特兹"总糖、总酸含量与"费尔杜德""秋英"存在显著差异,维生素 C 含量与黄酮含量差异不显著。

表 6 不同树莓品种鲜果品质比较

品种	总糖含量 /(g·kg^{-1})	总酸含量 /(g·kg^{-1})	可溶性固形物含量 /(g·kg^{-1})	维生素 C 含量 /(mg·kg^{-1})	黄酮含量 /(mg·kg^{-1})
"海尔特兹"	43.0a	18.5b	72.0a	183b	120bc
"费尔杜德"	38.0bc	16.9c	71.1ab	179b	140b
"D"	40.0b	21.4a	72.4a	215a	200a
"秋英"	35.9c	17.2c	70.8b	180b	110c

由表 6 可以看出,各树莓品种的总糖含量较高,"海尔特兹"总糖含量为 43.0 g/kg,"D"品种为 40.0 g/kg。"D"品种总酸含量与可溶性固形物含量均高于"海尔特兹"。树莓果实中含有丰富的维生素 C,其中"D"品种维生素 C 含量高达 215 mg/kg,"海尔特兹"为 183 mg/kg。该试验中,"海尔特兹"果实中可溶性固形

物含量为 72.0 g/kg,"D"品种最高,为 72.4 g/kg,2 个品种的果实营养物质较多,品质较高。

2.4.4 不同树莓品种产量及经济效益比较

由表 7 可以看出,各树莓品种的坐果率及果熟率表现不同,且单株产果量及折合 667 m² 产量存在显著差异。"D"品种果实产量最高,与其他品种存在显著差异。"费尔杜德"与"秋英"在果实 667 m² 产量上无显著差异。4 个品种坐果率及果熟率较高,其中果熟率均达到 90% 以上。树莓品种栽植后 1 年即可结果,且产量较高。其中,"D"品种果熟率最高,为 97%,折合 667 m² 产量高达 580.81 kg,其次"海尔特兹",折合 667 m² 产量为 506.50 kg。

2.5 不同树莓品种指标综合评价

对树莓的树高、树径、结果枝数量、百果质量、最大单果质量、产量等重要指标进行隶属函数求值后发现,各树莓品种的隶属函数值差异较大。其中,"D"品种的综合评价值最高,为 0.90,说明在树莓整个生长过程中,"D"品种生长较好,其次"海尔特兹",综合评价值为 0.67。在引进的各品种中,"费尔杜德"与"秋英"综合评价值较低,表现略差。

表 7　不同树莓品种果实结实及产量表现

品种	坐果率 /%	果熟率 /%	单株产果量 /kg	折合 667 m² 产量/kg
"海尔特兹"	92	96	1.15ab	506.50b
"费尔杜德"	88	90	0.70c	308.21c
"D"	94	97	1.32a	580.81a
"秋英"	89	93	0.81b	356.40c

表 8　不同树莓品种指标综合评价

品种	树高	树径	结果枝数量	百果质量	最大单果质量	总糖	可溶性固形物	维生素 C	折合667 m² 产量	综合评价
"海尔特兹"	0.19	0.72	0.58	1.00	1.00	1.00	0.75	0.08	0.73	0.67
"费尔杜德"	0.49	0.01	0	0.44	0.28	0.30	0.19	0	0	0.19
"D"	1.00	1.00	1.00	0.95	0.55	0.58	1.00	1.00	1.00	0.90
"秋英"	0	0	0.78	0	0	0	0	0.03	0.18	0.11

3 结论

该研究引进的 4 个树莓品种在试验种植区域表现出良好的生长势,均可适应栽培地区的气候条件,在管理精细、肥水充足的条件下,生长旺盛且能够取得较高的产量,果实品质较高。该试验结果表明,4 个品种果实成熟时品质表现较好,其中"D""海尔特兹"果实中糖分与可溶性固形物含量较高,且 2 个品种的鲜果具有浓郁的树莓香气,鲜食时味道爽口而且香甜,风味价值较高,是优良的鲜食品种。"海尔特兹"与"D"品种 1 年生枝条中结果枝条多,保证了树莓果实的结果数量,果实产量较高,表现出极大的丰产性,经济效益显著。该试验发现,影响树莓产量的因素主要有结果枝数量、果实数量和果实大小。树莓一般在栽植当年就可少量结果,在管理较好的情况下第 2 年就可以获得较高的产量,当年栽植的树莓,可抽生 1~3 根枝条。因此,如何有效地促进树莓基生枝的生长发育,是实现树莓丰产的关键,在今后的栽培过程中需进一步研究。

参考文献

[1]王友升,徐玉秀,王贵禧.树莓育种研究进展[J].林业科技通讯,2001(10):4-6.

[2]赵文琦,曲长福,王翠华,等.树莓的营养保健价值与市场前景浅析[J].北方园艺,2007(6):114-115.

[3]邹琦.植物生理学实验指导[M].北京:中国农业出版社,2007.

[4]高俊凤.植物生理学实验技术[M].北京:世界图书出版公司,2000.

[5]Peinado J,de Lerma N L,Moreno J,et al. Antioxidant activity of different phenolics fractions isolated in must from Pedro Ximenez grapes at different stages of the off-vine drying process [J].Food Chemistry,2009,114(3):1050-1055.

[6]刘庆超.三种重要盆栽花卉的有机代用基质研究[D].北京林业大学硕士学位论文,2006.

[7]李荣平,周广胜,张慧玲,等.植物物候研究进展[J].应用生态学报,2006,3(17):541-544.

不同干燥温度黄芩的红外光谱分析 *

王秀芬　马　芳　孙素琴　冷晓红　李　静

摘要：本试验采用傅立叶变换红外光谱、二阶导数谱和二维相关红外光谱技术对不同干燥温度的黄芩药材进行分析研究。结果表明，不同干燥温度的黄芩药材一维光谱非常相似，相关系数随着温度的升高逐渐增大。黄酮类成分1614 cm⁻¹ 附近特征吸收峰及糖类成分1055 cm⁻¹ 附近特征吸收峰的相对峰强度差别显著。不同干燥温度的黄芩药材二维相关红外光谱存在差异，在糖环振动区域800~1000 cm⁻¹，黄芩采用80℃、100℃和120℃干燥均出现了2个强自动吸收峰，在糖骨架振动区域1000~1200 cm⁻¹，黄芩采用自然干燥和60℃干燥，出现了3个强自动吸收峰，最强吸收峰在1094 cm⁻¹；采用80℃、100℃和120℃干燥，三个样品自动吸收峰强度发生变化，最强吸收峰在1005 cm⁻¹。综上，红外光谱法结合二维相关红外光谱技术可为同一批次药材采用不同干燥温度所存在的细微差别的分析与研究提供一种快速方法和手段。

关键词：黄芩；干燥温度；傅立叶变换红外光谱；二维相关红外光谱

作者简介：王秀芬（1972—），女，生物与制药技术系专业教师，本科，副主任药师，副教授，研究方向为中药材质量评价及中药制剂。

* 本文为宁夏科技支撑项目（2015KJHM25）成果，发表于《西北学院学报》2017年第4期。

黄芩为唇形科植物黄芩 *Scutellaria baicalensis* Georgi 的干燥根。黄芩性味苦寒，有清热燥湿、泻火解毒、止血、安胎的功效[1-2]。黄芩中活性成分多样，主要含有黄酮及其苷类、萜类化合物，挥发油、微量元素、甾醇类、有机酸及其他成分[3]。目前黄芩药材不同产地加工方式各不相同，而加工方式直接影响黄芩药材的质量。多数黄芩药材种植基地将药材采挖后，晾至半干直接切片、烘干。不同的干燥温度会影响黄芩药材的质量，加工过程中应进行质量监控，以确保药材质量稳定。

傅立叶变换红外光谱法（FTIR）具有灵敏度高、特征性强，可实现快速无损检测等特点[4-6]，在农业、石化、制药、烟草等领域应用相当普及[7-9]。近年来，二维相关红外光谱技术的发展使得红外光谱的分辨率以及谱图的识别能力有了新的突破，它正成为中药质量控制方面的一种有效手段[10-16]。本研究对宁夏产黄芩在秋季采收后，晾至半干直接切片，饮片分别采用自然干燥及 60℃、80℃、100℃、120℃干燥后，采用傅立叶变换红外光谱法结合二维相关红外光谱技术对不同干燥温度的黄芩药材进行研究，探索一种快速评价药材质量的方法和手段，为中药材产地加工过程中的质量监控提供科学依据。

1　实验部分

1.1　仪器设备

PerkinElmer Spectrum One 傅立叶变换红外光谱仪，光谱范围

4000~400 cm⁻¹,分辨率 4 cm⁻¹,信号累计扫描 16 次。CKW-Ⅱ 温控仪。

1.2 实验材料

本实验材料为唇形科植物黄芩(*Scutellaria baicalensis* Georgi)的根,2015 年 11 月采自宁夏六盘山隆德西北药材公司黄芩种植基地,经宁夏药检所韩义欣主任药师鉴定确认。药材共 3 批,均为三年生。黄芩药材晾至半干(含水量≤45%)直接切片,饮片分别采用自然干燥及 60℃、80℃、100℃和 120℃干燥。

黄芩苷对照品(批号 110715-201318),黄芩素(批号 111595-201306),以上对照品均购自中国食品药品检定研究院。

1.3 实验方法

将以上实验样品粉碎,取样品粉末约 1 mg 与干燥溴化钾以 1:100 研磨混匀,压片,进行扫描测试,得到红外光谱原图。另将压片样品装入温控仪内,以 2℃/min 的升温速度,采用程序控制对其进行加热,从 50℃逐渐升高到 120℃,每隔 10℃测试,得到样品的红外光谱图。采用 PerkinElmer Spectrum v10 数据处理软件,平滑 13 点,获得二阶导数谱。采用清华大学分析中心自行设计的二维相关分析软件,通过相关计算,获得二维相关红外光谱。

光谱预处理:纵坐标转化为吸光度;自动基线校正;归一化(2000~400 cm⁻¹区域最高吸光度为 1A)。

峰位置:谱带极大值法,强度阈值 0.01A。

相关系数:两张红外光谱 i 和 j 之间的相关系数定义为:

$$R_{ij}=R_{ji}=\frac{\sum_{k=1}^{n} x_{ik} \cdot x_{jk}}{\sqrt{\sum_{k=1}^{n} x_{ik}^2 \cdot \sum_{k=1}^{n} x_{jk}^2}}$$

式中,x_{ik} 和 x_{jk} 代表红外光谱 i 和 j 在波数 k 处的吸光度。

红外光谱图是一条曲线,可以用相对应的一组横坐标(例如波数)与一组纵坐标(例如吸光度)进行数字化表示。如果两张红外光谱具有相同的横坐标,就可以用相关系数描述两组纵坐标的线性相关程度。成分越相近,谱图越相似,相关系数越高。

2 结果与讨论

2.1 不同干燥温度黄芩的一维红外光谱分析

采用傅立叶变换红外光谱法对不同干燥温度的黄芩药材及黄芩苷、黄芩素对照品进行测试,黄芩红外吸收光谱如图 1 所示,根据文献[16]对黄芩药材红外光谱吸收峰进行归属指认。多糖类、苷类等化合物中羟基 O–H 键在 3368 cm⁻¹、3390 cm⁻¹ 附近伸缩振动,亚甲基 C–H 反对称伸缩振动峰在 2926 cm⁻¹ 附近,1739 cm⁻¹ 附近特征吸收峰归属为羧酸类或酯类等化合物中羰基 C=O 的伸缩振动;黄酮类物质的特征吸收峰表现在 1659 cm⁻¹ 附近共轭羰基伸缩振动,1615 cm⁻¹、1587 cm⁻¹ 和 1451 cm⁻¹ 处苯环骨架振动,1359 cm⁻¹ 附近 C–H 弯曲振动,1246 cm⁻¹ 附近 C–O 伸缩振动。1055 cm⁻¹ 附近多个吸收峰叠加形成的宽峰可能为纤维素等多糖类成分和糖苷类成分的 C–O 弯曲振动吸收峰。800~1000 cm⁻¹ 为糖环振动吸收峰,1000~1200 cm⁻¹ 为糖骨架振动吸收峰。

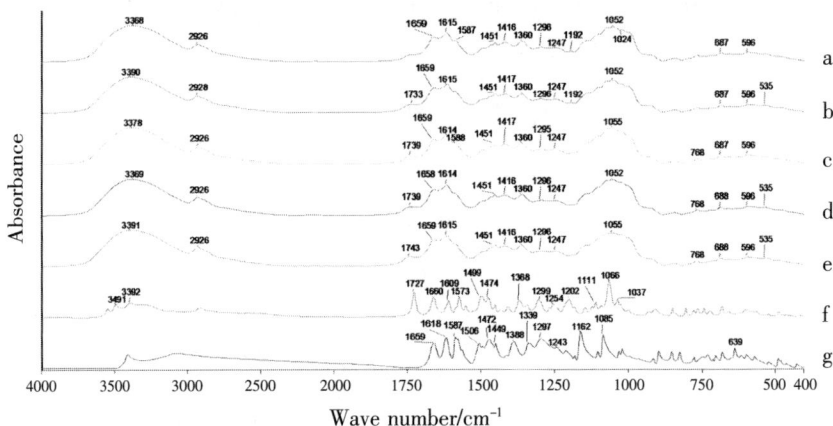

a.自然干燥;b.60℃干燥;c.80℃干燥;d.100℃干燥;e.120℃干燥;f.黄芩苷;g.黄芩素

图 1 不同干燥温度的黄芩红外吸收光谱

利用 PerkinElmer Spectrum v10 软件的 compare 功能计算黄芩不同干燥温度相关系数,得到黄芩自然干燥及 60℃、80℃、100℃、120℃干燥相关系数分别为0.9431、0.9581、0.9678、0.9692、0.9737,说明 5 种样品的相似度较高。但也存在一定差异,随着温度的升高,不同烘干温度的黄芩药材的相关系数逐渐加大,说明随着烘干温度的升高,黄芩药材峰强度与成分越来越相近,黄芩苷脱糖裂解,自由糖的相对含量增多。

表 1 不同干燥温度的黄芩药材红外光谱的主要特征吸收峰的相对强度

干燥方式	黄酮类峰高 H1 1614 附近	糖类峰高 H2 1055 附近	相对峰强度 H1/H2
自然干燥	0.7788	0.9409	0.8277
60℃干燥	0.7866	0.8870	0.8868
80℃干燥	0.7951	0.9601	0.8281
100℃干燥	0.8267	0.9616	0.8597
120℃干燥	0.8238	0.9040	0.9113

从表 1 不同干燥温度黄芩药材红外光谱在 1614 cm^{-1} 和 1055 cm^{-1} 处的两个主要特征吸收峰的相对强度可以得出,黄芩药材中黄酮类成分相对含量自 80℃开始随着温度的增加逐渐增多,估计黄芩苷的含量逐渐减少,黄芩素的含量逐渐增多,可能是黄芩苷脱糖裂解转化为黄芩素。

2.2 不同干燥温度的黄芩二阶导数谱分析

黄芩中化学成分复杂,使用二阶导数谱可以对红外光谱上被掩盖的吸收峰进行分辨,从而显现更多的光谱信息,增强谱图的差异性。由图 2 可以更明显地看出 1667 cm^{-1}、1615 cm^{-1}、1586 cm^{-1}、1504 cm^{-1}、1493 cm^{-1}、1468 cm^{-1}、1415 cm^{-1}、1360 cm^{-1} 和 1296 cm^{-1} 等处黄酮类成分的特征吸收峰。同时通过二阶导数谱,将 1070 cm^{-1} 和 1050cm^{-1} 附近的糖苷类的特征吸收峰显露出来,说明黄芩中含有多糖类成分。

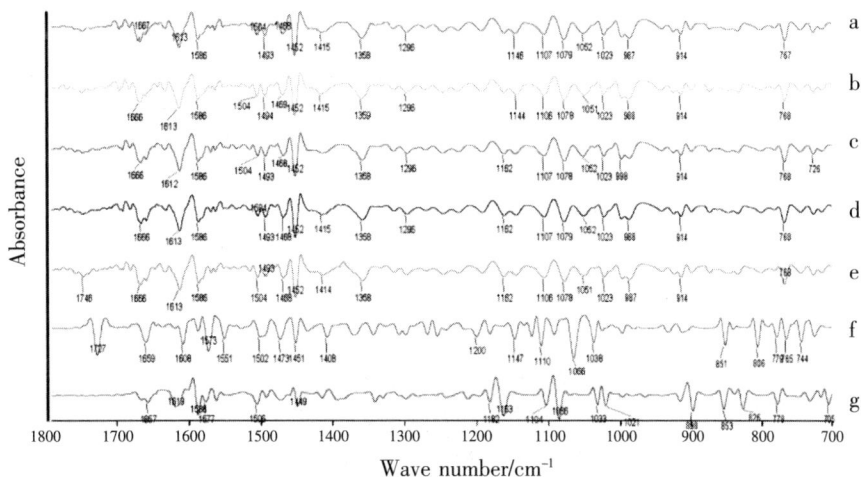

a.自然干燥;b.60℃干燥;c.80℃干燥;d.100℃干燥;e.120℃干燥;f.黄芩苷;g.黄芩素

图 2 不同干燥温度的黄芩二阶导数谱

2.3 不同干燥温度的黄芩二维相关红外光谱分析

二维相关红外光谱技术是利用不同的外界微扰下体系中各组分有关基团分子振动产生的差异,提高红外光谱分辨率。二维相关红外光谱技术能够获得比普通红外光谱及其导数谱更多的样品信息。本实验将温度作为微扰条件,选取 1240~820 cm⁻¹ 波段对不同干燥温度黄芩的同步二维相关红外光谱进行比较。如图 3 所示,在糖环振动区域 800~1000 cm⁻¹,黄芩自然干燥与黄芩 60℃干燥变化相似,黄芩 80℃、100℃、120℃ 干燥均出现了两个强自动吸收峰,说明这三个样品中自由糖相对含量增多;在糖骨架振动区域 1000~1200 cm⁻¹,黄芩自然干燥与黄芩 60℃干燥变化相似,有三个强自动吸收峰,最强自动吸收峰在 1094 cm⁻¹。黄芩 80℃、100℃、120℃干燥三个样品自动吸收峰强度发生变化,在 1005 cm⁻¹、1180 cm⁻¹、1211 cm⁻¹ 处的自动吸收峰强,最强吸收峰在 1005 cm⁻¹,说明三个样品在黄芩苷脱糖裂解过程中转化成黄芩素和自由糖。随着干燥温度的升高,黄芩温敏性成分发生变化。

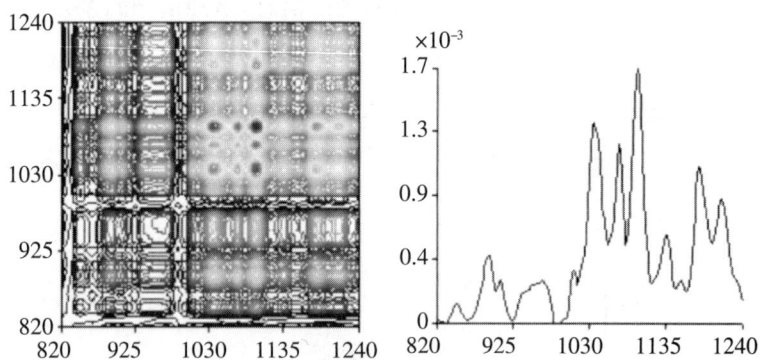

(a)自然干燥

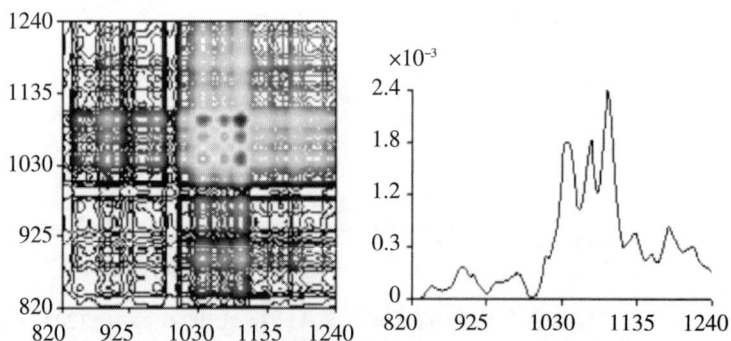

(b)60℃干燥

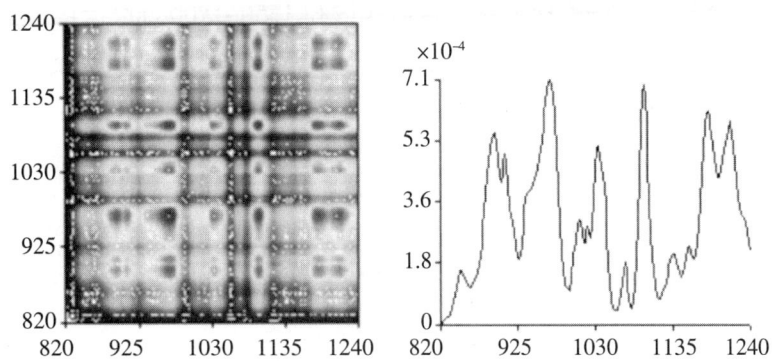

（c）80℃干燥

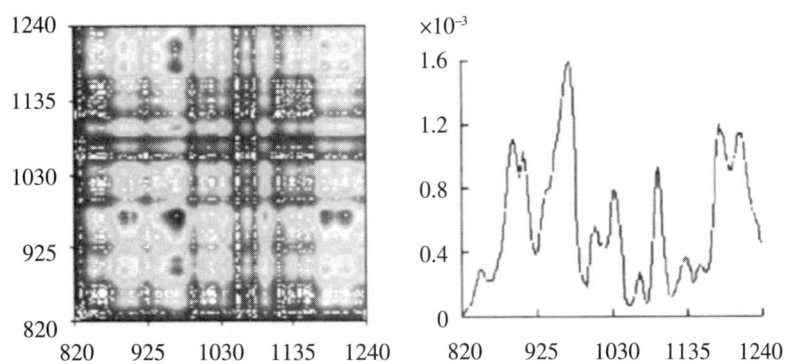

（d）100℃干燥

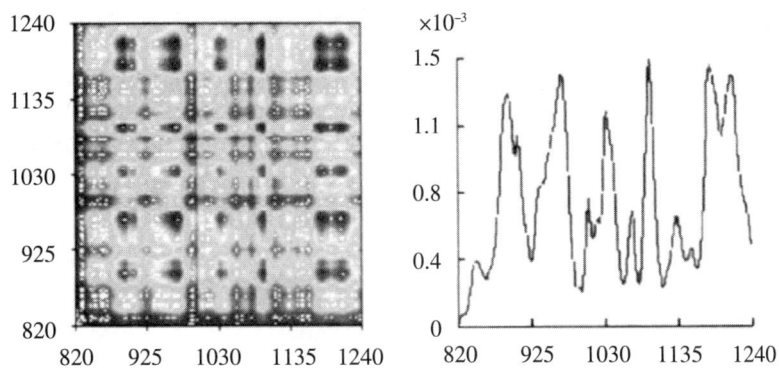

（e）120℃干燥

图 3　不同干燥温度的黄芩同步二维相关红外光谱

选取 1240~820 cm⁻¹ 波段和 1350~1700 cm⁻¹ 波段对不同干燥温度黄芩的异步二维相关红外光谱进行比较。如图 4 所示，黄芩自然干燥与黄芩 60℃干燥变化相似，有 2*3 个明显的交叉吸收峰，黄芩 80℃、100℃、120℃干燥变化相似，有 2*6 个明显的交叉吸收峰。

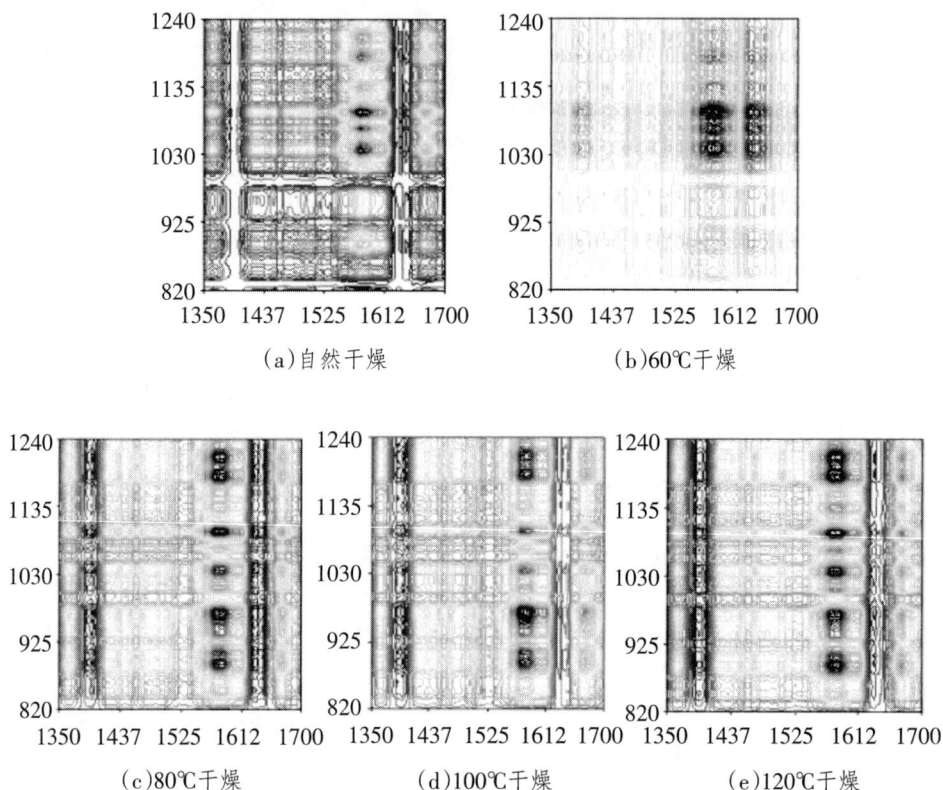

图 4　不同干燥温度的黄芩异步二维相关红外光谱

综上所述，黄芩采用自然干燥、60℃干燥与 80℃、100℃、120℃干燥，黄芩中所含的自由糖存在明显差异，主要是因为这些成分对温度的敏感性不同，80℃干燥时温敏性成分开始发生变化。

3　讨论

利用红外光谱技术对不同干燥温度的黄芩进行检测分析，能够快速、简捷地分析不同干燥温度对黄芩药材成分的影响，为黄芩药材产地干燥过程中的质量监控提供科学依据。

比较分析不同干燥温度的黄芩红外光谱、二阶导数谱和二维相关红外光谱发现，自然干燥和60℃干燥黄芩，苷类成分高于80℃、100℃和120℃干燥黄芩，自然干燥、60℃干燥黄芩与80℃、100℃、120℃干燥黄芩所含自由糖也不同。黄芩种植基地药材切制后，如采用自然干燥和60℃干燥，饮片容易酶解变绿，影响外观质量，但采用120℃干燥又会影响黄芩苷的含量。通过黄芩不同干燥温度红外光谱分析，结合HPLC法检测不同干燥温度黄芩药材的指标成分含量，从节约能源的角度，最终确定黄芩饮片采用80℃干燥。同时采用红外光谱技术建立80℃干燥黄芩药材红外光谱数据库，用于产地加工过程的质量监控。

因此，红外光谱法结合二维相关红外光谱技术为同批药材不同干燥温度的细微差异分析和评价提供了一种有效、简便的方法和手段，在全面快速评价药材产地加工质量方面具有独到的优势。

参考文献

[1]李丽,张村,肖永庆.黄芩饮片的产地加工方法研究[J].中国实验方剂学杂志,2011,17(8):1-3.

[2]王兴顺.黄芩幼苗对干旱胁迫的生理适应性反应[J].西北林学院学报,2014,29(1):55-59.

[3]郑勇凤,王佳婧,傅超美,等.黄芩的化学成分与药理作用研究进展[J].中成药,2016,38(1):141-147.

[4]孙枭雄,多化琼,王振柱.基于红外光谱的木材自身耐久性分析[J].西北林学院学报,2016,31(2):255-258.

[5]周湘萍,刘刚,时有明,等.普洱茶的傅里叶变换红外光谱鉴别研究[J].光谱学与光谱分析,2008,28(3):594-596.

[6]吴瑾光.近代傅里叶变换红外光谱技术及应用[M].北京:科学技术文献出版社,1994:156.

[7]郑露,刘伟,陈长水,等.大蒜白斑病菌SS-毒素的结构鉴定[J].植物病理学报,2014,44(5):478-485.

[8]国晓炜,李丽华,张金生.FT-IR法测定温度对牛奶脂肪酸结构的影响[J].食品研究与开发,2012,33(5):178-180.

[9]吴亚坤,张桂兰.改性处理向日葵秆的结晶度和红外光谱分析[J].西北林学院学报,2013,28(5):172-174.

[10]孙仁爽,金哲雄,张哲鹏.老鹳草中药材红外光谱的分析与鉴定[J].光谱学与光谱分析,2013,33(1):81-84.

[11]孙素琴,周群,陈建波.中药红外光谱分析与鉴定[M].北京:化学工业出版社,2010.

[12]周群,李静,孙素琴,等.中药配方颗粒红外光谱法的快速鉴别[J].分析化学,2003,31(3):292-295.

[13]索婧侠,孙素琴,王文全.甘草的红外光谱研究[J].光谱学与光谱分析,2010,30(5):1218-1223.

[14]孙素琴,周群,秦竹.中药二维相关红外光谱鉴定图集[M].北京:化学工业出版社,2013:1-10.

[15]徐荣,孙素琴,刘友刚,等.红外光谱法对肉苁蓉径向不同部位的分析与评价[J].分析化学,2009,37(2):221-226.

[16]刘素丽,陈建波,周群,等.黄芩采收季节的红外光谱三级鉴别与主成分分析[J].光谱学与光谱分析,2012,32(10):2669-2673.

银柴胡不同材料总 DNA 提取方法的筛选 *

李　军　郝彩琴　张　燃　冷晓红

摘要：本研究拟筛选最适合银柴胡叶片、鲜根和干根总DNA 提取的方法，为同科、同属及同类药材总 DNA 提取提供依据，并为银柴胡 DNA 条形码分子鉴定及分子生物学研究奠定基础。本研究采用 2%CTAB 法、4% CTAB法、SDS 法、试剂盒法、高盐低 pH 值法和尿素法共 6 种方法提取银柴胡叶片、鲜根和干根总DNA，用琼脂糖凝胶电泳法、紫外分光光度计法及 PCR 扩增法检测所提取DNA 的质量。试剂盒法提取银柴胡叶片、鲜根和高盐低pH 值法提取干根总 DNA 的 $D_{260\,nm}/D_{280\,nm}$ 值分别为 1.875、1.848、1.878，电泳条带清晰，无拖尾。利用上述方法提取的 DNA 可以扩增出 ITS2 和psbA-trnH 序列。用试剂盒法提取银柴胡叶片、鲜根和高盐低 pH 值法提取银柴胡干根 DNA 简便、快速，用这些方法得到的 DNA 适合用于分子生物学的进一步研究。

关键词：银柴胡；DNA 提取；分子鉴定；筛选

作者简介：李军（1982—），副教授，硕士，国家执业药师，自治区级教学名师，生物制药技术专业带头人，研究方向为中药资源与开发。
* 本文为宁夏回族自治区教育厅项目（NGY2016259）成果，发表于《药学学报》2019 年第5 期。

银柴胡（别称银胡、山菜根、牛肚根、沙参儿、白根子等）是石竹科繁缕属植物银柴胡（*Stellaria dichotoma* L. var. *lanceolate* Bge.）的干燥根[1]，味甘性寒，具有清虚热、除疳热的功效，临床用于阴虚发热、骨蒸劳热、小儿疳热等症[2]。银柴胡作为 2015 年版《中华人民共和国药典》收载的传统中药[3]，在临床上的应用比较广泛，传统中成药乌鸡白凤丸即以银柴胡为主要成分[4]。DNA 条形码技术（DNA bar-coding）作为中药材物种鉴定研究的新方法，是利用标准的、有足够变异的、易扩增且相对较短的DNA 片段对物种进行快速、准确的鉴定的技术[5]，具有鉴定结果准确、可重复性良好、方法通用性强等优点。DNA 条形码技术已经在冬虫夏草、枸杞、羌活、党参、天南星、锁阳等中药材及其混伪品的鉴定中取得了良好的效果[6]，并已被收录进 2015 年版《中华人民共和国药典》[3]。获取高质量的 DNA 是进行银柴胡 DNA 条形码研究的必要前提和关键环节。本研究以银柴胡叶片、鲜根和干根为材料，考察 6 种 DNA 提取方法，旨在寻找一种能够得到相对高产量、高纯度的适用于银柴胡总DNA 提取的方法[7-8]，为后续银柴胡 DNA 条形码分子鉴定及分子生物学的深入研究提供技术依据。

1　材料与方法

1.1　材料

银柴胡叶片和鲜根于 2016 年 10 月采自宁夏回族自治区吴忠市

同心县预旺镇南关村,叶片和一部分根趁鲜放入-70℃冰箱中冷冻,备用,另一部分根自然晾干。以上样品经宁夏大学李吉宁教授鉴定为石竹科繁缕属植物银柴胡(*Stellaria dichotoma* L. var. *lanceolate* Bge.)的叶片及根。

1.2 仪器与试剂

My Cycler PCR 仪、Bio Gel Doc™ XR+凝胶成像系统、Powerpac basic 琼脂糖凝胶电泳仪,购自美国伯乐有限公司;Sigma 1-14 高速离心机,购自德国 Sigma 公司;Geno 2010 高通量组织研磨机,购自美国 SPEX SamplePrep 公司;Q6000 核酸蛋白检测仪,购自美国 Quawell 公司;TGL-16G 型低温冷冻离心机,购自上海安亭科学仪器厂;Mini10k 迷你离心机,购自珠海黑马医学仪器有限公司;SZ-1 涡旋混合器,购自常州国宇仪器制造有限公司;HHSY21-Ni4-C 恒温水浴锅,购自北京长源实验设备厂。

十六烷基三甲基溴化铵(cetyltrimethyl ammonium bromide,简称 CTAB)、十二烷基硫酸钠(sodium dodecyl sulfate,简称 SDS)、乙二胺四乙酸二钠(EDTA)、聚乙烯吡咯烷酮40(PVP-40,纯度>95%)、三羟甲基氨基甲烷(Tris,纯度>99.5%)。植物基因组 DNA 提取试剂盒、PCR 所用 dNTPs(10 mmol/L)、Taq DNA 聚合酶(5 U/µl)、Mg^{2+}(25 mmol/L)、10×PCR buffer、DL 2000 marker,均购自天根生化科技(北京)有限公司;ITS2 和 psbA-trnH 引物,由生工生物工程(上海)股份有限公司合成;琼脂糖为西班牙琼脂糖 Biowest Agarose;三氯甲烷、异戊醇、乙醇、异丙醇、无水乙醇、氯化钠、醋酸钠等为国产分析纯试剂。

1.3 DNA 提取方法

以银柴胡的叶片、鲜根和干根为材料,分别采用 2%CTAB 法、4% CTAB 法、SDS 法、试剂盒法、高盐低 pH 值法和尿素法共 6 种方法提取 3 种材料的 DNA。提取的 DNA 经紫外线检测、琼脂糖凝胶电泳和 PCR 扩增确定最适方法。

1.3.1 2%CTAB 法

取银柴胡叶片(长 0.5~1.0 cm)、鲜根(长 0.2~0.5 cm)和干根(长 0.2~0.5 cm),经 70%乙醇擦洗表面后放入 600 µl 2% CTAB 缓冲液[2% CTAB、100 mmol/L Tris-HCl(pH 值8.0)、20 mmol/L EDTA、1.4 mol/L NaCl、2%可溶性 PVP]中,并加入 2% β-巯基乙醇,再加 2 枚直径为 0.45 mm 的小钢珠,叶片和鲜根置于研磨仪上,以 1400 次/min 研磨 4 min,干根以 1600 次/min 研磨 6 min;65℃水浴 30~45 min,4℃、12000 r/min 离心 10 min;在上清液中加入等体积三氯甲烷、异戊醇(体积比为 24:1)充分混匀,4℃、12000 r/min 离心 10 min;取

上清液,重复以上步骤 1~2 次,直到界面清晰为止;在上清液中加入 2~3 倍体积的-20℃预冷的异丙醇,于-20℃静置 30 min,4℃、12000 r/min 离心 20 min;沉淀用 70%乙醇洗涤 2 次后,4℃、12000 r/min 离心 2 min,沉淀晾干后加入 100 μl TE 缓冲液(由 Tris 和 EDTA 配制而成)溶解,-20℃保存备用。

1.3.2　4% CTAB 法　具体步骤参考 1.3.1 节,提取液为 4% CTAB 缓冲液[2% CTAB、100 mmol/L Tris –HCl(pH 值 8.0)、20 mmol/L EDTA、1.4 mol/L NaCl、3%可溶性 PVP、2% β-巯基乙醇]。

1.3.3　SDS 法　具体步骤参考 1.3.1 节,提取液为 SDS 缓冲液[10% SDS、50 mmol/L Tris–HCl(pH 值 8.0)、100 mmol/L EDTA、1%可溶性 PVP、2% β-巯基乙醇]。

1.3.4　试剂盒法　在材料中加入 GP1 缓冲液,参照 1.3.1 节的方法研磨,采用植物基因组 DNA 提取试剂盒(离心柱型)提取 DNA,详细操作参照试剂盒说明书。

1.3.5　高盐低 pH 值法　根据文献[9]的操作步骤进行试验,材料处理方法同 1.3.1 节,提取缓冲液含 0.1 mol/L NaAc、0.05 mol/L EDTA、0.5 mmol/L NaCl、3% PVP、3% SDS、1% β-巯基乙醇。

1.3.6　尿素法　在材料中加入尿素裂解液[7 mmol/L 尿素、0.3 mol/L 氯化钠、0.034 mol/L 十二烷基肌氨酸钠、50 mmol/L Tris–HCl(pH 值 8.0)、20 mmol/L EDTA(pH 值 8.0)],参照 1.3.1 节的方法研磨,摇匀,65℃水浴 20~30 min;12000 r/min 离心 10 min,吸取上清液,将上清液移入另一新管中;加入等体积的三氯甲烷、异戊醇(体积比为 24:1)溶液,振荡数次混匀,12000 r/min 离心 10 min;重复上述步骤;在上清液中加入 2/3 体积的-20℃预冷的异丙醇,混匀,-20℃沉淀 30 min,12000 r/min 离心 10 min;在沉淀中加入 200 μl 70%乙醇洗涤 2 次,4℃、12000 r/min 离心 2 min,沉淀晾干后加入 100 μl TE 溶解,-20℃保存备用。

1.4　DNA 的质量检测

1.4.1　紫外线检测　取 2 μl 采用 6 种方法提取的银柴胡叶片、鲜根及干根 DNA 溶液,用核酸蛋白检测仪分别测定 260 nm、280 nm 处的吸光度。根据 $D_{260\,nm}/D_{280\,nm}$ 值判断 DNA 纯度,根据 $D_{260\,nm}$ 计算 DNA 浓度。

1.4.2　琼脂糖凝胶电泳检测　取 7 μl DNA 母液加 1 μl 上样缓冲液,用 Gelred 进行染色。上样于 1%琼脂糖凝胶,以 DL 2000 marker 为标准,在 1×TAE 的电泳缓冲液中进行水平电泳,100 V 恒电压,电泳约 30 min,用凝胶成像系统拍照并检测。

1.4.3　PCR 扩增检测　以试剂盒法提取银柴胡叶片和鲜根 DNA、高盐低pH值法提取干根所得 DNA 为模板,按照文献[9]中 ITS2 和 psbA-trnH 通用引物、25 μl 反应体系和条件进行 PCR 扩增。扩增产物进行 1%琼脂糖凝胶电泳,用 Bio Gel Doc™ XR+凝胶成像系统拍照、分析。

2　结果与分析

2.1　提取银柴胡总 DNA 的紫外线检测

由表 1 可知,用试剂盒法、2% CTAB 法、4% CTAB 法提取得到的银柴胡叶片 DNA 的 $D_{260\,nm}/D_{280\,nm}$ 值均在 1.8~2.0,表明这 3 种方法得到的 DNA 质量较好。试剂盒法提取的 DNA 浓度较高, 高盐低 pH 值法提取的 DNA 浓度最低,且 $D_{260\,nm}/D_{280\,nm}$ 值大于 2.0,说明有酚类和多糖等的污染。SDS 法与尿素法提取的 DNA 的 $D_{260\,nm}/D_{280\,nm}$ 值小于 1.8,说明存在蛋白质的污染。

表 1　银柴胡叶片总 DNA 提取纯度及浓度

提取方法	$D_{260\,nm}$	$D_{280\,nm}$	$D_{260\,nm}/D_{280\,nm}$ 值	DNA 浓度 /$(mg\cdot mL^{-1})$
2% CTAB 法	0.513	0.277	1.852	35.80
4% CTAB 法	0.487	0.254	1.929	32.70
SDS 法	0.912	0.559	1.632	42.90
试剂盒法	1.043	0.556	1.875	50.30
高盐低 pH 值法	0.117	5.850	2.053	5.85
尿素法	1.930	1.023	1.604	96.50

由表 2 可知,对于银柴胡鲜根 DNA 的提取,2% CTAB 法、4% CTAB 法和试剂盒法提取 DNA 的 $D_{260\,nm}/D_{280\,nm}$ 值均在 1.8~2.0 标准范围内,表明其 DNA 纯度较高,其中试剂盒法提取的 DNA 浓度最高;高盐低 pH 值法提取 DNA 的 $D_{260\,nm}/D_{280\,nm}$ 值在 2.0 以上, 说明有多糖、酚类等杂质污染。SDS 法和尿素法提取的 DNA 浓度较高,其 $D_{260\,nm}/D_{280\,nm}$ 值均低于 1.8,说明有蛋白质、有机物等杂质污染。

表 2　银柴胡鲜根总 DNA 提取纯度及浓度

提取方法	$D_{260\,nm}$	$D_{280\,nm}$	$D_{260\,nm}/D_{280\,nm}$ 值	DNA 浓度 /(mg·mL^{-1})
2% CTAB 法	1.957	1.009	1.938	97.85
4% CTAB 法	0.625	0.341	1.832	38.60
SDS 法	1.947	1.096	1.776	98.50
试剂盒法	2.786	1.508	1.848	118.90
高盐低 pH 值法	1.426	0.689	2.070	71.30
尿素法	2.857	1.648	1.673	137.85

由表 3 可知,对于干根 DNA 的提取,试剂盒法和高盐低 pH 值法提取的DNA 的 $D_{260\,nm}/D_{280\,nm}$ 值均在 1.8~2.0,表明其 DNA 纯度较高;2% CTAB 法、4% CTAB 法和 SDS 法提取的 DNA 浓度相对较高, 其 $D_{260\,nm}/D_{280\,nm}$ 值均在 2.0 以上或小于 1.8,说明有杂质污染。尿素法提取的 DNA 浓度最低,说明提取效果欠佳。

表 3　银柴胡干根总 DNA 提取纯度及浓度

提取方法	$D_{260\,nm}$	$D_{280\,nm}$	$D_{260\,nm}/D_{280\,nm}$ 值	DNA 浓度 /(mg·mL^{-1})
2% CTAB 法	1.812	0.869	2.086	86.9
4% CTAB 法	1.627	0.778	2.091	74.6
SDS 法	1.930	1.023	1.604	96.5
试剂盒法	0.875	0.472	1.852	43.2
高盐低 pH 值法	0.784	0.417	1.878	35.8
尿素法	0.358	0.163	2.196	17.9

2.2　琼脂糖凝胶电泳检测

由图 1 可知,试剂盒法提取银柴胡叶片 DNA 完整性较好,电泳条带单一;2%CTAB 法和4%CTAB 法提取的 DNA 浓度较低,且稍有降解;SDS 法和尿素法提取的 DNA 条带清晰,浓度高,但有拖尾,降解较严重;高盐低 pH 值法提取的 DNA 泳道无条带,电泳未检出 DNA。6 种提取方法中,试剂盒法提取的 DNA 电泳条带最整齐明亮,说明 DNA 完整,该结果与紫外线检测结果一致。因此,后续试验可以选择用试剂盒法提取银柴胡叶片DNA,用于中药条形码序列 ITS2 的扩增。

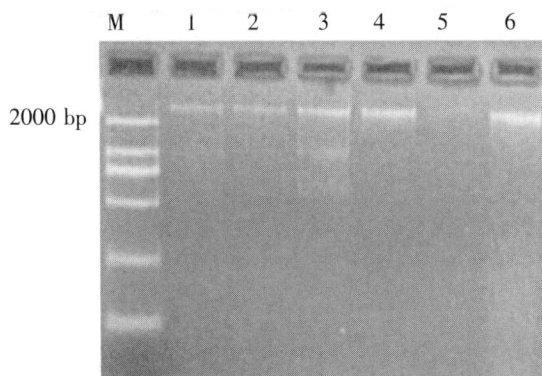

M:DL2000 marker；1:2% CTAB 法；2:4% CTAB 法；
3:SDS 法；4:试剂盒法；5:高盐低 pH 值法；6:尿素法(图 2、图 3 同)

图 1　银柴胡叶片 6 种方法提取 DNA 的电泳结果

　　由图 2 可知,试剂盒法提取的 DNA 条带最亮,浓度最高,条带完整,提取效果最好。4% CTAB 法提取的 DNA 条带单一,完整性好,但亮度不高,说明浓度低。其他 3 种方法提取的 DNA 都有降解,其中尿素法降解最严重,该结果与紫外线检测结果一致。因此,后续试验可以选择用试剂盒法提取银柴胡鲜根 DNA,用于中药条形码序列的扩增。

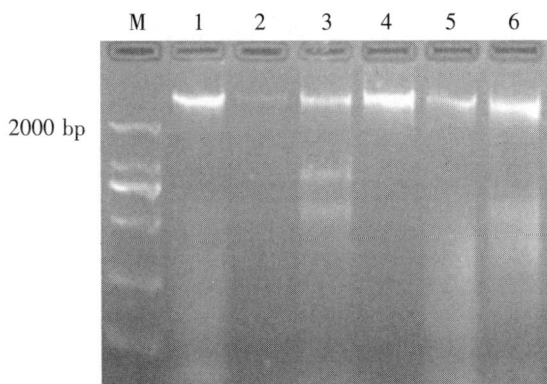

图 2　银柴胡鲜根 6 种方法提取 DNA 的电泳结果

　　由图 3 可知,试剂盒法和高盐低 pH 值法提取银柴胡干根的条带单一,降解较少,质量好,浓度高。未检测到尿素法提取的 DNA,其他 3 种方法的 DNA 降解都较多。该结果与紫外线检测结果一致。其中试剂盒法成本相对较高,故后续试验可以选择高盐低 pH 值法提取银柴胡干根的 DNA,用于中药条形码序列的扩增。

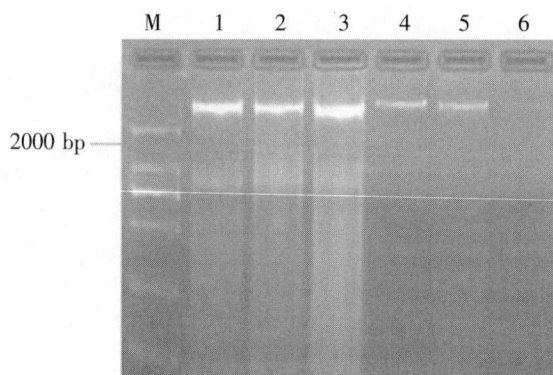

图 3　银柴胡干根 6 种方法提取 DNA 的电泳结果

2.3　PCR 扩增检测

由图 4 可知,银柴胡叶片、鲜根和干根均可扩增出清晰的 DNA 条带,表明用对应方法提取银柴胡 DNA 的质量完全能够满足后续 ITS2 和 psbA-trnH 序列的 PCR 扩增反应要求。

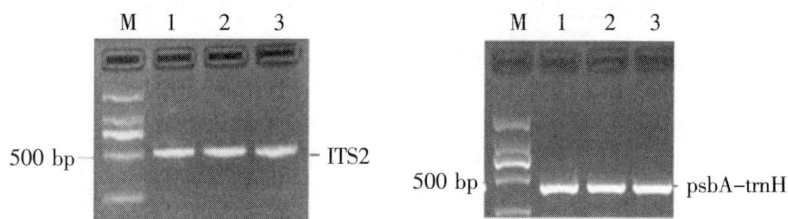

A:ITS2；B:psbA-trnH；M:DL2000 marker；
1:叶片；2:鲜根；3:干根

图 4　银柴胡 ITS2 和 psbA-trnH 序列的 PCR 扩增结果

3　讨论与结论

DNA 条形码研究包括 DNA 提取、PCR 扩增、DNA 测序以及基于条形码数据库的序列比对等工作，获得高质量的基因组 DNA 是进行 DNA 条形码研究的前提。目前,提取植物基因组 DNA 的方法有很多,如 CTAB 法、SDS 法、高盐低 pH 值法、尿素法、试剂盒法等[10]。CTAB 法能有效除去材料中的蛋白质、多糖和酚类等物质,但由于步骤多、试剂组成复杂、易污染等缺点,在使用上受到了一定的限制；SDS 法操作简单、温和，但对于次生代谢物、多糖等含量较高的植物，提取出的基因组 DNA 质量往往不高；高盐低 pH 值法操作方便省时，所需样品量少，适用于濒危植物或干燥药材 DNA 的提取[11-12]；试剂盒法提取基因组 DNA 操作简单、快速，得到的总 DNA 纯度高，近年来已被广泛采用；尿素法操作温和、简单、快速，但提取的 DNA 质量不高[13]。本研究选择 6 种常用的 DNA 提取方法，筛选出提取银柴胡叶片、鲜根和干根的最适方法，其中试剂盒法提取 3 种材料的 DNA 质量和浓度都较好，因后续试验中样品处理量较大，且费用有限，考虑到提取成本，银柴胡叶片和鲜根采用试剂盒法提取 DNA，而干根采用高盐低 pH 值法提取 DNA。在用试剂盒法提取时也应注意：在漂洗吸附柱时，加入漂洗液后可静置 1 min 后再进行离心，从而提高 DNA 的质量；加入 TE 缓冲液洗脱之前必须保证吸附材料彻底晾干，避免漂洗液中的乙醇等溶剂影响后续试验。用高盐低 pH 值法提取时，应将干根提前放于-70℃冷冻过夜，可以提高材料脆性，使之易粉碎；加入提取液研磨后于 65℃水浴，时间不宜过长，60 min 即可，太长会加快 DNA 的降解。

银柴胡根中富含多糖、多酚、纤维和贮藏物质等，极易氧化，且蛋白质含量高，DNA 提取溶液浑浊，产率较低，在研磨前加入 PVP 和 β-巯基乙醇可防止多元酚类物质氧化[14]。另外，样品处理时组织研磨机的转速和时间会影响细胞破碎的效果，故对其进行优化，既能使药材研磨完全，又能降低 DNA 的损失，选出的干根最佳研磨条件为 1600 次/min，研磨 6 min，提高了 DNA 的质量和产率。

从银柴胡鲜根中提取的 DNA 浓度较干根高，但纯度相对较低，原因可能是新鲜材料活性较高，DNA 降解少，各种代谢产物和后含物含量高，在提取过程中不易去除干净；干根由于晾干过程时间长、温度高，造成 DNA 大量降解，因此得率低，完整性差。而叶片提取的 DNA 浓度低，可能与叶片比根取样量相对少有关。另外，以优选方法提取的银柴胡叶片、鲜根和干根总 DNA 能够扩增出 ITS2 和 psbA-trnH DNA 条形码序列。本研究根据不同方法下银柴胡叶片、鲜根和干根 DNA 的提取结果，比较得出相对适合的银柴胡不同材料总 DNA 提取方法，为后续的 DNA 条形码分子鉴定及分子生物学研究奠定了基础。

参考文献

[1]陈飞.银柴胡与其伪品山银柴胡的鉴别[J].中医中药,2013,11(34):234-235.

[2]李军.银柴胡的鉴别及应用研究进展[J].安徽农学通报,2015,21(20):27-28.

[3]国家药典委员会.中华人民共和国药典:一部[S].北京:中国医药科技出版社,2015:317.

[4]鲍瑞,杨彩霞,高立原,等.银柴胡主要病虫害研究初报[J].中国农学通报,2006,22(5):381-383.

[5]Hebert P, Cywinska A, Ball S L, et al. Biological identification through DNA barcodes[J].Proceedings of the Royal Society B-Biological Sciences,2003,270(1512):313-321.

[6]陈士林,庞晓慧,姚辉,等.中药DNA条形码鉴定体系及研究方向[J].世界科学技术中医药现代化,2011,13(5):747-754.

[7]纪宝玉,裴莉昕,陈随清,等.山茱萸药材鲜品与干品总DNA提取方法比较[J].中国实验方剂学杂志,2015,21(10):70-72.

[8]周天华,陈征,李康,等.开口箭DNA提取方法比较[J].中国实验方剂学杂志,2015,21(19):10-13.

[9]陈士林.中药DNA条形码分子鉴定[M].北京:人民卫生出版社,2012:14.

[10]朱田田,晋玲,杜弢,等.中麻黄基因组DNA不同提取方法的比较[J].中国实验方剂学杂志,2012,18(11):125-128.

[11]高慧新,包道健,田慧.广山药总DNA提取方法的比较[J].中国民族民间医药,2017,26(16):27-29.

[12]陆敏佳,莫秀芳,王勤,等.藜麦基因组DNA提取方法的比较[J].江苏农业科学,2014,42(4):42-45.

[13]曹文波,郑璐璐,谢文海.一种提取植物基因组DNA的方法——改良尿素法[J].华中师范大学学报:自然科学版,2008,42(3):448-451.

[14]侯艳霞,汤浩茹,张勇,等.DNA提取方法对一串红不同部位DNA提取的比较[J].基因组学与应用生物学,2009,28(1):94-100.

柑橘中苦味物质对 HeLa 细胞增殖与凋亡的作用机制 *

毕静莹　李　华　王　华

摘要:本研究以高台蜜柚种子和白色海绵层为原料，提取柠檬苦素、诺米林和柚皮苷3种苦味物质，分别探究它们对宫颈癌 HeLa 细胞增殖和凋亡的作用机制。具体方法为选择超声波辅助有机溶剂萃取和重结晶法，采用 Acquity UPLC BEH C$_{18}$ 色谱柱（2.1 mm × 50 mm, 1.7 μm），对3种苦味物质进行提取、分离纯化和检测;在 50 μmol/L 工作浓度下，用3种苦味物质对 HeLa 细胞进行处理，利用细胞增殖检测、细胞划痕和逆转录—聚合酶链式反应实验进行抑癌作用的验证。结果显示，柠檬苦素类似物和柚皮苷的提取率分别为 5.21 mg/g 和 7.72 mg/g;柠檬苦素、诺米林和柚皮苷的纯度分别为 94.08%、93.91% 和 93.39%;抑癌活性实验证实3种苦味物质能抑制 HeLa 细胞增殖和迁移。

关键词:柑橘;柠檬苦素;诺米林;柚皮苷;HeLa 细胞;增殖与凋亡

作者简介:毕静莹(1974—)，女，讲师，博士，研究方向为葡萄与葡萄酒学。
　　李华(1959—)，男，教授，博士，研究方向为葡萄与葡萄酒学。
　　王华(1959—)，女，教授，博士，研究方向为葡萄与葡萄酒学。
* 本文为陕西省科技计划一般项目(2017NY-107)及西北农林科技大学干部经费支持专项(Z11121850)成果，发表于《食品科学》2019年第19期。

　　柑橘属(*Citrus* L.)为无患子目芸香科植物，是橘、柑、橙、金柑、枳、柚等的总称。柑橘及其制品中的苦味早已为人们所熟知，其苦味主要由两类具有抑癌活性的物质提供:一类是以柠檬苦素和诺米林为代表的高度氧化的四环三萜类次生代谢产物柠檬苦素类似物;另一类是以柚皮苷为代表的黄酮类物质[1-4]。柠檬苦素类似物主要通过清除自由基[5]、激发谷胱甘肽转移酶活性[6]、抑制致癌化学物质活性[7-9]、抑制肿瘤细胞增殖[10]等途径防治肿瘤，能明显抑制神经瘤[5]、肝癌[11-13]、皮肤癌、乳腺癌、结肠癌[14]、肺癌及胃癌等的发生，尤其能够诱导白血病细胞株(HL60)中凋亡蛋白酶依赖的细胞死亡[15];柚皮苷通过在癌细胞 DNA 链形成时阻止癌细胞 DNA 链合成、在癌细胞 DNA 链延长时剪切或缩短 DNA 链，抑制肿瘤细胞的增殖，对人淋巴细胞白血病、肝癌[16]、乳腺癌[17]、胰腺癌、胃癌、结肠癌[18]等多种癌细胞增殖具有显著的抑制作用。宫颈癌是发展中国家发生率仅次于乳腺癌的恶性肿瘤疾病，占总癌症发生率的11%，每年宫颈癌新病例超50万人，而85%发生在发展中国家[19]。正常生理活动下细胞增殖与凋亡处于动态平衡中，而恶性肿瘤是机体细胞过度增殖引起的疾病，其严重程度取决于癌细胞发生部位、恶化程度及是否转移，因此研究癌细胞增殖、凋亡和迁移是治疗癌症的关键。

　　鉴于柚类种子和白色海绵层中柠檬苦素类似物[20]和柚皮苷[21]含量较高，故本研究选择高台蜜柚这两部分进行柠檬苦素、诺米林和柚皮苷3种苦味物质的提取、纯化和超高效液相色谱(ultra performance liquid chromatography，UPLC）检测。通过预实验并结合文献[22-23]报道，发现 3 种苦味物质在 50 μmol/L 时对癌细胞均有显著的抑制作用，因此本研究均选用 50 μmol/L 浓度的这 3 种苦味物质对宫颈癌 HeLa 细胞进行处理，利用细胞增殖检测（cell counting kit-8，CCK-8）、细胞划痕和逆转录—聚合酶链式反应（reverse transcription-polymerase chain reaction，RT-PCR）实验研究 3 种苦味物质对 HeLa 细胞增殖、迁移和凋亡的影响，以验证其作用效应。

1　材料与方法

1.1　材料与试剂

新鲜完熟的高台蜜柚，2017 年 12 月中下旬采于四川渠县，取其种子和白色海绵层（切成 1 cm 左右的薄片），于 50℃烘干，恒质量后用粉碎机处理，分别过 60、40 目筛备用。

HeLa 细胞株由西北农林科技大学动物科技学院实验室培养并保存。

磷酸盐缓冲液（phosphate buffered saline，PBS），索莱宝生物科技有限公司；胎牛血清（fetal bovine serum，FBS），浙江天杭生物科技股份有限公司；青链霉素溶液、杜氏培养液（Dulbecco's modified eagle medium，DMEM）、高糖（high-glucose，HG）培养基、胰蛋白酶溶液，美国 Hyclone 公司；柠檬苦素、诺米林、柚皮苷（均为色谱纯）、二甲基亚砜（dimethyl sulfoxide，DMSO），美国 Sigma 公司；SYBR Green qPCR Master Mix、PrimeScript™ II 1st Strand cDNA Synthesis Kit、PrimeScript™ RT reagent Kit with gDNA Eraser（Perfect Real Time）试剂盒，TaKaRa 生物技术（北京）有限公司；RNase-Free ddH₂O，生工生物工程（上海）股份有限公司；CCK-8 试剂盒，诺唯赞生物科技有限公司；TRIzol 试剂，天根生化科技有限公司；氯仿、异丙醇、无水乙醇（均为分析纯），四川西陇化工有限公司。

1.2　仪器与设备

RE-52AA 旋转蒸发器，上海亚荣生化仪器厂；Vortex-Genie 2 多功能漩涡混合器，美国 Scientific Industries 公司；Cary 60 UV-Vis 紫外分光光度计，安捷伦科技有限公司；5804R 高速冷冻离心机，德国 Eppendorf 公司；ICX41 倒置荧光显微镜，舜宇光学科技（集团）有限公司；MicroCL 21R 离心机，美国 Thermo Scientific 公司；IQ5 实时荧光定量 PCR 仪，美国伯乐公司；Light Cycler®480 实时荧光定量 PCR 仪,瑞士罗氏公司;UPLC I-Class 系统[配有二极管阵列检测器、Empower 色谱工作站、Acquity UPLC BEH C$_{18}$ 色谱柱(2.1 mm × 50 mm,1.7 μm)],美国 Waters 公司。

1.3 方法

1.3.1 苦味物质的提取、纯化

1.3.1.1 柠檬苦素和诺米林的提取和纯化

柠檬苦素和诺米林的提取参照孟鹏等[24]的方法,并进行改进。取柚子种子粉末 10 g,于索氏提取器中用石油醚(沸程 60~90℃)60℃水浴回流脱脂至无色,过滤。按照料液比 1:20 加入三氯甲烷,250 W 超声波辅助提取 45 min,提取液过滤后 10000 r/min、10℃离心 10 min,取上清液 40℃旋转蒸发至干,加色谱甲醇定容至 10 mL,0.22 μm 滤膜过滤后按照孟鹏[25]的方法进行柠檬苦素和诺米林的重结晶纯化。

1.3.1.2 柚皮苷的提取和纯化

柚皮苷的提取参照周石磊等[26]的方法,并进行改进。取白色海绵层粉末 10 g 置于锥形瓶中,以料液比 1:25(m/V)加入体积分数为 70%的乙醇溶液,250 W 超声波 60℃辅助提取 60 min,提取液过滤后 10000 r/min、10℃离心 10 min,取上清液经 0.22 μm 滤膜过滤后按照贾冬英[27]的方法进行柚皮苷的重结晶纯化。

1.3.1.3 提取率和纯度的计算

提取率和纯度分别按公式(1)、(2)计算。

$$提取率/(mg \cdot g^{-1}) = \frac{提取到的物质质量/mg}{原料总质量/g} \quad (1)$$

$$纯度/\% = \frac{样品中纯物质的质量/mg}{样品总质量/mg} \times 100 \quad (2)$$

1.3.2 苦味物质的 UPLC 分析

UPLC 分析参考 NY/T 2011—2011《柑橘类水果及制品中柠碱含量的测定》、NY/T 2014—2011《柑橘类水果及制品中橙皮苷、柚皮苷含量的测定》和孟鹏等[24]的方法进行,并加以改进。柠檬苦素和诺米林:流动相为乙腈—水(体积比为 45:55),等度洗脱,流速 0.3 mL/min,柱温 30℃,检测波长 215 nm,进样量 1 μl、柚皮苷:流动相为甲醇—水(体积比为 40:60),检测波长 283 nm,其他条件同柠檬苦素和诺米林。

1.3.3　HeLa 细胞培养及苦味物质对其增殖的影响

1.3.3.1　HeLa 细胞培养

细胞复苏:HeLa 细胞株液氮取出后,在 37℃恒温水浴锅中快速解冻,轻轻摇晃冻存管使其在 1 min 内融化,用体积分数为 75%的乙醇溶液擦拭冻存管后将其移至无菌操作台,将冻存管内细胞悬液转移至 2 mL 离心管,1500 r/min 室温下离心 2 min,弃培养基,用 1 mL 含 10% FBS 的培养基重悬细胞后转移至 100 mm 培养皿中,加入适量含 10% FBS、1%双抗的高糖培养基,上下摇晃使细胞均匀分布后放入 37℃、5% CO$_2$ 培养箱中培养。

细胞传代:在倒置荧光显微镜下观察细胞汇合度达到 90%时,细胞需要进行传代。弃原培养基,并用 PBS 洗涤细胞 2~3 次后加入体积分数为 0.25%的胰蛋白酶溶液,37℃消化至显微镜下细胞变圆后用枪头反复吹打培养皿底部至细胞悬浮,立即加入含血清培养基终止消化,并将细胞悬液转移至 2 mL 离心管中,1500 r/min 室温下离心 2 min,弃上清液,用完全培养基洗涤细胞 1 次后重悬细胞并将其接种至 3 个同尺寸培养皿中。

细胞冻存:细胞培养至对数期时弃培养基,加入体积分数为 0.25%的胰蛋白酶溶液消化并用离心管收集细胞,用冻存培养基[V(DMSO):V(FBS):V(DMEM/HG)=1:2:7]重悬细胞至细胞浓度为 $1×10^6$~$5×10^6$ 个/mL 后将其移入冻存管中,封口后标注细胞名称和日期,用冻存盒冻存。

1.3.3.2　用 CCK-8 试剂盒检测 3 种苦味物质对 HeLa 细胞增殖的影响

HeLa 细胞培养至对数期时弃培养基,PBS 洗涤细胞 2 次,用体积分数为 0.25%的胰蛋白酶溶液将 HeLa 细胞从培养皿上消化下来,用含 10% FBS、1%双抗的高糖培养基配成细胞密度为 $5×10^5$ 个/mL 的单细胞悬液,在 96 孔板中,每孔加入 100 μl 单细胞悬液,置于 37℃、5% CO$_2$ 培养箱中培养,待细胞贴壁后分别加入柚皮苷、柠檬苦素和诺米林,使得 3 种物质终浓度为 50 μmol/L,每个组设置 5 个复孔。处理 0 h 和 24 h 后,弃培养基,PBS 洗涤 2 次,每孔加入 5 μl CCK-8 和 95 μl 含 10% FBS 的 DMEM 培养基,置于 37℃、5% CO$_2$ 培养箱中孵育 1 h,用酶标仪在 450 nm 波长条件下测定 OD 值。对照组不添加苦味物质,空白组不添加单细胞悬液,细胞抑制率按公式(3)进行计算。

$$细胞抑制率/\% = (1 - \frac{药物组\ OD\ 值 - 空白组\ OD\ 值}{对照组\ OD\ 值 - 空白组\ OD\ 值}) × 100 \qquad (3)$$

1.3.3.3 RT-PCR 检测 3 种苦味物质对 HeLa 细胞凋亡的影响

根据 NCBI 数据库人基因序列,采用 Primer 5.0 软件和 NEB Tm Calculator软件设计 RT-PCR 扩增引物,交由生工生物工程(上海)股份有限公司合成(表1)。

表 1　RT-PCR 扩增引物信息

引物名称	引物序列	片段长度/bp	退火温度/℃
Bcl-2	F:GCGGAGTTCACAGCTCTATAC	136	60
	R:AAAAGGCCCCTACAGTTACCA		
Bax	F:GATGCGTCCACCAAGAAGCT	170	60
	R:CGGCCCCAGTTGAAGTTG		
Caspase-9	F:GAGGTTCTCAGACCGGAAACAC	90	60
	R:CATTTCCCCTCAAACTCTCAAGA		
Caspase-8	F:CACCTTGTGTCTGAGCTGGT	84	60
	R:TCTTCTGAAGCTGTTGGCGG		
Caspase-3	F:GCGAATCAATGGACTCTGGAAT	151	60
	R:AGGTTTGCTGCATCGACATCTG		
TNFR1	F:TGCCTACCCCAGATTGAGAA	169	60
	R:ATTTCCCACAAACAATGGAGTAG		
Fas	F:TATCACCACTATTGCTGGAGTCA	117	60
	R:GCTGTGTCTTGGACATTGTCA		
Cytochrome c	F:AACAAAGGCATCATCTGGGGA	122	60
	R:AGGCAGTGGCCAATTATTACTCA		
β-actin	F:AGCCTCGCCTTTGCCGA	174	60
	R:CTGGTGCCTGGGGCG		

用 3 种苦味物质处理细胞 24 h 后,回收细胞,利用柱式动物组织总 RNA 抽提纯化试剂盒进行 RNA 的提取,利用 PrimeScript™ RT reagent Kit with gDNA Eraser(Perfect Real Time)试剂盒进行 cDNA 反转录。采用表 1 所设计的引物,使用经 3 种苦味物质处理后的 HeLa 细胞的 Fas、Caspase-9、Caspase-8 等基因的相对表达量进行 RT-PCR 检测。RT-PCR 反应体系:SYBR Green qPCR

MasterMix 7.5 μl、Primer-F 1 μl、Primer-R 1 μl、cDNA 2 μl、RNase Free ddH₂O 3.5 μl。RT-PCR 反应条件：95℃ 30 s；95℃ 3 s，60℃ 30 s，40 个循环。

1.3.3.4　细胞划痕检测 3 种苦味物质对 HeLa 细胞迁移的影响

取对数期生长的 HeLa 细胞，弃上清液，加 PBS 洗涤细胞 2 次后使用体积分数为 0.25% 的胰蛋白酶溶液消化细胞，用含 10% FBS 的 DMEM/HG 培养基配成细胞密度为 5×10⁵ 个/mL 的单细胞悬液，在 6 孔板中每孔加入 3 mL 单细胞悬液，置于 37℃、5% CO₂ 培养箱中培养，待汇合度达到 80% 时，用枪头在培养皿中划"#"，弃培养基，用 PBS 洗涤 3 次后分别加入 50 μmol/L 含柚皮苷、柠檬苦素和诺米林的无血清培养基。设置空白组（DMSO+无血清培养基），处理 0 h、24 h 和 48 h 后于显微镜下拍照，每组设 5 个重复。

细胞迁移图片数据处理采用 Image J 软件，相对迁移率按照公式（4）进行计算。

$$相对迁移率/\% = \frac{S_0 - S_t}{S_0} \times 100 \qquad (4)$$

式中，S_0、S_t 分别表示 0、t 时的划痕面积，m²。

1.4　数据处理与分析

基因相对表达量采用 $2^{-\triangle\triangle C_t}$ 法进行计算，差异显著性分析采用 SPSS 软件的独立样本 t 检验，$P<0.05$ 表示差异显著。

2　结果与分析

2.1　苦味物质的检测

表 2 为 3 种苦味物质的线性范围及回归方程。由标准曲线方程可知，柠檬苦素、诺米林和柚皮苷的决定系数范围在 0.9964~0.9997，说明在质量浓度范围内线性关系良好。本实验柠檬苦素类似物的提取率为 5.21 mg/g。柠檬苦素和诺米林的纯度分别为 94.08% 和 93.91%；柚皮苷的提取率为 7.72 mg/g，纯度为 93.39%。

表 2　柠檬苦素、诺米林和柚皮苷的线性范围及回归方程

名称	保留时间 /min	最大吸收波长 /nm	回归方程	线性范围 /(mg·L⁻¹)	R^2
柠檬苦素	1.200	215	$y=2583.6x+6223.4$	0.925~59.200	0.9964
诺米林	1.523	215	$y=1882.9x+1554.6$	0.870~55.600	0.9992
柚皮苷	1.250	283	$y=1545.7x+2560.8$	4.738~303.200	0.9997

2.2　3 种苦味物质抑癌活性研究

2.2.1　3 种苦味物质对 HeLa 细胞增殖的影响

50 μmol/L 的柚皮苷和诺米林处理 HeLa 细胞 24 h 后能明显抑制 HeLa 细胞增殖,细胞抑制率分别为(8.05±1.25)%和(4.16±1.35)%;同时,可观察到处理组培养液中均出现漂浮的死细胞。柠檬苦素对 HeLa 细胞抑制率较低,仅为(2.13±0.84)%。

2.2.2　3 种苦味物质对 HeLa 细胞凋亡的影响

由图 1 可知,HeLa 细胞经过柠檬苦素处理 24 h 后,与对照组相比,Bax 基因表达量极显著增加($P<0.01$),Bcl-2 基因表达量显著增加($P<0.05$);HeLa 细胞经过柚皮苷处理 24 h 后,Bax 基因表达量较对照组极显著增加($P<0.01$);HeLa 细胞经过柚皮苷、柠檬苦素和诺米林处理 24 h 后,TNFR1 基因表达量较对照组有明显的增长趋势,而 Caspase-8 基因表达量较对照组无明显变化。此外,HeLa 细胞经过这 3 种物质处理 24 h 后,Caspase-9、Caspase-3、Fas、Cytochrome c 基因表达量与对照组相比均无显著变化(此部分数据和图未呈现)。

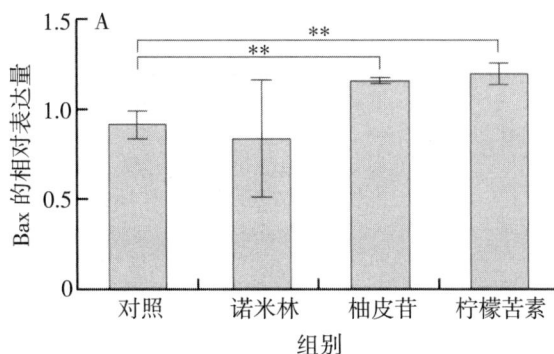

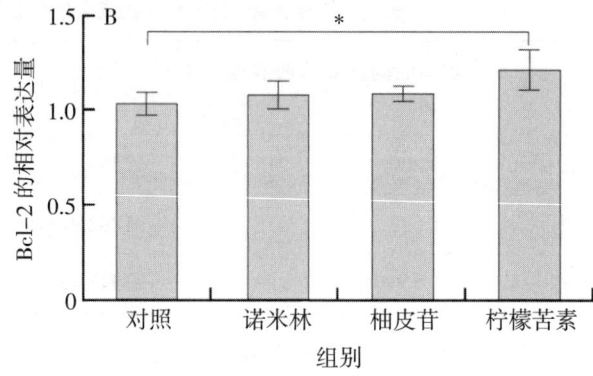

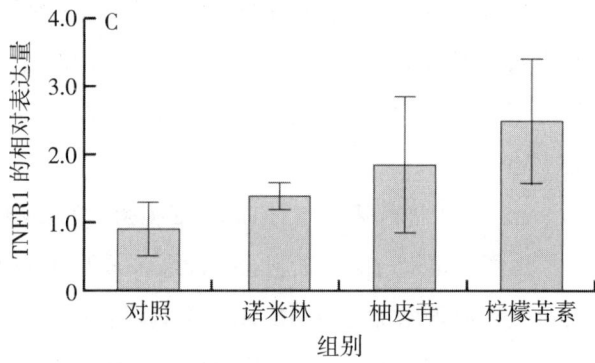

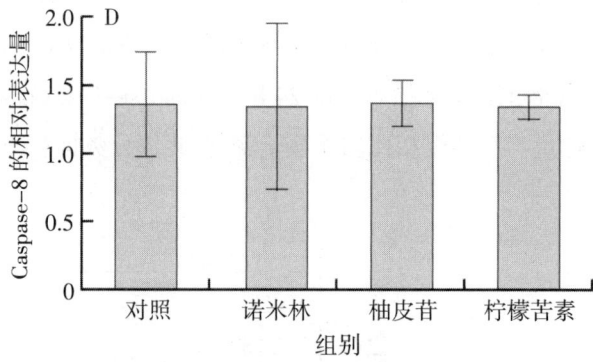

图 1　3 种苦味物质对 HeLa 细胞 Bax(A)、Bcl-2(B)、
TNFR1(C)、Caspase-8(D)基因相对表达量的影响

2.2.3　3种苦味物质对HeLa细胞迁移的影响

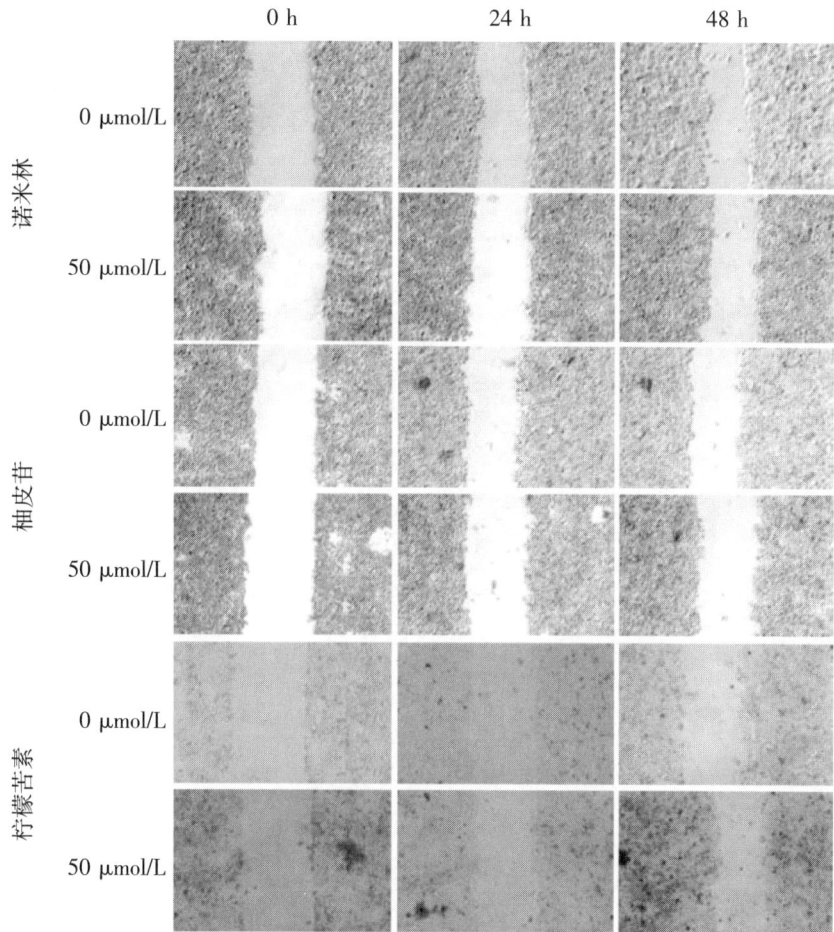

图2　3种苦味物质对HeLa细胞迁移的抑制

图2、图3为细胞划痕实验结果,显示了3种苦味物质对HeLa细胞迁移的抑制和对相对迁移率的影响。诺米林处理HeLa细胞24 h和48 h后,HeLa细胞相对迁移率极显著降低($P<0.01$),表明诺米林显著降低了HeLa细胞的迁移能力(图2中50 μmol/L诺米林处理24 h、48 h和图3C)。柠檬苦素处理HeLa细胞24 h后,对照组迁移距离较实验组远(图2中50 μmol/L柠檬苦素处理24 h),HeLa细胞相对迁移率极显著降低($P<0.01$),但48 h后HeLa细胞迁移能力较对照组没有显著差异(图3A),可能是培养基中有血清导致结果受到增殖的影响。柚皮苷处理HeLa细胞24 h和48 h后,HeLa细胞相对迁移率极显著降低

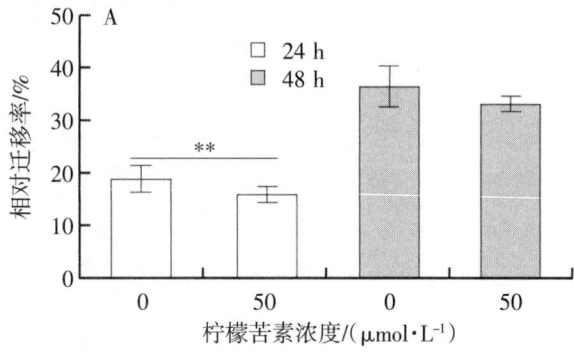

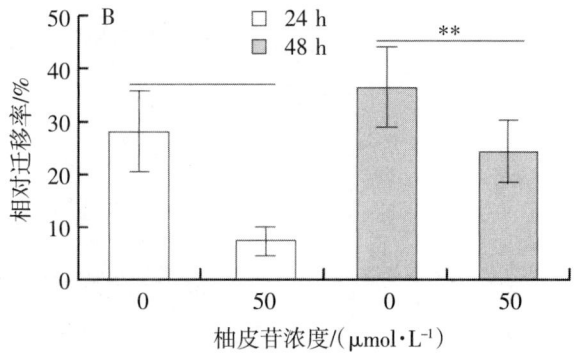

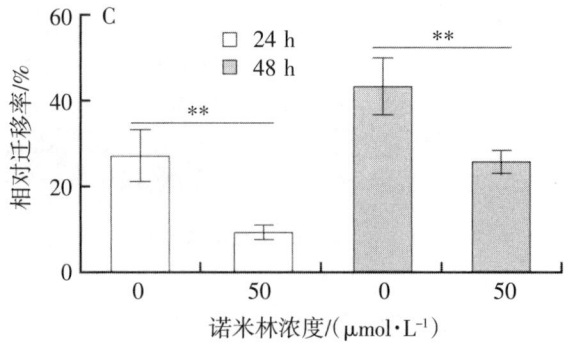

A.柠檬苦素；B.柚皮苷；C.诺米林

图3　3种苦味物质对HeLa细胞相对迁移率的影响

（$P<0.01$）（图2中50 μmol/L柚皮苷处理24 h、48 h和图3B），因此，柚皮苷显著降低了HeLa细胞的迁移能力。

3 讨论

本研究以高台蜜柚种子和白色海绵层为原料,分别进行柠檬苦素、诺米林和柚皮苷的提取、分离纯化和检测。柠檬苦素类似物和柚皮苷的提取率分别为 5.21 mg/g 和 7.72 mg/g,柠檬苦素、诺米林和柚皮苷的纯度分别为 94.08%、93.91% 和 93.39%。

柠檬苦素、诺米林和柚皮苷均选择 50 μmol/L 工作浓度,通过体外培养 HeLa 细胞,研究其对 HeLa 细胞增殖、凋亡和迁移能力的影响,以不同方式探讨 3 种苦味物质对 HeLa 细胞的作用机制。结果显示,柚皮苷和柠檬苦素均能显著促进 HeLa 细胞凋亡,柚皮苷和诺米林均能抑制 HeLa 细胞增殖,3 种苦味物质均能显著抑制 HeLa 细胞迁移。

近几年的研究发现,柑橘及其制品中的苦味物质对不同癌细胞的增殖均有显著抑制作用。宋淑慧等发现 40 μmol/L 柚皮苷能抑制人卵巢癌 SKOV3 细胞株增殖,猜测是通过下调 COX-2 mRNA 及其蛋白表达而达到抗肿瘤作用[22]。胡昕等除了发现 40 μmol/L 柚皮苷对人卵巢癌 SKOV3 细胞株增殖的显著抑制作用外,还发现其促使 p38 MARK 和 ERK1/2 蛋白表达下调[23]。邹连生发现柠檬苦素类似物显著抑制人肝癌和膀胱癌细胞株的增殖,诺米林的抑制率优于柠檬苦素,且呈时间—剂量依赖效应,同时对正常体细胞无毒害作用[28]。唐莉莉等发现 30 mg/mL 柠檬苦素能通过影响 MCF-7 细胞周期抑制乳腺癌细胞增殖[29]。张娟娟等发现 2.5 μg/mL 柠檬苦素能有效抑制人肝癌细胞株的增殖[12]。本研究通过 CCK-8 实验证明了 3 种苦味物质对宫颈癌细胞增殖的影响,其中柚皮苷和诺米林作用 24 h 后能明显抑制 HeLa 细胞增殖,而柠檬苦素抑制作用较弱,不同的柠檬苦素类似物对同一癌细胞的作用效果有较大差异。1989 年 Lam 等证明了诺米林在肝脏和小肠黏膜通过诱导谷胱甘肽转移酶活性从而抑制致癌物质诱导肿瘤发生的效果明显,而柠檬苦素的作用较弱[11]。但是 Miller 等发现柠檬苦素对口腔癌和皮肤癌的抑制效果显著优于诺米林,目前较为认可的解释是呋喃环在其中发挥作用,但是其具体作用机理还有待进一步研究[7]。

目前,还有部分学者从促凋亡方向对 3 种苦味物质的抑癌效果进行研究。张春艳发现柚皮苷能通过抑制增殖和促进细胞凋亡达到抗肿瘤效应,C4'-OCH₃ 基团在抑制 HepG-2 细胞增殖中发挥了重要作用[30]。Yeh 等发现柚皮苷能有效抑制致癌物质对遗传物质的破坏作用[31]。柚皮苷通过减少肿瘤坏死因子的释放,抑制细胞壁中的脂多糖释放,从而减少致癌物质对正常体细胞的破坏,维持细胞内遗传基因稳定[32]。为探究 3 种苦味物质抑制癌细胞的作用机制,本研究利用实时定量 PCR 实验,对 Bcl-2、Bax、Caspase-9、Caspase-8、Caspase-3、TNFR1、Fas、Cytochrome c 基因表达量进行了检测。柠檬苦素作用于 HeLa 细胞 24 h 后基因 Bcl-2、Bax 表达量极显著增加($P<0.01$),柚皮苷作用于 HeLa 细胞后基因 Bcl-2 表达量极显著增加($P<0.01$),证明柚皮苷有可能通过内源性途径抑制细胞凋亡。同时,死亡受体 TNFR1 基因表达量有明显上升趋势,可能是其外源性凋亡途径也发挥了作用;Caspase-8 表达量无明显变化,因此 TNFR1 不是通过激活 Caspase-8 而调控外源性凋亡途径的,而有可能通过激活 TNK/AP-1 途径发挥外源性促凋亡作用。在研究过程中发现经过 3 种苦味物质处理后,HeLa 细胞的迁移速率可能变慢,为了证明猜测,笔者进行了细胞划痕实验。细胞迁移实验结果证实 3 种苦味物质均能极显著抑制癌细胞转移。癌细胞扩散是癌症治疗过程中的一大难题,会导致病症加重,因此控制癌细胞扩散和减缓细胞迁移速率至关重要。本研究还发现苦味物质作用后癌细胞贴壁较弱,形态发生较大变化,活性降低,这也是细胞迁移能力显著减弱的具体体现。本研究发现,柑橘及其制品中 3 种苦味物质柠檬苦素、诺米林和柚皮苷对宫颈癌 HeLa 细胞具有明显的抑制增殖和促凋亡作用,能够作为一种潜在的抑制癌细胞的药物原材料进行开发和研究,实验结果可为今后的相关探索提供一定的数据支持。

参考文献

[1]刘吉凯.柑橘果实柠檬苦素的分析、提取及纯化研究[D].湖南农业大学硕士学位论文,2013:15-20.

[2]勾中智.不同柑橘中柚皮苷等六种成分在线RP-HPLC检测方法建立及抗氧化研究[D].湖南农业大学硕士学位论文,2014:17-21.

[3]Serit M, Ishida M, Kim M, et al. Antifeedants from *Citrus natsudaidai* Hayata against termite *Reticulitermes speratus* Kolbe [J].Agricultural and Biological Chemistry, 1991, 55 (9):2381-2385.

[4]Guthrie N, Hasegawa S, Manners G, et al. Inhibition of human breast cancer cells by citrus limonoids//Berhow Hasegawa S, Manners G. Citrus limonoids: functional chemicals in agricul-ture and foods[M].ACS Publications, 2000,758: 164-174.

[5]Poulose S M, Harris E D, Patil B S. Citrus limonoids induce apoptosis in human neuroblastoma cells and have radical scav-enging activity[J]. The Journal of Nutrition, 2005, 135(4):870-877.

[6]Kelly C, Jewell C, O'Brien N M. The effect of dietary sup-plementation with the citrus limonoids, limonin and nomilin on xenobiotic-metabolizing enzymes in the liver and small intes-tine of the rat[J]. Nutrition Research, 2003, 23(5):681-690.

[7]Miller E G, Fanous R, Revera-Hedalgo F, et al. The effects of citrus limonoids on hamster buccal pouch carcinogenesis[J]. Carcinogenesis, 1989, 10(8): 1535-1537.

[8]Miller E G, Porter J L, Binnie W H, et al. Further studies on the anticancer activity of citrus limonoids[J]. Journal of Agri-cultural and Food Chemistry, 2004, 52(15):4908-4912.

[9]Mandadi K K, Jayaprakasha G K, Bhat N G, et al. Red Mexi-can grapefruit: a novel source for bioactive limonoids and their antioxidant activity [J]. Zeitschrift für Naturforschung C, 2007, 62(3/4):179-188.

[10]Patil J R, Chidambara Murthy K N, Jayaprakasha G K, et al. Bioactive compounds from Mexican lime (*Citrus aurantifolia*) juice induce apoptosis in human pancreatic cells[J]. Journal of Agricultural and Food Chemistry, 2009, 57(22): 10933-10942.

[11]Lam L K T, Li Y, Hasegawa S. Effects of citrus limonoids on glutathione S-transferase activity in mice[J]. Journal of A-gricultural and Food Chemistry, 1989, 37(4):878-880.

[12]张娟娟,罗刚,何蕊玲,等.柠檬苦素对人肝癌细胞SMMC-7721的体外抑制作用[J].四川生理科学杂志,2007,29(4):157-160.

[13]Patil J R, Jayaprakasha G K, Murthy K N C, et al. Charac-terization of *Citrus aurantifolia* bioactive compounds and their inhibition of human pancreatic cancer cells through apoptosis [J].Microchemical Journal, 2010, 94(2):108-117.

[14]Murthy K N C, Jayaprakasha G K, Patil B S. Citrus limonoids and curcumin additively inhibit human colon cancer cells[J]. Food and Function, 2013, 4(5):803-810.

[15]Akihisa T, Pan X, Nakamura Y, et al. Limonoids from the fruits of *Melia azedarach* and their cytotoxic activities[J]. Phy-tochemistry,2013,89:59-70.

[16]Yen H R, Liu C J, Yeh C C. Naringenin suppresses TPA-in-duced tumorinvasion by supperssing multiple signal transduc-tion pathways in human hepatocellular carcinoma cells [J]. Chemico-Biological Interactions, 2015, 25(7):1-9.

[17]Li H Z, Yang B, Huang J, et al. Naringin inhibits growth potential of human triple-negative breast cancer cells by tar-geting β-catenin signaling pathway[J]. Toxicology letters, 2013, 220(3):219-228.

[18]Li H T, Zhu F, Chen H Y, et al. 6-C-(E-Phenylethenyl) -naringenin suppresses colorectal cancer growth by inhibiting cyclooxygenase-1[J].Cancer Research, 2014, 74(1):243-252.

[19]Jemal A, Bray F, Center M M, et al. Global cancer statistics [J].A Cancer Journal for Clinicians, 2011, 61(2):69-90.

[20]Sun C D, Chen K S, Chen Y, et al. Contents and antioxidant capacity of limonin and nomilin in different tissues of citrus fruit of four cultivars during fruit growth and maturation [J]. Food Chemistry, 2005, 93(4):599-605.

[21]阳梅芳.柚子黄酮类物质提取、分离及生物特性研究[D].华南理工大学硕士学位论文,2013:70-71.

[22]宋淑慧,胡昕,熊玉卿,等.柚皮苷对人卵巢癌SKOV3细胞环氧化酶2mRNA及蛋白表达水平的影响[J].中国临床药理学与治疗学,2013,18(3):271-276.

[23]胡昕,宋淑慧,熊玉卿,等.柚皮苷对人卵巢癌SKOV3细胞P38 MAPK及ERK1/2蛋白表达的影响[J].中国临床药理学与治疗学,2013,18(5):519-523.

[24]孟鹏,郑宝东.超高效液相色谱法快速并同时检测金柑中柠檬苦素和诺米林[J].中国食品学报,2013,13(2):177-181.

[25]孟鹏.金柑柠檬苦素类化合物的提取纯化、结构鉴定及生物活性研究[D].福建农林大学硕士学位论文,2013:67.

[26]周石磊,王鸿飞,杜洁雄.柚皮中柚皮苷乙醇提取工艺研究[J].农业工程学报,2006,22(7):184-187.

[27]贾冬英.柚皮苷提取纯化及其络合改性研究[D].四川大学硕士学位论文,2002:26-27.

[28]邹连生.柑桔类柠檬苦素的提取、纯化和体外抗肿瘤的研究[D].西南农业大学硕士学位论文,2001:36.

[29]唐莉莉,曾祥斌,田庆国,等.柠檬苦素类化合物对人类乳腺癌细胞(MCF-7)的生长抑制及细胞周期动力学的影响[J].无锡轻工大学学报,2001,20(2):205-207.

[30]张春艳.黄酮类化合物抗LDL氧化、下调LOX-1表达、抑制肝癌细胞增殖及构效关系研究[D].大连医科大学硕士学位论文,2012:33.

[31]Yeh S L, Wang W Y, Huang C S, et al. Flavonoids sup-presses the enhancing effect of β-carotene on DNA damage in-duced by 4-(methylnitrosamino)-1-(3-pyridyl)-1-butanone (NNK) in A549 cells[J]. Chemico-Biological Interactions, 2006, 160(2): 175-182.

[32]Kawaguchi K, Kikuchi S, Hasegawa H, et al. Suppression of lipopolysaccharide-induced tumor necrosis factor-release and liver injury in mice by naringin[J]. European Journal of Pharmacology, 1999, 368(2/3):245-250.

秦艽配方颗粒制备过程中标准汤剂与其
不同方法干燥品质量相关性分析 *

郭　超　焦淑珍　徐　超　郝彩琴　冷晓红

摘要:本研究根据秦艽对照指纹图谱及标准汤剂指纹图谱对秦艽标准汤剂不同方法干燥品从化学成分一致性、共有化学成分含量一致性以及主要化学成分含量和转移率等方面进行质量相关性分析。结果表明,3 种不同干燥方法制得干燥品溶液与秦艽标准汤剂在化学成分种类及数量上一致性良好,但在共有化学成分含量及主要化学成分转移率方面,减压干燥所得干燥品与标准汤剂的质量低于喷雾干燥与冷冻干燥所得干燥品。故建议在秦艽配方颗粒制备的关键干燥工艺中采用喷雾干燥或冷冻干燥工艺。该研究为秦艽配方颗粒的制备工艺及质量控制提供了参考依据。

关键词:秦艽;配方颗粒;标准汤剂;减压

作者简介:郭超,硕士,讲师,研究方向为中药制剂开发及质量评价。

　冷晓红,正高职高级工程师,研究方向为中药制剂开发及质量评价。

* 本文为宁夏自然科学基金项目(NZ17235)、宁夏第一批青年科技人才托举工程项目成果,发表于《中国实验方剂学杂志》2019 年第 24 期。

秦艽为龙胆科植物秦艽 Gentiana macrophylla、麻花艽 G. straminea、粗茎秦艽 G. crassicaulis 或小秦艽 G. dahurica 的干燥根[1]。前三种按性状不同分别习称"秦艽"和"麻花艽",后一种习称"小秦艽"[2]。秦艽组植物在我国许多地区均有分布, 主要分布在青藏高原东部以及黄土高原[3]。秦艽具有祛风湿、清湿热、止痹痛、退虚热的功效,为我国常用中药之一[4]。秦艽配方颗粒是由单味饮片采用水提、浓缩、干燥、制粒等现代科学技术手段制成,在中医药理论指导下,替代中药饮片供临床调剂使用的粉状或颗粒状产品,具有调配简便、携带服用方便、质量可控等优点[5-7]。

配方颗粒在制备过程中主要以标准汤剂为标准参照物进行工艺研究及质量评价。在配方颗粒制备中,干燥工艺因高温、水解等原因会造成干燥品中化学成分种类、数量及含量的变化,进而影响临床疗效,因此如何开展配方颗粒制备中干燥品与标准汤剂的质量相关性分析评价便尤为重要[8-12]。

HPLC 指纹图谱是配方颗粒质量评价的主要技术手段之一,现阶段主要以指纹图谱相似度进行评价, 但相似度评价主要评价化学成分种类、数量方面的一致性,忽略了化学成分含量一致性的问题。因此本文采用 HPLC 建立秦艽标准汤剂对照指纹图谱与标准汤剂干燥品指纹图谱,在相似度评价的基础上,基于 HPLC 指纹图谱采用创新的共有成分含量一致性评价方法,同时结合主要成分含量及转移率进行全面的质量相关性分析,对减压干燥、喷雾干燥、冷冻干燥 3 种不同方法所得干燥品与标准汤剂的质量相关性进行科学、合理的评价,为秦艽配方颗粒制备及质量评价提供技术参考。

1 材料

LC-20AT 型高效液相色谱仪(SPD-20 型紫外检测器),GL Sciences Inert-Sustain C$_{18}$ 色谱柱(日本岛津公司);EL204 型万分之一电子天平[梅特勒·托利多仪器(上海)有限公司];JB-33/65 型电加热煎药壶(佛山市金樵电器有限公司);RE-5220 型旋转蒸发器(上海亚荣生化仪器厂);ZLPG-5 型喷雾干燥机(常州力马干燥设备有限公司);LYO-0.5 型冷冻干燥机(上海东富龙科技股份有限公司);MB45 型卤素快速水分测定仪[奥豪斯仪器(上海)有限公司]。龙胆苦苷、獐芽菜苦苷对照品(中国食品药品检定研究院,批号 110770-201716、110785-201404,纯度 97.6%、98%);马钱苷酸、獐芽菜苷对照品(成都普菲德生物技术有限公司,批号 17121501、16061606,纯度 98%、98.3%),6'-O-β-D-葡萄糖基龙胆苦苷(成都普思生物科技有限公司,批号 PS010167,纯度 98.5%);乙腈、甲醇(色谱纯,Fisher Chemical),磷酸(天津赛孚瑞科技有限公司)。9 个主产区的 15 批次秦艽饮片经宁夏中药材开发与利用工程技术研究中心郭鸿雁教授鉴定符合 2015 年版《中国药典》秦艽饮片的相关要求,可供研究使用,饮片产地及批号见表 1,饮片编号为 P1 ~ P15;将 15 批次饮片分别制备为标准汤剂,标准汤剂编号为 R-P1~R-P15;自制 3 批减压干燥品,编号为 JY-1~JY-3;自制 3 批喷雾干燥品,编号为 PW-1~PW-3;自制 3 批冷冻干燥品,编号为 LD-1~LD-3。

表 1 15 批次秦艽饮片产地及批号

编号	产地	饮片批号
P1	山西	20150901
P2	甘肃	20170401
P3	云南	20171202
P4	云南	20170327
P5	青海	20170421
P6	内蒙古	20170623
P7	陕西	20170509

续表

编号	产地	饮片批号
P8	江西	20170601
P9	四川	20170110
P10	内蒙古	20170701
P11	宁夏	20161620
P12	青海	20160725
P13	甘肃	20170416
P14	陕西	20170611
P15	宁夏	20161201

2 方法

2.1 HPLC 指纹图谱色谱条件

InertSustain C_{18} 色谱柱(4.6 mm × 250 mm,5 μm);柱温 40℃;流速 0.8 mL/min;检测波长 240 nm;流动相乙腈(A)—0.06%磷酸(B),梯度洗脱(0~18 min,5%~12%A;18~40 min,12%~60%A;40~56 min,60%~5%A;56~60 min,5%A);进样量 10 μl。

2.2 溶液的制备及测定

2.2.1 对照品溶液制备

取龙胆苦苷、马钱苷酸、獐芽菜苷、獐芽菜苦苷和 6'-O-β-D-葡萄糖基龙胆苦苷对照品适量,精密称定,加甲醇溶解并稀释至刻度,混匀,得 1 mL 含龙胆苦苷 3.365 mg、马钱苷酸 1.582 mg、獐芽菜苷 0.187 mg、獐芽菜苦苷 0.286 mg、6'-O-β-D-葡萄糖基龙胆苦苷 1.013 mg 的混合对照品溶液。

2.2.2 秦艽标准汤剂供试品溶液制备

依据《中药配方颗粒质量控制与标准制定技术要求(征求意见稿)》[5]中关于标准汤剂制备相关要求制备秦艽标准汤剂。取秦艽饮片 100 g,加 9 倍量水,浸泡 30 min,煎煮 30 min,趁热过滤,加 7 倍量水,煎煮 30 min,趁热过滤,合并两次煎液,45℃减压浓缩至适量后定容至 500 mL,即得秦艽标准汤剂。取秦艽标准汤剂 2 mL,置于 5 mL 量瓶中,加甲醇定容,摇匀,即得秦艽标准汤剂供试品溶液。

2.2.3 秦艽标准汤剂干燥品供试品溶液制备

从 15 批次秦艽饮片中取 3 批不同产地秦艽饮片,每批取 3 份,每份 1 kg,

按标准汤剂制备方法分别制备为标准汤剂,后分别采用减压干燥、喷雾干燥、冷冻干燥 3 种不同方法将标准汤剂制备为干燥品,干燥品含水量均<3%。取各批次不同方法制备所得干燥品适量(每批相当于 100 g 等量饮片)置于 500 mL 量瓶中,加水定容,摇匀,即得干燥品供试品溶液。

2.2.4 样品测定

分别精密吸取对照品溶液与供试品溶液各 10 μl,按 2.1 项下色谱条件测定。

3 结果

3.1 标准汤剂指纹图谱

将 15 批秦艽标准汤剂色谱图导入中药色谱指纹图谱相似度评价系统(2012 版),生成对照指纹图谱并计算不同批次指纹图谱与对照图谱相似度,相似度计算结果在 0.950~0.998,结果见表 2,平均值 0.986,RSD1.4%,表明 15 批次秦艽标准汤剂与对照图谱之间的相似度良好。

表 2 15 批次标准汤剂相似度匹配计算

编号	R-P1	R-P2	R-P3	R-P4	R-P5	R-P6	R-P7	R-P8	R-P9	R-P10	R-P11	R-P12	R-P13	R-P14	R-P15	R-P
R-P1	1	0.901	0.894	0.926	0.995	0.981	0.921	0.890	0.949	0.928	0.980	0.989	0.912	0.915	0.985	0.950
R-P2	0.901	1	0.998	0.997	0.912	0.957	0.997	0.996	0.986	0.994	0.960	0.937	0.998	0.998	0.949	0.990
R-P3	0.894	0.998	1	0.996	0.907	0.955	0.997	0.994	0.987	0.995	0.957	0.934	0.996	0.998	0.946	0.989
R-P4	0.926	0.997	0.996	1	0.937	0.974	0.999	0.991	0.995	0.999	0.977	2.959	0.997	0.999	0.968	0.997
R-P5	0.995	0.912	0.907	0.937	1	0.989	0.933	0.900	0.960	0.939	0.989	0.997	0.919	0.927	0.994	0.959
R-P6	0.981	0.957	0.955	0.974	0.989	1	0.972	0.946	0.986	0.975	0.999	0.997	0.961	0.968	0.998	0.987
R-P7	0.921	0.997	0.997	0.999	0.933	0.972	1	0.991	0.994	0.998	0.974	0.956	0.997	0.999	0.966	0.996
R-P8	0.890	0.996	0.994	0.991	0.900	0.946	0.991	1	0.980	0.988	0.950	0.926	0.993	0.993	0.938	0.984
R-P9	0.949	0.986	0.987	0.995	0.960	0.986	0.994	0.980	1	0.995	0.989	0.977	0.988	0.992	0.983	0.998
R-P10	0.928	0.994	0.995	0.999	0.939	0.975	0.998	0.988	0.995	1	0.977	0.960	0.997	0.998	0.969	0.997
R-P11	0.980	0.960	0.957	0.977	0.989	0.999	0.974	0.950	0.989	0.977	1	0.997	0.963	0.970	0.999	0.989
R-P12	0.989	0.937	0.934	0.959	0.997	0.997	0.956	0.926	0.977	0.960	0.997	1	0.943	0.951	0.999	0.976
R-P13	0.912	0.998	0.996	0.997	0.919	0.961	0.997	0.993	0.988	0.997	0.963	0.943	1	0.998	0.953	0.992
R-P14	0.915	0.998	0.998	0.999	0.927	0.968	0.999	0.993	0.992	0.998	0.970	0.951	0.998	1	0.961	0.995
R-P15	0.985	0.949	0.946	0.968	0.994	0.998	0.966	0.938	0.983	0.969	0.999	0.999	0.953	0.961	1	0.983
R-P	0.950	0.990	0.989	0.997	0.959	0.987	0.996	0.984	0.998	0.997	0.989	0.976	0.992	0.995	0.983	1

根据峰匹配数据,共确定 10 个共有峰,见图 1。其中通过对照品确定,4 号峰为马钱苷酸,5 号峰为 6'–O–β–D–葡萄糖基龙胆苦苷,6 号峰为獐牙菜苦苷,7 号峰为龙胆苦苷,8 号峰为獐牙菜苷。保留时间 51.452 min 峰为空白溶剂峰,故不计入指纹图谱共有峰。

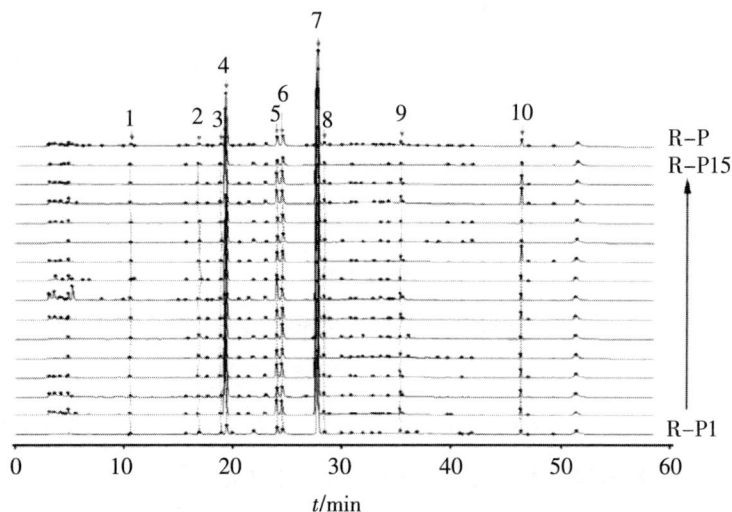

图 1　15 批次秦艽标准汤剂 HPLC 指纹图谱及其对照指纹图谱

3.2　不同方法干燥品 HPLC 指纹图谱质量相关性

3.2.1　化学成分一致性

3 批次秦艽标准汤剂采用减压干燥、喷雾干燥、冷冻干燥 3 种不同干燥方法制得干燥品溶液与秦艽标准汤剂对照指纹图谱相似度为 0.969~0.991,均大于 0.95,相似度计算结果见表 3,说明不同干燥方法所得的 9 批干燥品在化学成分种类及数量上与对照指纹图谱一致,符合质量控制要求。见图 2。

3.2.2　共有化学成分含量一致性

因指纹图谱相似度主要评价化学成分种类及数量的一致性,对化学成分含量一致性不能很好地反映,因此本文参考孙国祥等[13-15]制定的投影含量相似度 C、欧氏距离百分比 d 以及共有峰面积比变化率 Z 3 个指标来评价各干燥方法所得干燥品与各自标准汤剂相比共有化学成分含量的一致性。C 考虑了样品中各组分的含量性质,并且考虑了各组分的分布比例,具有精确性,是利用指纹图谱进行宏观定量评价时非常好的指标,C 越接近 100% 越好。

表 3　不同批次不同干燥方法干燥品溶液与对照指纹图谱相似度计算

编号	R-P	JY-1	JY-2	JY-3	PW-1	PW-2	PW-3	LD-1	LD-2	LD-3
R-P	1	0.969	0. 989	0.978	0.980	0.981	0.991	0.980	0.980	0.991
JY-1	0.969	1	0.986	0.996	0.987	0.991	0.980	0.989	0.990	0.980
JY-2	0. 989	0. 986	1	0.991	0.989	0.992	0.998	0.990	0.990	0.998
JY-3	0.978	0.996	0. 991	1	0.994	0.998	0.988	0.995	0.997	0.989
PW-1	0.980	0.987	0.989	0.994	1	0.998	0.992	0.999	0.998	0.993
PW-2	0.981	0.991	0.992	0.998	0.998	1	0.992	0.998	1	0.992
PW-3	0.991	0.980	0.998	0.988	0.992	0.992	1	0.992	0.991	1
LD-1	0.980	0.989	0.990	0.995	0.999	0.998	0.992	1	0.998	0.992
LD-2	0.980	0.990	0.990	0.997	0.998	1	0.991	0.998	1	0.991
LD-3	0.991	0.980	0.998	0.989	0.993	0.992	1	0.992	0.991	1

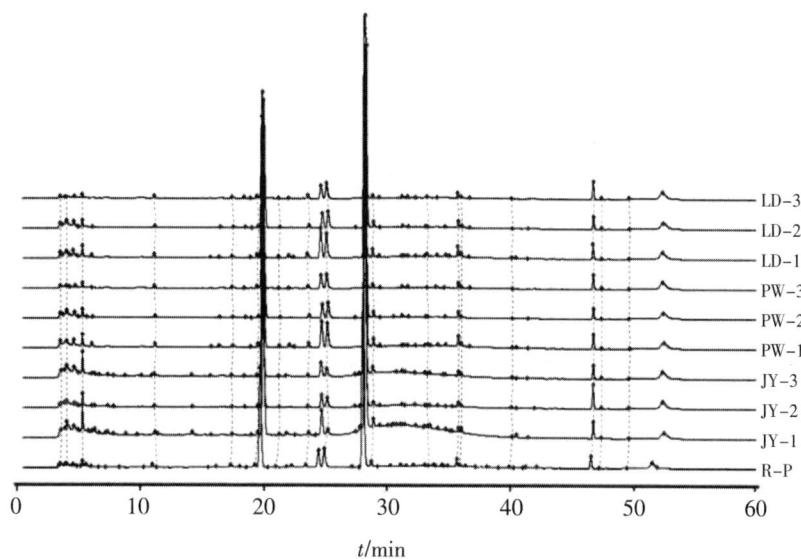

图 2　3 批次不同方法秦艽标准汤剂干燥品 HPLC 指纹图谱及标准汤剂对照指纹图谱

欧氏距离百分比 d 反映样品中各组分与对照指纹图谱中各组分的含量差别, d 值越小越好。共有峰面积比变化率 Z 表示样品与对照指纹图谱相比, 其共有峰占总峰面积比例的变化度, 变化度越大说明样品在制备过程中受外界因素影响越大, 成分含量变化越大。

在指纹图谱试验中, 首先依据各色谱图共有峰面积, 获得药材供试液指纹向量 $x=(x_1,x_2,\cdots,x_n)$ 和对照指纹向量 $y=(y_1,y_2,\cdots,y_n)$, 后计算 C,d,Z。

$$C = \frac{x_L}{y} \times 100\% = \frac{\sum_{i=1}^{n} x_i y_i}{\sum_{i=1}^{n} y_i^2} \times 100\%$$

$$d = \left| \frac{z}{y} \right| = \frac{\sqrt{\sum_{i=1}^{n} (x_i - y_0)^2}}{\sum_{i=1}^{n} y_i^2} \times 100\%$$

$$Z = \sum_{i=1}^{n} \left| \frac{x_i - x_0}{x_0} \right| \times 100\%$$

式中，x_i 为干燥品共有峰面积百分比，x_0 为标准汤剂共有峰面积百分比。

表4 3种干燥方法所得干燥品与标准汤剂指纹图谱含量相似度计算

编号	C	d	Z
JY-1	91.99	2.43	16.87
PW-1	93.66	0.43	2.25
LD-1	86.73	0.26	3.50
JY-2	86.65	3.38	7.04
PW-2	89.53	1.15	2.46
LD-2	92.40	0.60	2.83
JY-3	86.73	2.83	7.98
PW-3	89.98	2.12	2.05
LD-3	89.39	2.06	1.51

根据表4中计算结果可知，3批次标准汤剂采用减压干燥所得干燥品的投影含量相似度 C 均低于喷雾干燥与冷冻干燥所得干燥品，欧氏距离百分比 d 均高于喷雾干燥与冷冻干燥所得干燥品，且共有峰面积比变化率 Z 均明显高于喷雾干燥与冷冻干燥所得干燥品。由此可知，在共有化学成分含量一致性方面，采用减压干燥所得3批干燥品均显著低于喷雾干燥与冷冻干燥所得干燥品。

3.3 主要化学成分含量及转移率

以指纹图谱中已知化学结构的马钱苷酸、6'-O-β-D-葡萄糖基龙胆苦苷、獐芽菜苦苷、龙胆苦苷、獐芽菜苷5种成分作为主要化学成分，测定其在标准汤剂及不同方法干燥品溶液中的含量并计算转移率，进行不同标准汤剂—不同干燥品质量相关性分析。结果显示，喷雾干燥、冷冻干燥所得干燥品中马钱苷酸等 5 种主要化学成分平均转移率均高于 80%,与标准汤剂的质量一致性良好。而减压干燥所得干燥品中虽然除獐芽菜苦苷外其他 4 种主要化学成分平均转移率均大于 80%,但獐芽菜苦苷平均转移率仅 39.84%,显著低于喷雾干燥与冷冻干燥所得干燥品,与标准汤剂的质量一致性较差。见表 5、表 6。

表 5　3 批次标准汤剂及不同方法干燥品溶液主要成分质量分数

样品	编号	马钱苷酸	6'-O-β-D-葡萄糖基龙胆苦苷	獐芽菜苦苷	龙胆苦苷	獐芽菜苷
标准汤剂	R-P1	2.184	1.169	0.395	4.994	0.104
	R-P2	1.918	0.662	0.264	4.244	0.081
	R-P3	1.744	0.692	0.281	4.728	0.049
减压干燥品溶液	JY-1	1.934	0.986	0.094	4.480	0.089
	JY-2	1.527	0.509	0.140	3.960	0.064
	JY-3	1.528	0.547	0.120	3.837	0.038
喷雾干燥品溶液	PW-1	1.992	1.036	0.342	4.521	0.084
	PW-2	1.657	0.545	0.222	3.794	0.065
	PW-3	1.385	0.515	0.215	4.042	0.040
冷冻干燥品溶液	LD-1	2.012	1.118	0.338	4.630	0.085
	LD-2	1.738	0.592	0.234	3.888	0.068
	LD-3	1.485	0.585	0.236	4.042	0.041

表 6　3 批次不同方法干燥品溶液主要成分含量转移率

样品	编号	马钱苷酸	6'-O-β-D-葡萄糖基龙胆苦苷	獐芽菜苦苷	龙胆苦苷	獐芽菜苷
减压干燥品溶液	JY-1	88.55	84.35	23.80	89.71	85.58
	JY-2	79.61	76.89	53.03	93.31	79.01
	JY-3	87.61	79.05	42.70	81.15	77.55
喷雾干燥品溶液	PW-1	91.21	88.62	86.58	90.53	80.77
	PW-2	86.39	82.33	84.09	89.40	80.25
	PW-3	79.42	74.42	76.51	85.49	81.63
冷冻干燥品溶液	LD-1	92.12	95.64	85.62	92.71	81.73
	LD-2	90.62	89.43	88.66	91.61	83.95
	LD-3	85.15	84.54	76.65	85.49	83.67

注:转移率=干燥品溶液中主要成分含量/标准汤剂中主要成分含量×100%。

4 讨论

本实验基于 HPLC 指纹图谱,利用相似度评价软件及创新的共有化学成分含量相似度计算评价方法,同时结合主要成分含量及转移率,对秦艽标准汤剂及与采用减压干燥、喷雾干燥、冷冻干燥所得到的干燥品的质量相关性进行了较为全面的分析,证明采用传统减压干燥所得到的干燥品虽然化学成分与标准汤剂相比无明显差别, 但在共有化学成分及主要化学成分含量一致性方面较喷雾干燥以及冷冻干燥两种方法明显较差。

本实验以秦艽饮片为研究对象,所用 15 批次样品均为市场流通量大的秦艽饮片,且产地覆盖了 9 个主产区[3, 16-18],说明实验结果具有一定代表性。在不同方法干燥品质量相关性分析部分,3 种不同干燥方法均分别制备了 3 批干燥品进行质量相关性分析,保证了结果可靠性。

同时根据主要成分含量及转移率质量相关性分析结果, 发现采用减压干燥所得 3 批干燥品中主要化学成分獐牙菜苦苷平均转移率仅为 39.84%。减压干燥品獐牙菜苦苷转移率降低的原因考虑为其在水中长时间受热,转化为其他水溶性和脂溶性成分。因此建议在秦艽配方颗粒制备的关键干燥工艺中采用喷雾干燥或冷冻干燥工艺。

秦艽配方颗粒制备最后工艺为将干燥品在尽可能少用辅料的情况下, 采用适宜的方法制备颗粒。所制备的配方颗粒也需与标准汤剂进行质量相关性分析,在确定最优工艺的同时保证配方颗粒质量,具体分析评价方法可继续采用本实验中所使用的基于 HPLC 指纹图谱的质量相关性分析评价方法。

参考文献

[1]国家药典委员会.中华人民共和国药典:一部[M].北京:中国医药科技出版社,2015.

[2]熊波,郭树鹏,胡林.秦艽的鉴定方法概述[J].中国实验方剂学杂志,2015,21(17):230-234.

[3]郭伟娜,熊文勇,魏朔南.秦艽及其近缘种植物资源在我国的分布[J].中国野生植物资源,2009,28(2):21-23,28.

[4]卢有媛,张小波,杨燕梅,等.秦艽药材的品质区划研究[J].中国中药杂志,2016,41(17):3132-3138.

[5]国家药品监督管理局.中药配方颗粒质量控制与标准制定技术要求(征求意见稿)[S].2019.

[6]张义娟,田谧.试谈中药配方颗粒的优势与不足[J].中国中医药现代远程教育,2013,11(9):105-106.

[7]张铁军,高文远.中药配方颗粒的研究与应用[M].北京:中国医药科技出版社,2010:9-10.

[8]张红梅,宋景政,谭红胜,等.从汤剂到颗粒剂:中药配方颗粒20年回顾与展望[J].世界科学技术:中医药现代化,2012,14(4):1740-1753.

[9]江世雄.我国中药配方颗粒产业存在问题及对策研究[D].河南中医药大学硕士学位论文,2016.

[10]何惠,李春梅,郁建平.草珊瑚配方颗粒制备及质量标准研究[J].山地农业生物学报,2015,34(4):88-91.

[11]张慧,陈燕,汪佳楠,等.指纹图谱技术在中药配方颗粒质量评价及过程控制中的应用[J].中国中药杂志,2018,43(19):3822-3827.

[12]谭鹏,张海珠,张定堃,等.基于化学表征和生物效价检测的大黄配方颗粒质量评价研究[J].中国中药杂志,2017,42(14):2683-2690.

[13]孙国祥,侯志飞,张春玲,等.色谱指纹图谱定性相似度和定量相似度的比较研究[J].药学学报,2007(1):75-80.

[14]孙国祥,智雪枝,张春玲,等.中药色谱指纹图谱超信息特征数字化评价系统[J].中南药学,2007(6):549-555.

[15]孙国祥,胡玥珊,张春玲,等.构建中药数字化指纹图谱研究[J].药物分析杂志,2009,29(1):160-169.

[16]杨晓瑞,张凯,李泽运,等.靶向轮廓分析核磁定量法测定4种秦艽中龙胆苦苷与马钱苷酸[J].中国实验方剂学杂志,2017,23(6):98-103.

[17]杜盛楠.獐牙菜苦苷热转化产物水溶性成分的化学研究[D].云南中医学院硕士学位论文,2014.

[18]徐蕾.不同产地秦艽成分差异的研究[D].西北农林科技大学硕士学位论文,2014.

秦艽环烯醚萜苷类成分分离纯化工艺及抑菌活性研究 *

郝彩琴 冷晓红 李 军 郭 超 陈海燕

摘要：本研究以龙胆苦苷的含量为指标,利用动态吸附分离方法,确定秦艽环烯醚萜苷的最佳分离纯化工艺。结果表明,XDA-1 大孔吸附树脂分离纯化秦艽环烯醚萜苷类化学成分的最佳工艺条件为:样品浓度 0.07 g/mL,pH 值 5,吸附流速 4 BV/h,上样液体积 32 BV, 洗脱剂浓度 50%乙醇溶液,pH 值 7,解吸附流速 3 BV/h,洗脱剂用量 8 BV。纯化后环烯醚萜苷含量可达 62.97%,表明所选的大孔吸附树脂纯化工艺稳定、可靠,值得在生产中推广应用。测定环烯醚萜苷类成分对 3 种细菌的抑菌圈和最小抑菌浓度,结果表明,该纯化后产物具有一定的抑菌活性。

关键词:大孔吸附树脂;秦艽;环烯醚萜苷;分离纯化;抑菌

作者简介:郝彩琴,副教授,硕士,宁夏职业技术学院中药制药专业教师, 国家执业药师(中药学)。
* 本文为宁夏回族自治区教育厅项目(NGY2015215)成果,发表于《天然产物研究与开发》2017 年第 12 期。

秦艽为龙胆科(*Gentianaceae*)龙胆属多年生草本植物秦艽*Gentiana macrophylla* Pall.、麻花艽 *Gentiana straminea* Maxim.、粗茎秦艽 *Gentiana crassicaulis* Duthie ex Burk. 或小秦艽 *Gentiana dahurica* Fisch. 的干燥根[1-2]。秦艽始载于《神农本草经》,作为中药应用已有 2000 多年的历史,具有祛风湿、止痹痛、清湿热的功效,临床上用于风湿痹痛、筋脉拘挛、骨蒸潮热、湿热黄疸、小便不利等病症[3]。秦艽药材中所含的主要化学成分类型为环烯醚萜苷类,其中主要成分是龙胆苦苷[4]。近年来的研究表明,该类成分具有保肝益肝、抗炎镇痛等活性[5]。关于秦艽抑菌活性的研究主要集中在粗提物的抑菌活性方面, 且研究报道表明秦艽粗提物对细菌、真菌都有一定的抑制活性[6-10]。

大孔吸附树脂现在已经广泛地应用于中药的研究中, 它具有物理化学稳定性高、比表面积大、吸附容量大、选择性好、吸附速度快、解吸条件温和、再生处理方便、使用周期长、宜于构成闭路循环、节省费用等诸多优点[11-13]。关于秦艽的抑菌活性及提取分离虽然已有报道,但对于宁夏栽培秦艽的分离纯化未见专门报道,而药材化学成分会受产地、气候等因素的影响,因此,本实验以宁夏栽培秦艽为原料,以龙胆苦苷含量为指标,采用高效液相色谱法进行含量测定,对选定的 XDA.1 大孔吸附树脂分离纯化秦艽环烯醚萜苷类成分的动态工艺进行研究,同时对纯化后的环烯醚萜苷类成分进行抑菌活性研究,以期为充分利用该药材资源提供参考依据。

1 材料与仪器

1.1 材料

秦艽(四年生)购自宁夏六盘山药材种植有限公司,经宁夏六盘山药材种植有限公司总农艺师张守宗老师鉴定为龙胆科植物秦艽(*Gentiana macrophylla Pall.*),自然晾干,取根粉碎并过《中国药典》二号筛备用。

大孔吸附树脂 XDA-1 购自郑州和成新材料科技有限公司。

1.2 试药与试剂

龙胆苦苷对照品(购自中国药品生物制品检定研究所,批号:110770-201515),含量以 99.1% 计。氨苄青霉素钠阳性实验对照品(Amresco 公司)。

供试菌株:金黄色葡萄球菌 ATCC25923(*Staphylococcus aureus*)、粪肠球菌 ATCC29212(*Enterococcus faecium*)、表皮葡萄球菌 ATCC12228(*Staphylococcus*)(均由宁夏医科大学临床医学院检验中心杨秀琴老师馈赠)。

试剂:食用酒精;甲酸(分析纯,西安化学试剂厂);甲醇(色谱纯,进口);乙腈(色谱纯,进口),所用水为蒸馏水和高纯水;牛肉膏、蛋白胨、琼脂(北京奥博星生物技术有限公司)。

1.3 仪器

日立 L-2000 高效液相色谱仪(日本);FW135 型中药材粉碎机(天津泰斯特仪器有限公司);AB20N 型万分之一电子天平(Mettler Toledo 设备有限公司分析天平);RE-52A 真空旋转蒸发仪(上海亚荣生化仪器厂),SIB-III 型循环式多用真空泵(郑州长城科工贸有限公司);增力电动搅拌器(天津市大港区红杉实验设备厂);DHP-9162 智能型电热恒温培养箱(上海琅轩实验设备有限公司);DHG-9123A 电热恒温培养箱(上海一恒科技有限公司);SHY-2A 水浴恒温振荡器(常州国宇制造有限公司);YJ-875 型超净工作台(苏州安泰空气技术有限公司);YXQ-LS-50S 立式压力蒸汽灭菌器(上海博讯实业有限公司)。

2 实验方法

2.1 色谱条件

色谱柱:C_{18} 柱(250 mm×4.6 mm,5.0 μm);流动相:乙腈:0.01%甲酸[10:90(0~

10 min）；6:94（10~25 min）；25:75（25~36 min）]；紫外线检测波长：247 nm；流动相流速：1 mL/min，进样量：20 mL；柱温：室温。

2.2 标准品及样品溶液的制备

2.2.1 标准品溶液的制备

精密称取龙胆苦苷对照品 19 mg，置于 10 mL 容量瓶中，加适量甲醇使之溶解，并定容至刻度，摇匀，得浓度为 1.9 mg/mL 的标准品母液，放冰箱，备用。

2.2.2 样品溶液的制备

取粉碎的秦艽药材适量，用药材 10 倍量的 65% 乙醇动态热回流提取 30 min，过滤并在 60℃下减压回收乙醇，然后用蒸馏水定容至所需浓度（开始使每毫升药液相当于生药 0.05 g，确定浓度后变为每毫升药液相当于生药 0.07 g），作为上样原药液备用。

2.3 标准曲线的制备

精密移取 1.9 mg/mL 的龙胆苦苷标准品母液 0.2 mL、0.5 mL、0.7 mL、1.0 mL、1.2 mL 分别置于 5 个容量瓶中，用甲醇定容配制成浓度为 0.076 mg/mL、0.190 mg/mL、0.266 mg/mL、0.380 mg/mL、0.456 mg/mL 的溶液，然后分别在 2.1 项色谱条件下依次进样，以样品浓度（X）为横坐标、峰面积（Y）为纵坐标，得回归方程：$Y=14766X+23911$，$r=0.9994$，结果表明龙胆苦苷在 0.076~0.456 mg/mL 范围内呈良好的线性关系。

2.4 精密度实验

精密吸取对照品溶液 20 L，连续进样 6 次，以色谱峰面积计算，RSD 为 1.63%，表明仪器的精密度良好。

2.5 稳定性实验

精密吸取样品溶液 20 L，在 0 h、2 h、4 h、6 h、8 h、10 h 内分别进样，以色谱峰面积计算，RSD 为 1.003%，表明样品在 10 h 内稳定性良好。

2.6 加样回收率实验

分别称取已知龙胆苦苷含量的供试样品共 6 份，照样品溶液制备，分别加入龙胆苦苷对照品溶液 1 mL，测定平均回收率为 100.25%，RSD 为 1.5%（$n=6$）。

2.7 重复性实验

取已粉碎的秦艽原药材粗粉，按 2.2.2 项下方法制备供试品溶液，按相同方法稀释配制样品溶液共 6 份，并在上述色谱条件下分别进行测定，根据峰面积计算 RSD,RSD 为 1.7%,表明方法重复性良好。

2.8 样品测定

样品溶液稀释至一定浓度,过直径为 0.45 m 的微孔滤膜,精密吸取 20 L,按 2.1 项色谱条件测定,以外标法计算样品中环烯醚萜苷的含量。

2.9 大孔吸附树脂的预处理

称取 XDA-1 树脂适量,放入具塞的 500 mL 三角瓶中,加入 95% 的乙醇在室温条件下浸泡 24 h,然后装入色谱柱,用 95% 以上的乙醇以 2 BV/h 的流速过柱,使流出液与水按 1:5 混合而不浑浊,然后用蒸馏水洗至洗出液无乙醇味,备用。

2.10 XDA-1 大孔吸附树脂分离纯化工艺过程

XDA-1 大孔吸附树脂经预处理后,精密量取 10 mL,采用湿法装于玻璃柱(15 mm × 150 mm),1 BV=10 mL,供下列动态工艺用。

2.10.1 样品浓度对吸附和解吸附的影响

用湿法装柱 5 根,将 2.2.2 制备的样品溶液稀释配制成浓度分别为 0.01 g/mL、0.03 g/mL、0.05 g/mL、0.07 g/mL、0.09 g/mL 的溶液,在相同条件下分别以 4 BV/h 的流速上样于 5 根柱中,使树脂达到饱和[饱和判断:TLC 检测(用 HSGF254 薄板,展开剂:乙酸乙酯、甲醇、水的比例为 20:2:1;显色方法:紫外线 254 nm),当上样流出液中龙胆苦苷的含量与上样原液相当,说明树脂柱已达到吸附饱和。下同],然后用蒸馏水以 2 BV/h 的流速洗涤至 α-萘酚浓硫酸反应无紫色环,说明水溶性杂质已被洗完,每柱用水 3 BV,再用 30% 的乙醇以 3 BV/h 的流速进行解吸附,至最后的流出液中用 TLC 检测无龙胆苦苷,分别收集上样流出液、水洗液和解吸液,合并上样流出液和水洗液,分别精密吸取合并液和解吸液少量,用甲醇稀释并定容至一定体积,按照 2.8 项方法,进行总苷含量测定,剩余合并液和解吸液分别在 60℃ 以下减压浓缩成干浸膏,称重,计算吸附容量、解吸率及总苷含量,结果见图 2。

计算公式:

吸附容量=[吸附前样品总量-(上样流出量+水洗量)]/10　　　　(1)

解吸率=解吸附量/被吸附总量×100%　　　　　　　　　　　　(2)

总苷含量=解析总苷量/解吸液干浸膏量×100%　　　　　　　　(3)

2.10.2 上样流速对吸附量的影响

将按 2.10.1 项筛选出的最佳样品浓度作为上样浓度,分别以 2 BV/h、4 BV/h、6 BV/h、8 BV/h、10 BV/h 的流速在相同的大孔吸附树脂柱上进行吸附,使树脂达到饱和,然后用水以 2 BV/h 的流速洗涤至 α-萘酚浓硫酸反应无紫色环,共用水 3 BV,再用 30% 的乙醇以 3 BV/h 的流速进行解吸附,至最后的流出液中用 TLC 检测无龙胆苦苷,分别收集上样流出液、水洗液和解吸液,合并上样流出液和水洗液,分别精密吸取合并液和解吸液少量,用甲醇稀释并定容至一定体积,按照 2.8 项方法,进行总苷含量测定,剩余合并液和解吸液分别在 60℃ 以下减压浓缩成干浸膏,称重,计算吸附容量,结果见图 3。

2.10.3 上样 pH 值对吸附量的影响

将按 2.10.1 项和 2.10.2 项筛选出的最佳样品浓度和上样流速作为上样浓度和流速,将上样液用稀酸或稀碱调 pH 值分别为 5、6、7、8、9,分别在相同的大孔吸附树脂柱上进行吸附,使树脂达到饱和,然后用水以 2 BV/h 的流速洗涤至 α-萘酚浓硫酸反应无紫色环,共用水 3 BV,再用 30% 的乙醇以 3 BV/h 的流速进行解吸附,至最后的流出液中用 TLC 检测无龙胆苦苷,分别收集上样流出液、水洗液和解吸液,合并上样流出液和水洗液,分别精密吸取合并液和解吸液少量,用甲醇稀释并定容至一定体积,按照 2.8 项方法,进行总苷含量测定,剩余合并液和解吸液分别在 60℃ 以下减压浓缩成干浸膏,称重,计算吸附容量,结果见图 4。

2.10.4 上样量考察

将按 2.10.1 项至 2.10.3 项筛选出的最佳样品浓度、上样流速及上样 pH 值作为上样条件进行吸附,按树脂床体积收集流出液,按照 2.8 项方法,进行总苷含量测定,计算吸附容量,结果见图 5。

2.10.5 解吸液浓度考察

用湿法装柱 4 根,将按 2.10.1 项至 2.10.4 项筛选出的最佳样品浓度、上样流速、上样 pH 及上样量作为上样条件进行上柱吸附,然后用水以 2 BV/h 的流速洗涤至 α-萘酚浓硫酸反应无紫色环,共用水 3 BV,再分别用 10%、30%、50%、70% 的乙醇以 3 BV/h 的流速进行解吸附,至最后的流出液中用 TLC 检测无龙胆苦苷,分别收集上样流出液、水洗液和解吸液,合并上样流出液和水洗液,分别精密吸取合并液和解吸液少量,用甲醇稀释并定容至一定体积,按照 2.8 项方法,进行总苷含量测定,剩余合并液和解吸液分别在 60℃ 以下减压浓缩成干浸膏,称重,计算解吸率及总苷含量,结果见表1。

2.10.6 解吸附流速对洗脱率影响的考察

用湿法装柱 5 根,将按 2.10.1 项至 2.10.4 项筛选出的最佳样品浓度、上样流速、上样 pH 值及上样量作为上样条件进行上柱吸附,然后用水以 2 BV/h 的流速洗涤至 α–萘酚浓硫酸反应无紫色环,共用水 3 BV,再用 2.10.5 项筛选出的流动相分别以 1 BV/h、3 BV/h、5 BV/h、7 BV/h、9 BV/h 的流速进行解吸附,至最后的流出液中用 TLC 检测无龙胆苦苷,分别收集上样流出液、水洗液和解吸液,合并上样流出液和水洗液,分别精密吸取合并液和解吸液少量,用甲醇稀释并定容至一定体积,按照 2.8 项方法,进行总苷含量测定,剩余合并液和解吸液分别在60℃以下减压浓缩成干浸膏,称重,计算解吸率及环烯醚萜苷含量,结果见图 6。

2.10.7 流动相 pH 值对洗脱率影响的考察

用湿法装柱 5 根,将按 2.10.1 项至 2.10.4 项筛选出的最佳样品浓度、上样流速、上样 pH 值及上样量作为上样条件进行上柱吸附,然后用水以 2 BV/h 的流速洗涤至 α–萘酚浓硫酸反应无紫色环,共用水 3 BV,再将 2.10.5 项筛选出的流动相用稀酸或稀碱调 pH 值分别为 5、6、7、8、9,以 2.10.6 项筛选出的最佳洗脱流速分别进行解吸附,至最后的流出液中用 TLC 检测无龙胆苦苷,分别收集上样流出液、水洗液和解吸液,合并上样流出液和水洗液,分别精密吸取合并液和解吸液少量,用甲醇稀释并定容至一定体积,按照 2.8 项方法,进行总苷含量测定,剩余合并液和解吸液分别在 60℃ 以下减压浓缩成干浸膏,称重,计算解吸率及环烯醚萜苷含量,结果见图 7。

2.10.8 洗脱终点的考察

用湿法装柱,将按 2.10.1 项至 2.10.4 项筛选出的最佳样品浓度、上样流速、上样 pH 值及上样量作为上样条件进行上柱吸附,然后用水以 2 BV/h 的流速洗涤至 α–萘酚浓硫酸反应无紫色环,共用水 3 BV,再以 2.10.5 项至 2.10.7 项筛选出的最佳洗脱条件进行解吸附,按树脂床体积收集解吸液,精密吸取一定量,再用甲醇稀释并定容至一定体积,按照 2.8 项方法,进行各流出液含量测定,计算流出液浓度,结果见图 8。

2.11 最佳工艺放大验证

用湿法装柱 3 根,将按 2.10.1 项至 2.10.4 项筛选出的最佳样品浓度、上样流速、上样 pH 值及上样量作为上样条件进行上柱吸附,然后用水以 2 BV/h 的流

速洗涤至 α-萘酚浓硫酸反应无紫色环,每柱用水 3 BV,再以 2.10.5 项至 2.10.8 项筛选出的最佳洗脱条件进行解吸附,分别收集上样流出液、水洗液和解吸液,合并上样流出液和水洗液,分别精密吸取合并液和解吸液少量,用甲醇稀释并定容至一定体积,按照 2.8 项方法,进行总苷含量测定,剩余合并液和解吸液分别在 60℃以下减压浓缩成干浸膏,称重,计算解吸率及环烯醚萜苷含量,结果见表 2。

2.12 抑菌活性测定[14-16]

2.12.1 抑菌圈测定

参考文献,采用牛津杯法,灭菌后在无菌操作台上待培养基凉至近室温时,加入已用无菌水稀释至 $1×10^7$ CFU/mL 的菌悬液 200 mL,迅速混匀并倒入培养皿,待培养基凝固后,每皿放 3 个牛津杯,一个加 200 mL 无菌水作为阴性对照,一个加 200 mL 浓度为 50 mg/L 的氨苄青霉素钠作为阳性对照,另一个加 200 mL 浓度为 0.5 g/mL 的样品溶液,然后正置于 37℃恒温培养箱中培养 16~18 h,检查结果并用游标卡尺测定抑菌圈,取其平均值,每样重复做 4 个,其中对照品和样品在加入前都过 0.22 μm 无菌滤膜,所做样品为大孔吸附树脂纯化后产物,结果见表 3。

2.12.2 最小抑菌浓度(MIC)测定

参考文献,采用试管二倍稀释法,用营养肉汤培养基(0.5 mL/管)将以 0.5 g/mL 为初始浓度的药物倍比稀释成系列浓度(即 250 mg/mL、125 mg/mL、62.5 mg/mL、31.25 mg/mL、15.63 mg/mL、7.81 mg/mL、3.91 mg/mL、1.95 mg/mL、0.98 mg/mL、0 mg/mL),然后各管加入 0.5 mL 浓度为 $1×10^6$ CFU/mL 的菌液,使每管最终菌液浓度约为 $5×10^5$ CFU/mL。另设药物对照(药物+营养肉汤)、培养基对照(营养肉汤),在 37℃恒温水浴振荡器中培养 18~24 h,以浑浊度为指标检查管中有无细菌生长,眼观选出不浑浊试管,分别取其液体 200 μl 涂布于琼脂平板培养基上,于恒温培养箱培养 24 h,观察结果。琼脂平板培养基上无细菌生长而含药液浓度最低者,即为该种药物对该菌株的最低抑菌浓度。氨苄青霉素钠阳性对照的做法同样品,但初始浓度为 50 mg/L。结果见表 4。

3 结果与分析

3.1 色谱条件结果

多次实验证明,在2.1项选定的流动相和波长下出现的峰最明显。因此,按2.1项色谱条件进行检测,色谱图如图1。

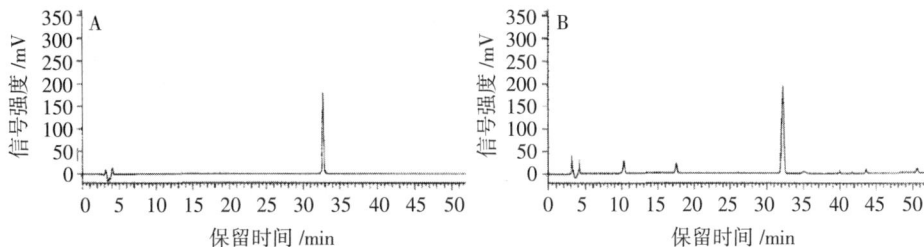

图1 对照品(A)及样品(B)的HPLC色谱图

3.2 样品浓度对吸附和解吸附影响的考察结果

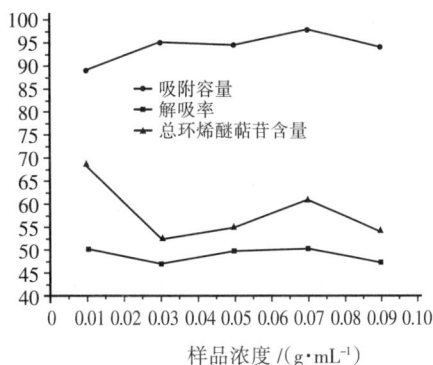

图2 XDA-1在不同样品浓度下的吸附容量、解吸率及总环烯醚萜苷含量

由图2可知,XDA-1大孔吸附树脂对秦艽总苷的吸附与样品浓度之间的关系比较复杂,当样品浓度为0.01 g/mL时,吸附容量略高一些,而当样品浓度为0.03时,吸附容量又降低,此后,随样品浓度升高吸附容量又升高,当样品浓度为0.07 g/mL时,吸附容量最高,随后又降低,这可能与样品和杂质之间的竞争性吸附有关。综合考虑,当样品浓度为0.07 g/mL时,吸附容量、总苷含量、解吸率相对较高,故选择样品浓度为0.07 g/mL。

3.3 上样流速对吸附量影响的考察结果

由图3可知,当吸附流速增加时,秦艽总苷的吸附容量降低。这可能是因为

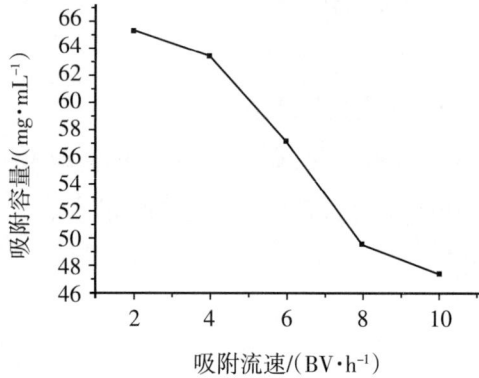

图 3　XDA-1 在不同吸附流速下的吸附容量

没有足够的时间与大孔吸附树脂表面的活性位点进行相互作用,因此,增加流速对提高大孔吸附树脂的吸附容量是不利的。故当吸附流速增加时,秦艽总苷分子和 XDA-1 之间的接触时间变短,导致秦艽总苷在 XDA-1 上不能完全被吸附。由图 3 可以看出,以流速 4 BV/h 上样时的吸附容量与以 2 BV/h 上样时差异不大。综合考虑,选择最佳上样吸附流速为 4 BV/h。

3.4　上样 pH 值对吸附量影响的考察结果

由图 4 可知,上样 pH 值为 5 时吸附率最高,而随 pH 值升高吸附率逐渐降低,这可能是由于环烯醚萜苷在弱酸条件下以分子形式较稳定地存在,主要以范德华力被树脂物理吸附,而在碱性条件下会发生结构上的变化,或在用氨水调 pH 值时可能发生结构转换,不易被大孔吸附树脂吸附,从而降低吸附率。因此,选择适宜的秦艽粗提液 pH 值为 5。

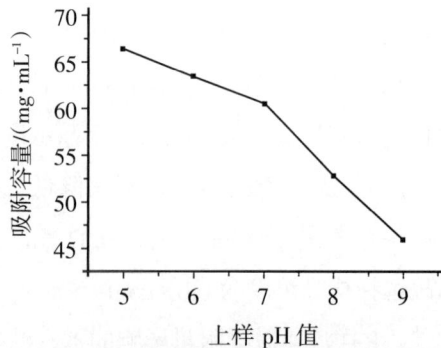

图 4　XDA-1 在不同上样 pH 值下的吸附容量

3.5 上样量的考察结果

由图 5 可知,上样量为 8 BV 时开始泄漏,36 BV 时达到吸附饱和,而 32 BV 时流出液质量浓度与 36 BV 时流出液质量浓度基本相当,故选择最佳上样量为 32 BV。

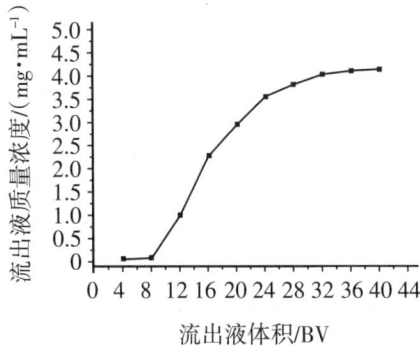

图 5　XDA-1 吸附秦艽总环烯醚萜苷泄漏曲线

3.6 解吸液浓度的考察结果

由表 1 可知,当乙醇浓度为 50% 时,解吸率和总环烯醚萜苷最大,分别为 97.34% 和 65.72%。因此,最佳的洗脱剂为浓度 50% 的乙醇。

表 1　不同浓度乙醇的解吸率和总环烯醚萜苷含量

乙醇浓度/%	解吸率/%	总环烯醚萜苷含量/%
10	56.95	46.85
30	68.66	56.96
50	97.34	65.72
70	83.25	34.57

3.7 解吸附流速对洗脱率影响的考察结果

由图 6 可知,当解吸附流速为 1 BV/h 时,解吸率较低,这可能是由于流速太慢,样品在树脂柱上停留的时间过长,而环烯醚萜苷的结构又不稳定,长时间留在树脂柱上结构发生了变化,故洗脱率较低;而从洗脱流速为 3 BV/h 开始,随洗脱剂洗脱流速的增加,解吸率和总环烯醚萜苷含量基本呈下降趋势,这可能是由于环烯醚萜苷被吸附在树脂大孔内,当洗脱流速太快时,很难达到吸附和解吸附平衡,从而导致解吸附传质速率较慢,故洗脱率和含量会降低。综合来看,当解

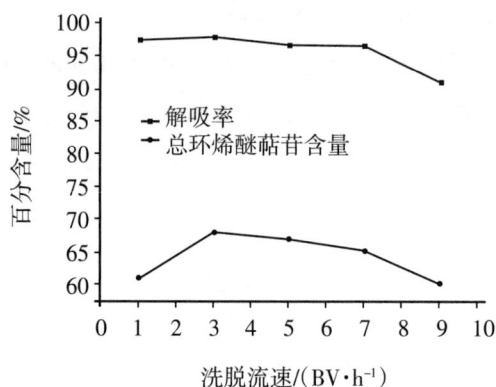

图6　XDA–1 在不同解吸附流速下的解吸率、总环烯醚萜苷含量

吸附流速为 3 BV/h 时,解吸率最高,同时解吸液干浸膏中总环烯醚萜苷含量也较高,因此,选取最佳解吸附流速为 3 BV/h。

3.8　洗脱剂 pH 值对洗脱率影响的考察结果

由图7 可知,洗脱剂 pH 值为 7 时解吸率最高,这与吸附时 pH 值为 5 相适应,随着 pH 值降低或升高,解吸率却逐渐降低,同时,当洗脱剂 pH 值为 7 时,解吸液干浸膏中总环烯醚萜苷含量也比较高,因此,选择洗脱剂的 pH 值为 7。

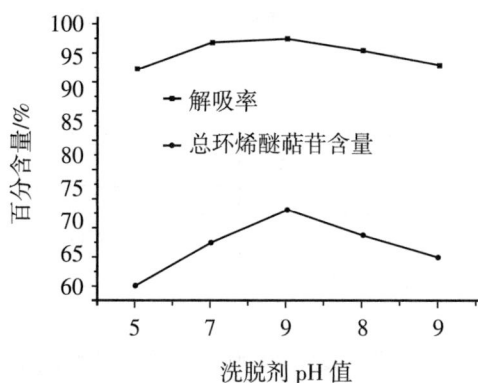

图7　XDA–1 在洗脱剂不同 pH 值下的解吸率、总环烯醚萜苷含量

3.9　洗脱终点的考察结果

由图8 可知,当 50%乙醇用量为 8 BV 时,基本已达到洗脱终点。因此,最佳的洗脱剂用量为 8 BV。

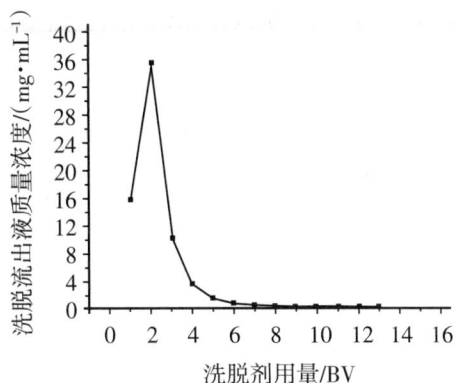

图 8　解吸附终点时洗脱剂用量

3.10　最佳工艺放大验证结果

表 2　最佳工艺放大验证结果

色谱柱	吸附容量/(mg·mL⁻¹)	解吸率/%	总环烯醚萜苷含量/%
柱 1	63.86	96.02	63.51
柱 2	65.36	94.05	62.41
柱 3	64.89	95.37	62.98
平均值	64.70	95.15	62.97

3.11　抑菌活性测定结果

3.11.1　抑菌圈测定结果

由表 3 可知,秦艽环烯醚萜苷类成分对 3 种供试菌株都有一定的抑菌活性,其中对粪肠球菌的抑菌活性最强,其抑菌圈达(22.10±0.26)mm,对表皮葡萄球菌的抑菌圈略优于对照品。

表 3　大孔吸附树脂纯化后产物对 3 种细菌的抑菌活性

单位:mm

样品	金黄色葡萄球菌	粪肠球菌	表皮葡萄球菌
秦艽纯化后产物	13.75±0.25	22.10±0.26	17.25±0.31
氨苄青霉素钠	27.50±0.32	28.75±0.21	17.00±0.28
无菌水	—	—	—

注:"—"为无菌生长。

3.11.2 最小抑菌浓度(MIC)测定结果

表 4　大孔吸附树脂纯化后产物对 3 种细菌的最小抑菌浓度(MIC)

供试菌株	最小抑菌浓度		
	秦艽纯化后产物	阳性对照	阴性对照
金黄色葡萄球菌	31.250	$0.3916×10^{-3}$	+
粪肠球菌	7.813	$0.3916×10^{-3}$	+
表皮葡萄球菌	15.630	$3.1250×10^{-3}$	+

注:"+"为有菌生长。

由表 4 可知,秦艽环烯醚萜苷类成分对 3 种供试菌株都有一定的抑菌活性,且对粪肠球菌的抑菌活性最强,其 MIC 为 7.813 mg/mL。

4　讨论与结论

本实验所用的 XDA-1 大孔吸附树脂是前期实验通过选取 10 种(即 XDA-1、NKA-9、D301、HPD-100、D1400、D101、D101-1、AB-8、DA-201、DM130)不同极性的大孔吸附树脂,采取静态吸附与解吸、动态吸附与解吸方法,以龙胆苦苷和獐牙菜苦苷含量为指标,在与本实验同样的色谱条件下,最终优选而得。由于獐牙菜苦苷与龙胆苦苷相比,在秦艽中含量很低,而且根据前期实验知 XDA-1 大孔吸附树脂对獐牙菜苦苷的吸附能力也较低,因此本实验只以龙胆苦苷含量为指标进行工艺条件探索。

本实验结果表明,XDA-1 大孔吸附树脂对秦艽环烯醚萜苷类成分有较好的吸附和解吸效果,其最佳动态吸附条件为:样品浓度 0.07 g/mL,pH 值 5,吸附流速 4 BV/h,上样液体积 32 BV,吸附容量可达 64.70 mg/mL 以上;最佳动态解吸附条件为:洗脱剂浓度 50%乙醇溶液,pH 值 7,解吸附流速 3 BV/h,洗脱剂用量 8 BV,解吸率可达 95% 以上。

本实验结果表明,XDA-1 大孔吸附树脂对秦艽环烯醚萜苷的吸附容量为 64.70 mg/mL、解吸率为 95.15%、洗脱剂干浸膏中环烯醚萜苷含量达 62.97%,其纯化倍数是粗提液的 12 倍多,且已达到化合物分离纯化的要求,因此该分离纯化工艺为秦艽总环烯醚萜苷类化合物分离纯化的工业化生产提供了可靠的条件。

本实验过程虽然没有对水洗终点进行确定,但总体表明,上样完成后,用3 BV 的水以 2 BV/h 的流速就可以将残留在树脂表面的杂质清洗干净。

本实验过程中发现,秦艽提取液回收并用乙醇定容后,其原液 pH 值即为 5,洗脱剂 50%乙醇的 pH 值基本为 7,故在具体的工艺过程中可不考虑 pH 值对吸附和洗脱的影响。

本实验选择氨苄青霉素钠作为阳性对照药物,其为广谱抗生素,对革兰阳性菌和革兰阴性菌均有很好的抑菌效果。实验中所有药物的质量浓度均由笔者通过归纳整理预试验结果后设定。根据现有文献可知,对秦艽生物活性的研究主要集中在抗炎、保肝等方面,而本实验通过对秦艽纯化后环烯醚萜苷抑菌活性的研究表明,环烯醚萜苷有一定的抑菌活性,同时,与粗提物抑菌活性(发表中)相比,其最小抑菌浓度没有太大变化,说明秦艽的抑菌活性成分比较复杂,不单纯是环烯醚萜苷类,因此,对秦艽的抑菌活性有必要进一步扩大研究,以便为寻求新的抑菌、抗菌药物奠定基础。

参考文献

[1]国家药典委员会.中华人民共和国药典:一部[M].北京:中国医药科技出版社,2015:1270.

[2]中国科学院西北植物研究所.秦岭植物志·种子植物[M].第1卷,第4册.北京:科学出版社,1983:112.

[3]黄奭.神农本草经[M].北京:中医古籍出版社,1982.

[4]余晓晖,赵磊,王谨慧,等.黄管秦艽中总裂环烯醚萜的大孔树脂纯化工艺研究[J].时珍国医国药,2010,21(12):3179-3180.

[5]张兴旺,牛迎风,陶燕铎,等.秦艽中龙胆苦苷提取工艺研究[J].中药材,2009,32(4):625-627.

[6]刘志春,王小丽,林鹏,等.五味子等29种中草药的体外抑菌实验[J].赣南医学院学报,2005,24(5):509-512.

[7]李成叶,袁硕峰,林奕,等.22味祛风湿中药对2个分离菌株的体外抑菌作用[J].动物医学进展,2010,31(11):43-46.

[8]Tan R X,Wolfender J L,Zhang L X,et al.Acyl secoiridoids and antifungal constituents from *Gentiana macrophylla*[J].*phytochemistry*,1996,42:1305-1313.

[9]张永贵,杨凤琴,袁本香.秦艽提取物体外抑菌实验研究[J].包头医学,2011,35(2):85-86.

[10]李娅,赵锡兰,杨凤琴,等.秦艽醇提取物对8种细菌的体外抑菌实[J].中国医院药学杂志,2011,31(23):1940-1942.

[11]刘彬果,郭文勇,钟蕾,等.大孔树脂吸附技术在中药制剂中的应用[J].解放军药学学报,2003,19(6):452-457.

[12]郝彩琴,郭鸿雁,冷晓红,等.正交优选动态回流法提取秦艽中龙胆苦苷工艺[J].西北林学院学报,2013,28(1):123-125.

[13]哈及尼沙,阿力木江·阿布力孜,阿米娜,等.楹棹总多酚的纯化工艺及 PTP1B 抑制作用研究[J].天然产物研究与开发,2015,27(8):1448-1452.

[14]汪学军,闫长莉,韩彭垒.博落回不同部位提取物对大肠菌群的抑菌作用研究[J].天然产物研究与开发,2016,28(2):247-250.

[15]冷晓红,王志强,李军.苦豆子生物碱对奶牛乳房炎致病菌体外抗菌活性的研究[J].中国兽医杂志,2013,47(9):31-33.

[16]王琳,聂艳琼,孙娜,等.秦艽的化学成分、分子生药学和药理学研究进展[J].安徽农业科学,2012,40(18):9629-9630,9638.

不同酵母发酵宁夏赤霞珠葡萄酒风味分析 *

马海燕　曹雪丹

摘要：本试验以宁夏产赤霞珠酿酒葡萄为原料，采用 α–Astree II 型电子舌和气相色谱—质谱联用(GC–MS)技术对 3 种不同酵母酿造的干红葡萄酒的口感及挥发性成分进行测定，并运用主成分分析法进行辨别。结果表明，3 种酵母发酵的赤霞珠干红葡萄酒 pH 值、可滴定酸含量等理化指标存在显著差异，且 3 种葡萄酒样品可以被电子舌很好地区分，第一主成分和第二主成分的贡献率分别为 97.92% 和 1.25%，总贡献率为 99.17%。同时，从这 3 种酵母发酵的赤霞珠干红葡萄酒中共鉴定出 52 种化合物，主要包括醇类化合物 11 种、酯类化合物 28 种、酮和醛类化合物 4 种、酸类化合物 5 种、其他化合物 4 种；虽然主要香气的组成基本相似，但不同香气物质的种类和含量均存在差异。

关键词：酵母；赤霞珠；葡萄酒；电子舌；气质联用

作者简介：马海燕(1982—)，女，回族，助教，硕士，研究方向为葡萄与葡萄酒。
* 本文为宁夏职业技术学院科研发展基金资助项目"宁夏本土酿酒酵母发酵葡萄酒的品质分析"(XI 201501)研究成果，发表于《食品研究与开发》2017 年第 3 期。

赤霞珠(Cabernet Sauvignon)又名解百纳，是优良的干红葡萄酒酿造品种，原产自法国波尔多(Bordeaux)地区，因能够适应多种不同气候，现已在世界各地普遍种植。我国最早于 1892 年引入山东烟台后，又在 20 世纪 90 年代大量引进，目前在河北、新疆、宁夏、山东、甘肃、四川等十几个省区均有种植。宁夏回族自治区位于中国西部，全区葡萄基地面积已达 61 万亩，其中酿酒葡萄 53 万亩，是我国最大的集中连片产区，2015 年葡萄酒产量 9.5 万 t，实现产值 166 亿元。这些葡萄酒主要来自我国九大优质葡萄产区之一的贺兰山东麓，该产区位于北纬 37°43′~39°23′，日照充足，雨量适中，所产葡萄品质优良，自 2003 年 4 月国家质量监督检验检疫总局通过了对"贺兰山东麓葡萄酒"原产地域产品保护申请以来，现已逐渐成为世界知名的葡萄酒产区。其中赤霞珠占该产区葡萄总种植面积的 70% 左右，因此赤霞珠干红葡萄酒风味、质量的提高对宁夏葡萄酒产业及原产地域保护均具重要意义。

酵母是葡萄酒酿造的主要微生物，主导酒精发酵，不仅对葡萄酒的口感、香气、质量有很大影响，对葡萄酒特色和风味的形成也至关重要。即便是同一品种，不同酵母酿造出的葡萄酒，其酒质和风味也大不相同，存在显著差异[1]。目前葡萄酒中已被检出香气物质的挥发性化合物有 1000 多种，其中 400 多种是在酵母的发酵过程中产生的，主要包括高级醇、酯、芳香酮、萜烯类、脂肪酸和挥发性酚类等[2-4]。如果用本土酵母发酵，还可生产出具有地区特色的葡萄酒。所谓本土酵母，是指从葡萄园、葡萄果实、自然发酵汁中分离筛选出的具有地域性特征的野生酵母菌株。一个地区的酵母种群,在每年的生长繁殖中,逐渐适应了该地区的特殊自然条件,并与当地的葡萄品种形成了良好的共生关系,易于在葡萄酒发酵中起到主导作用[5],赋予葡萄酒特有的风味,酿造出独具风格和特色的地域性酒种[6-7]。但是,目前宁夏赤霞珠干红葡萄酒的酿造多选用普通的商品酵母,这在一定程度上造成葡萄酒香气等特征不突出、风格不明显、质量同质化加剧等不足,长期依赖进口商品酵母甚至会影响本土资源的丰富性和多样性,限制天然酵母选育的有效性。近年来,世界知名葡萄酒产地的本土酵母菌群已被广泛关注,我国主要葡萄酒产区酵母种群的研究也越来越多。如姜凯凯等[8]、李双石等[9]对中国葡萄酒产区本土酵母种群的多样性进行了概括研究,刘爱国[10]从宁夏贺兰山东麓葡萄自然发酵汁中分离得到葡萄酒相关酵母 8 个属 10 个种等。而本土酵母在宁夏赤霞珠干红葡萄酒中的应用及风味研究鲜见报道。这项研究在一定程度上可为我国原产地域葡萄酒的分类、鉴别提供科学参考,并对我国地域特色葡萄酒品牌的建立以及葡萄酒产业的可持续发展具有重要意义。

为了研究本土酵母对宁夏赤霞珠干红葡萄酒风味的影响,本试验采用电子舌和 GC-MS 分析技术对分别采用宁夏本土筛选的酿酒酵母和常用的进口商品酵母酿造的 3 种赤霞珠干红葡萄酒样品进行风味及香味成分的鉴定,以期为宁夏赤霞珠干红葡萄酒的优化、鉴别和保护提供科学参考。

1 材料与方法

1.1 材料与试剂
葡萄:赤霞珠,产自宁夏贺兰山东麓鸽子山葡萄园。

酵母:安琪 CECA 型酵母(选自宁夏),由上海鼎唐国际贸易有限公司提供,下称"安琪";卓越 XR 型酵母(产自法国),由宁夏诺盟生物科技有限公司提供,下称"诺盟";Lalvin Clos 型酵母(产自丹麦),由上海杰兔工贸有限公司提供,下称"杰兔"。氢氧化钠、菲林试剂、盐酸等均为分析纯。

1.2 仪器设备
α-AstreeⅡ型电子舌,法国 Alpha MOS 公司;Agilent 7890A 型气相色谱仪、Agilent 5975C 质谱仪,美国 Agilent 公司;50/30 μm DVB/CAR/PDMS 萃取头,美国 Supelco 公司;PB-10 普及型 pH 计,德国 Sartorius 公司。

1.3 方法

1.3.1 葡萄酒的制备工艺

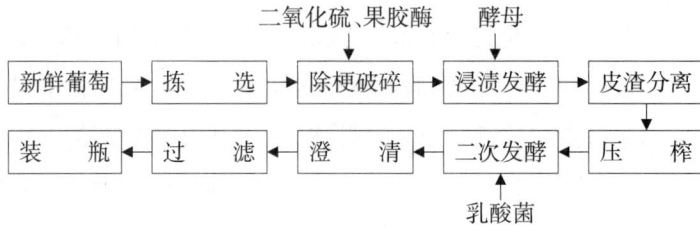

```
                   二氧化硫、果胶酶      酵母
                        ↓            ↓
新鲜葡萄 → 拣  选 → 除梗破碎 → 浸渍发酵 → 皮渣分离

装  瓶 ← 过  滤 ← 澄  清 ← 二次发酵 ← 压  榨
                        ↑
                      乳酸菌
```

1.3.2 理化分析

pH 值的测定采用 pH 计；总酸、还原糖和酒精度的测定分别采用 GB/T 15038—2006《葡萄酒、果酒通用分析方法》中的酸碱滴定法、直接滴定法和酒精计法[11]。

1.3.3 电子舌分析

1.3.3.1 电子舌校准

校准程序：将传感器阵列在超纯水中清洗 10 s，然后使用 0.01 mol/L 的盐酸作为校准液，在校准液中反应 120 s，如此重复 8 次。

1.3.3.2 电子舌诊断

诊断程序：将传感器阵列在超纯水中清洗 10 s，然后在 0.01 mol/L 的盐酸校准液中反应 120 s，在超纯水中清洗 10 s，再在 0.01 mol/L 的 NaCl 校准液中反应 120 s，再次清洗 10 s，最后在 0.01 mol/L 的谷氨酸钠校准液中反应 120 s，以上过程循环 6 次。上述 3 种校准液在主成分分析图中的贡献率必须达到 99% 以上，才说明仪器传感器正常。

1.3.3.3 电子舌检测

分别量取 80 mL 试验样品，与超纯水交错摆放在自动检测盘上，编辑自动检测程序，使样品检测和清洗交错进行。电子舌传感器检测时间为 120 s，每 1 秒采集 1 次数据，清洗时间为 10 s，数据类型为 cleaning。按照该段程序测量 2 次后，传感器响应强度趋于稳定，每样品重复检测 8 次，选取后 6 次的测量数据进行主成分分析。

1.3.4 GC-MS 分析

准确量取 5 mL 样品移入 10 mL 钳口样品瓶中，加入 2.6 g Nacl、20 μl 内标物环己酮(0.946 mg/mL)、聚四氟乙烯隔垫密封,在磁力搅拌器上60℃加热平衡30 min后,采用50/30 μm DVB/CAR/PDMS萃取头顶空吸附40 min,插入GC进样口解析5 min进行GC-MS分析。

气相色谱条件:毛细管柱为DB-WAX(30 m×320 μm×0.25 μm),程序升温,起始温度40℃,保持3 min,以3℃/min升至160℃,保持2 min,再以8℃/min升至220℃,保持3 min,进样口温度250℃。

质谱条件:离子源温度230℃,四极杆温度150℃,离子化方式EI,电子能量70 eV,质量范围30~550 amu/sec。

定性分析:应用气相色谱—质谱联用仪进行分析鉴定,并利用C_6~C_{20}正构烷烃的保留时间计算各个色谱峰的保留指数。分析结果运用计算机谱库(NIST05a)进行初步检索及资料分析,再结合文献的保留指数进行比对并进行人工谱图分析,确认挥发性物质的化学组成。

1.3.5 统计分析

试验结果以平均值±标准差(Mean±SEM)表示。所有试验均重复3次。应用SPSS 11.5统计软件对数据进行方差分析。用Origin 8.0软件作图。

2 结果与分析

2.1 不同酵母发酵葡萄酒的理化分析结果

3种不同酵母发酵宁夏赤霞珠干红葡萄酒的pH值、可滴定酸、还原糖和酒精度等理化指标检测结果如表1所示。

表1 不同酵母发酵赤霞珠葡萄酒的理化指标

样品	pH值	可滴定酸 /(g·L⁻¹)	还原糖 /(g·L⁻¹)	酒精度 /%vol
安琪	3.80±0.011[b]	5.30±0.009[b]	3.10±0.020[b]	13.3±0.02[ab]
诺盟	4.04±0.008[a]	6.00±0.020[a]	3.80±0.020[a]	13.8±0.01[a]
杰兔	4.05±0.004[a]	6.20±0.013[a]	3.30±0.022[ab]	13.1±0.02[b]

注:表内数值为平均值±标准差($n \geq 3$);小写字母不同表示差异显著($P<0.05$)。

由表1可知,安琪酵母发酵的赤霞珠葡萄酒的pH值和可滴定酸与诺盟和杰兔具有显著差异($P<0.05$),其中安琪的pH值较低,且可滴定酸含量也比较

低,这可能是因为葡萄酒中酸的强弱程度和金属离子的缓冲能力有关,导致 pH 值与酸度之间没有必然的线性对应关系。同时,3 种样品的还原糖含量和酒精度也存在明显的差异。

2.2 不同酵母发酵葡萄酒的电子舌分析结果

电子舌是利用多传感器阵列感测液体样品的特征响应信号,通过信号模式识别处理及专家系统学习识别,对样品进行定性或定量分析的一类新型分析测试技术设备[12-13]。主成分分析(principal component analysis,PCA)是将多个指标化为较少的几个综合指标的一种统计方法。采用 PCA 方法分析 3 种不同酵母发酵的宁夏赤霞珠干红葡萄酒的电子舌响应值结果如图 1 所示。

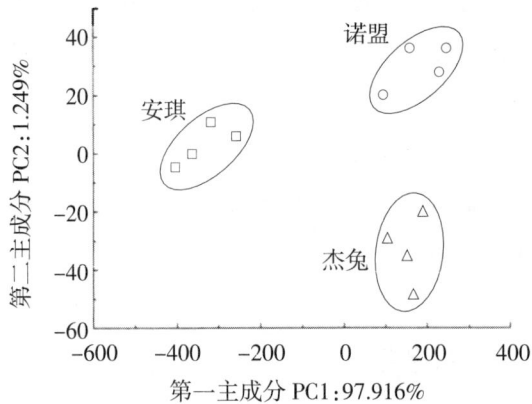

图 1　不同酵母发酵赤霞珠葡萄酒电子舌响应信号主成分分析图

由图 1 可知,第一主成分和第二主成分的贡献率分别为 97.92% 和 1.25%,总贡献率为 99.17%。这两个主成分几乎可以包含样品的所有信息,安琪、诺盟和杰兔 3 种酵母发酵的干红葡萄酒风味成分的电子舌响应值没有重叠区域,区分度较好。并且,安琪酵母发酵的赤霞珠葡萄酒样品的电子舌响应信号分析值位于横坐标轴的负值区域,与诺盟和杰兔两个样品相距较远,说明 3 个样品中安琪酵母发酵的葡萄酒风味相对而言更加独特,较易区分。

2.3 不同酵母发酵葡萄酒的 GC-MS 分析结果

3 种不同酵母发酵宁夏赤霞珠干红葡萄酒的挥发性成分总离子流色谱图如图 2 所示。结合气相色谱保留指数和有关文献[1,14-20]从中鉴定出挥发性化合物的具体名称、保留时间及匹配度等分析结果见表 2。

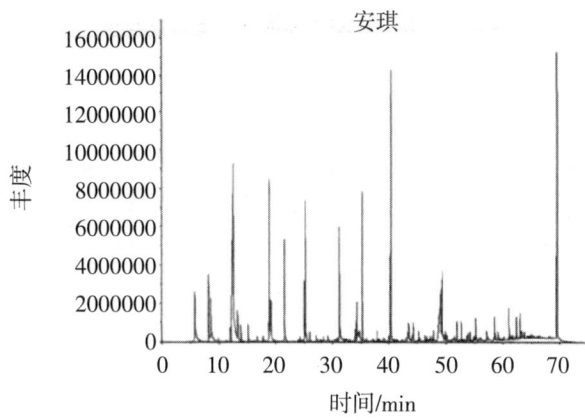

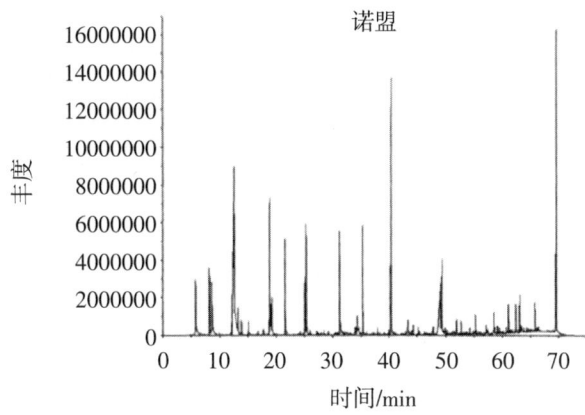

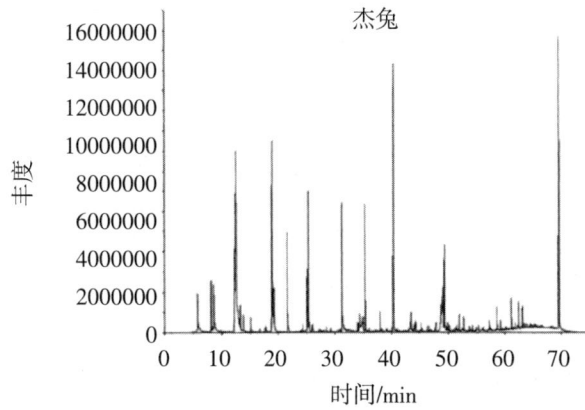

图 2　不同酵母发酵赤霞珠葡萄酒香气成分 GC–MS 总离子流色谱图

表 2　赤霞珠葡萄酒中挥发性成分的 GC-MS 分析结果

序号	化合物名称	保留时间/min	相对含量/%		
			安琪	诺盟	杰兔
1	乙醇	5.74	3.29	3.43	2.52
2	乙酸乙酯	8.13	2.26	2.25	1.71
3	异丁醇	8.58	2.47	2.82	2.55
4	环己烷	9.86	0.11	—	—
5	甲酸异戊酯	12.51	15.08	15.78	15.98
6	2-甲基丁醇	12.61	5.45	5.97	4.26
7	异丁酸乙酯	13.26	0.97	0.83	0.96
8	乙酸异丁酯	13.86	0.36	0.38	0.41
9	丁酸乙酯	15.09	0.42	0.38	0.38
10	2-甲基丁酸乙酯	17.67	0.09	0.10	0.09
11	异戊酸乙酯	17.78	0.15	0.16	0.16
12	正己醇	18.71	0.40	0.33	0.28
13	乙酸异戊酯	18.89	4.27	3.69	5.79
14	2-甲基丁基乙酸酯	19.02	1.37	1.11	1.69
15	3-庚酮	19.25	1.17	1.17	1.28
16	甲酸乙酯	21.58	2.81	2.64	2.78
17	4-辛醇	25.09	1.65	1.64	1.76
18	己酸乙酯	25.33	3.73	3.06	3.78
19	乙酸己酯	26.05	0.13	—	0.11
20	异辛醇	27.20	0.26	0.21	0.13
21	甲酸辛酯	29.28	0.31	0.18	0.20
22	庚酸乙酯	30.45	0.06	—	—
23	壬醛	30.68	0.05	0.04	—
24	3,7-二甲基 1,6-辛二烯-3-醇	30.84	0.04	—	0.04
25	苯乙醇	31.29	4.33	4.40	5.34
26	丁二酸二乙酯	33.96	0.28	0.21	0.22
27	1-壬醇	34.32	1.31	0.76	0.76
28	辛酸	34.82	0.90	0.51	1.41

序号	化合物名称	保留时间/min	相对含量/%		
			安琪	诺盟	杰兔
29	辛酸乙酯	35.36	3.56	2.68	2.96
30	乙酸辛酯	36.00	0.07	0.07	0.07
31	乙酸苯乙酯	37.92	0.25	0.20	0.52
32	环辛烷	39.11	0.22	0.06	0.21
33	壬酸乙酯	39.97	0.15	0.12	0.11
34	丙酸辛酯	40.41	13.37	13.81	12.95
35	癸酸	43.45	1.08	0.79	1.28
36	(E)-1-(2,6,6-三甲基-1,3-环己二希-1-基)-2-丁烯-1-酮	44.11	0.27	0.21	0.26
37	正癸酸乙酯	44.30	0.37	0.23	0.22
38	2,6-二叔丁基苯醌	47.62	0.07	0.06	0.05
39	对叔丁基苯甲酸	49.15	6.21	6.59	5.19
40	2,4-二叔丁基苯酚	49.34	1.68	1.88	2.10
41	月桂酸	51.29	0.06	0.09	0.11
42	橙花叔醇	51.40	0.10	0.09	0.18
43	酞酸二乙酯	51.85	0.61	0.54	0.56
44	二苯甲酮	53.65	0.11	0.08	0.08
45	二氢茉莉酮酸甲酯	54.22	0.23	0.19	0.15
46	金合欢醇	57.19	0.32	0.29	0.29
47	邻苯二甲酸乙基戊酯	58.61	0.53	0.55	0.55
48	邻苯二甲酸二异丁酯	61.14	0.53	0.54	0.53
49	邻苯二甲酸-1-丁酯-2-异丁酯	63.08	0.37	0.60	0.36
50	棕榈酸	63.32	0.16	0.19	0.09
51	十六酸乙酯	63.83	0.10	0.09	0.11
52	邻苯二甲酸西苄酯	69.60	8.94	11.33	9.28

注:"—"表示未检出。

由表 2 可知,从 3 种不同酵母发酵的宁夏赤霞珠干红葡萄酒中共鉴定出 52 种化合物,主要包括醇类化合物 11 种、酯类化合物 28 种、酮和醛类化合物 4 种、酸类化合物 5 种、其他化合物 4 种。

从安琪酵母酿造的宁夏赤霞珠干红葡萄酒中鉴定出 52 种化合物,占总挥发性成分的 93.28%;其中,酯类和醇类化合物分别占 61.37% 和 19.62%,是主要的挥发性成分。

从诺盟酵母酿造的宁夏赤霞珠干红葡萄酒中鉴定出 48 种化合物,占总挥发性成分的 93.33%;其中,酯类和醇类化合物分别占 61.72% 和 19.94%,是主要的挥发性成分。

从杰兔酵母酿造的宁夏赤霞珠干红葡萄酒中鉴定出 49 种化合物,占总挥发性成分的 92.98%;其中,酯类和醇类化合物分别占 62.63% 和 18.11%,是主要的挥发性成分。

其中环己烷、己酸乙酯、庚酸乙酯、3,7-二甲基-1,6-辛二烯-3-醇 4 种化合物并非 3 种葡萄酒样品所共有,可能是对不同酵母发酵葡萄酒香气特征产生影响的重要化合物。

3 结论

3 种酵母发酵的赤霞珠干红葡萄酒中,本土酵母安琪发酵样品的 pH 值和可滴定酸含量显著低于其他两种($P<0.05$),三者在还原糖含量和酒精度这两个指标上也存在一定的差异。

α-Astree Ⅱ 型电子舌可以对 3 种样品进行很好的区分,第一主成分的贡献率高达 97.92%,第一主成分和第二主成分的总贡献率为 99.17%。且本土酵母安琪发酵样品的电子舌响应信号分析值与诺盟和杰兔相距较远,说明其口感更加独特。

采用 GC-MS 技术从 3 种样品中共鉴定出 52 种化合物,主要包括醇类化合物 11 种(含量 ≥18.11%)、酯类化合物 28 种(含量 ≥61.37%)、酮和醛类化合物 4 种、酸类化合物 5 种、其他化合物 4 种。其中从本土酵母安琪发酵样品中鉴定出化合物 52 种,高于诺盟 48 种和杰兔 49 种,说明其香气成分更加复杂。

参考文献

[1]刘峻溪,张将,史涛涛,等.不同商品酵母对葡萄酒香气成分的影响[J].中国酿造,2015,34(4):42-46.

[2]Ebeler S E. Analytical chemistry:unlocking the secrets of wine flavor[J].Food Reviews International,2001,17(1):45-64.

[3]Vilanova M,Martínez C. First study of determination of aromatic compounds of red wine from Vitis vinifera CV. Castaal grown in Galicia(N W Spain)[J].European Food Research and Technology,2007,224:433-436.

[4]李华,陶永胜,康文怀,等.葡萄酒香气成分的气相色谱分析研究进展[J].食品与生物技术学报,2006,25(1):99-104.

[5]Tzanetakis N, Soufleros E H, Bouloumpasi E, et al. Selection of indigenous Saccharomyces cerevisiae strains according to their oenological characteristics and vinification results[J].Food Microbiology,2006,23(2):205-211.

[6]Guimaraes T M, Moriel D G, Machado I P, et al.Isolation and characterization of Saccharomyces cerevisiae strains of winery interest[J]. Revista Brasileira de Ciências Farmacêuticas,2006,42(1):119-126.

[7]Martini A. Biotechnology of natural and winery-associated strains of Saccharomyces cerevisiae [J]. International Microbiology,2003,6(3):207-209.

[8]姜凯凯,秦伟帅,田东,等.中国葡萄酒产区酵母生物多样性研究进展[J].酿酒科技,2015(11):102-105.

[9]李双石,陈晶瑜,韩北忠.中国本土葡萄酒酵母种群多样性分布的研究进展[J].中国酿造,2011(12):4-8.

[10]刘爱国.宁夏贺兰山东麓葡萄酿酒酵母菌的分离及其分类鉴定[D].西北农林科技大学硕士学位论文,2008.

[11]中华人民共和国卫生部.GB/T 15038-2006 葡萄酒、果酒通用分析方法[S].北京:中国标准出版社,2006.

[12]邓少平,田师一.电子舌技术背景与研究进展[J].食品与生物技术学报,2007,26(4):110-116.

[13]李二虎,冯佳洁,许灿,等.基于电子舌技术检测商业果汁中脂环酸芽孢杆菌[J].食品科学,2014,35(22):141-145.

[14]王可,刘天明,李记明,等.不同酵母菌株共发酵对葡萄酒香气成分的影响[J].酿酒科技,2010(7):34-38.

[15]李景明,于静,吴继红,等.不同酵母发酵的赤霞珠干红葡萄酒香气成分研究[J].食品科学,2009,30(2):185-189.

[16]韩国民,侯敏,王华.美洲种葡萄 Conquister 干红葡萄酒香气的 GC/MS 分析[J].酿酒科技,2010,190(4):99-104.

[17]曹雪丹,李二虎,方修贵,等.蓝莓酒主发酵前后挥发性成分变化的 GC-MS 分析[J].食品与发酵工业,2015,41(3):179-184.

[18]赵璐,赵树欣,王晓丽.GC-MS 法研究玫瑰香葡萄酒中的香气成分[J].中国酿造,2011(3):158-161.

[19]Ricardo López, Margarita Aznar, Juan Cacho, et al. Determination of minor and trace volatile compounds in wine by solid-phase extraction and gas chromatography with mass spectrometric detection[J]. Journal of Chromatography A,2002(966):167-177.

[20]Verzera A, Ziino M, Scacco A, et al. Volatile compound and sensory analysis for the characterization of an Italian white wine from "Inzolia" grapes[J].Food Analytical Methods, 2008,1(2):144-151.

HS–SPME–GC–MS 分析
玫瑰香葡萄中挥发性物质的萃取条件优化 *

岳　圆　刘　晶　张存智

摘要：本研究原料为宁夏贺兰山东麓玉泉营 6 年生玫瑰香，设置平衡时间分别为 5 min、10 min、15 min，解吸时间分别为 4 min、5 min、6 min，萃取温度分别为 20℃、30℃和 40℃，吸附时间分别为 30 min、40 min 和 50 min，用顶空固相微萃取（HS–SPME）法对玫瑰香葡萄果实的挥发性物质进行萃取，以建立适用于玫瑰香葡萄果实挥发性物质的气相色谱—质谱联用（GC–MS）分析方法。结果表明，萃取玫瑰香葡萄果实挥发性物质的最适萃取条件为平衡时间 10 min，解吸时间 5 min，萃取温度 30℃，吸附时间 40 min。在此优化萃取条件下，得到的挥发性物质的数量较多，响应强度较高，检测出玫瑰香葡萄果实的主要挥发性物质有芳樟醇、橙花醚、玫瑰醚、橙花醇、香叶醇、辛酸乙酯、柠檬醛、酞酸二甲酯、棕榈酸甲酯、正辛基醚等。

关键词：玫瑰香葡萄；香气成分；顶空固相微萃取；气质联用法；萃取条件优化

作者简介：岳圆（1989—），女，硕士，现博士就读于甘肃农业大学园艺专业，研究方向为园艺。
　　张存智（1975—），女，教授，硕士，研究方向为葡萄种植与酿造。
* 本文为银川市科技局重点研发项目成果，发表于《中国酿造》2018 年第 10 期。

葡萄酒是破碎或未破碎的新鲜葡萄果实或葡萄汁经完全或部分酒精发酵后获得的饮料。香气物质是影响葡萄酒质量的主要因素之一，其主要来源有葡萄品种本身、生化反应、微生物代谢、葡萄酒贮存期间的化学或酶反应等[1-3]。葡萄酒中所含香气成分的种类、含量、感官阈值是评判葡萄酒品质的重要指标，决定了葡萄酒的风味和典型性[4-5]。玫瑰香葡萄又名麝香葡萄，是原产于英国的欧亚种葡萄[6]。玫瑰香作为鲜食、酿酒、制汁的兼用品种，在我国栽培面积较广[7]，因具有特殊的玫瑰香味而深受消费者喜爱。葡萄酒的挥发性物质很大部分来自葡萄果实[8]，所以研究葡萄果实香气的意义十分深远。

葡萄果实的挥发性物质可以通过仪器提取出来，目前顶空固相微萃取（head space solid phase microextraction，HS–SPME）法是普遍使用的技术手段之一，这种技术快速并且价格低廉，不需要使用溶剂，可以检测出超低浓度的物质，而且不需要太多的样品量[9]。利用 HS–SPME 技术，结合气相色谱—质谱检测，可以同时分析几千种挥发性化合物，但在检测过程中，检测条件必须优化[10]。在萃取过程中，萃取量、萃取头类型、萃取温度、萃取时间、加入的电解质和 pH 值、试样混合速率等都是影响萃取效果的重要因素[11-12]。有关玫瑰香葡萄果实香气成分顶空固相微萃取条件的优化鲜见报道，萃取过程中在平衡、吸附、解吸环节所用时间的长短研究也较少。

本研究采用不同的平衡时间、解吸时间、萃取温度、吸附时间对玫瑰香葡萄果实的挥发性物质进行顶空固相微萃取，采用气质联用（gas chromatography-mass spectroscopy,GC-MS)法检测,通过比较不同萃取条件下玫瑰香葡萄果实挥发性物质的萃取差异,确定最适宜的萃取条件,为玫瑰香葡萄果实的检测以及进一步分析提供参考。

1 材料与方法

1.1 材料与试剂

宁夏贺兰山东麓玉泉营6年生玫瑰香葡萄,2016年达到商品成熟期时进行采摘,采摘当天运回实验室预冷并贮藏于0℃冷库中。实验所用试剂(均为分析纯),上海源叶生物科技有限公司。蒸馏水1000 mL,pH值7。

1.2 仪器与设备

QP2010型GC-MS联用仪、HP-5色谱柱(30 mm×0.25 mm,0.25 μm),美国Agilent公司;DF-101S集热式恒温加热磁力搅拌器,巩义市子华仪器有限公司;顶空进样瓶20 mL,石家庄大晋科技有限公司;50/30 μm聚二乙烯基苯/碳分子筛/聚二甲基硅氧烷(DVB/CAR/PDMS)萃取头(纤维头),美国Supelco公司;MOF-4086S低温冰箱,日本三洋公司。

1.3 方法

1.3.1 样品处理

将保存的样品用液氮研磨至粉末状,准确称取3 g放入20 mL顶空进样瓶中,再量取5 mL饱和氯化钠溶液,放入磁力转子后,立即用聚四氟乙烯(poly tetra fluoroethylene,PTFE)/硅橡胶隔垫将样品瓶密封压紧[13],将萃取头插入萃取瓶,置于恒温加热磁力搅拌器中,平衡一定时间并在萃取温度条件下吸附一定时间,样品萃取平衡后,选择一定解吸时间进行GC-MS分析。

1.3.2 GC-MS操作条件

GC条件:毛细管色谱柱DB-1(30 mm × 0.25 mm,0.25 μm),升温程序为初始温度40℃,保持3 min,以5℃/min的速率上升至160℃,保持2 min,再以8℃/min上升至220℃,保留5 min,载气为氦气,流速为1 mL/min,进样方式为不分流进样。MS条件:电子电离(electronic ionization,EI)源,离子源温度为200℃,扫描范围为40~350 amu,采用选择离子监测(selected ion monitoring,SIM)模式对样品进行分析,根据定性离子和保留时间对物质进行定性[14]。

1.3.3 HS-SPME 技术参数优化设计[15-16]

以平衡时间、解吸时间、萃取温度及吸附时间为单因素设计优化实验。平衡时间设定为 5 min、10 min、15 min,解吸时间设定为 4 min、5 min、6 min,萃取温度设定为 20℃、30℃、40℃,吸附时间设定为 30 min、40 min、50 min,分别研究以上各因素对萃取结果的影响。

1.3.4 定性与定量分析

玫瑰香葡萄果实香气成分分析采用 GC–MS 联用仪[17]。数据运用计算机检索并与图谱库的标准质谱图对照,结合有关文献,确认香气物质的化学成分,将相似性低于 70% 的物质去掉,按峰面积归一化法算出样品各个组分的相对含量。挥发性物质相对含量的计算公式如下:

$$相对含量 = \frac{各类物质含量}{已检出物质总含量} \times 100\%$$

2 结果与分析

2.1 平衡时间的选择

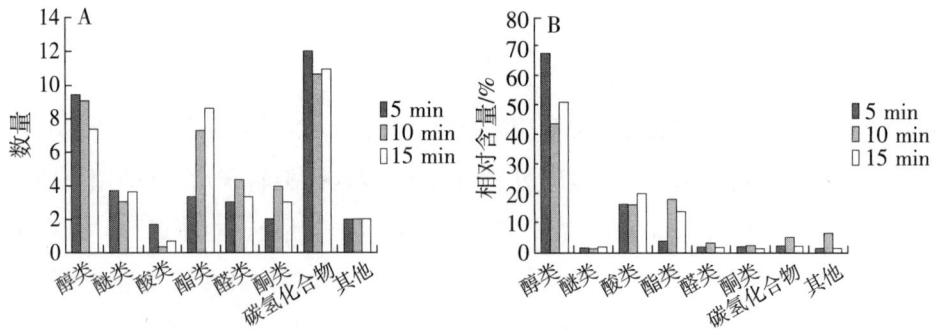

图 1 3 种平衡时间条件下玫瑰香葡萄挥发性物质萃取数量(A)和相对含量(B)的比较

由图 1 可知,当平衡时间为 5 min 时,共鉴定出 40 种化合物,其中醇类 11 种、醛类 4 种、酸类 2 种、酯类 3 种、醚类 3 种、酮类 2 种、碳氢化合物 13 种、其他物质 2 种,相对含量(分别占总挥发性物质含量)分别为 67.59%、1.95%、18.69%、3.52%、1.40%、1.69%、2.02% 和 0.25%。当平衡时间为 10 min 时,共鉴定出 39 种化合物,其中醇类 7 种、醛类 4 种、酸类 1 种、酯类 8 种、醚类 3 种、酮类 3 种、碳氢化合物 12 种、其他物质 1 种,相对含量分别为 43.88%、1.07%、16.16%、18.39%、

2.73%、2.07%、4.43%和6.68%。当平衡时间为15 min时,共鉴定出41种化合物,其中醇类10种、醛类3种、酯类7种、醚类4种、酮类5种、碳氢化合物11种、其他物质1种,相对含量分别为51.05%、1.12%、20.32%、13.78%、1.22%、0.83%、2.20%和1.93%。三种平衡时间下醇类化合物萃取的相对含量有显著差异,平衡时间5 min时最高(67.59%),平衡时间10 min时最低(43.88%)。平衡时间15 min时醇类物质数量最少,其他两组醇类物质数量无明显差异;各种处理方法萃取的碳氢化合物的数量均较多,而相对含量均较低;各种处理方法萃取的酯类物质数量和相对含量有显著性差异, 平衡时间15 min时萃取的酯类物质数量最多,其次是平衡时间10 min时,说明平衡时间越长,萃取的酯类物质数量越多;而酯类相对含量则是平衡时间10 min时最高。酸类物质数量在平衡时间5 min时较其他两组多。不同平衡时间下萃取的醛类、醚类、酮类物质及碳氢化合物相对含量无显著性差异,但平衡时间10 min时,醛类、醚类、酮类物质数量较其他两组多。为获得较全面的物质信息、主要呈香物质的相对含量比,选用平衡时间10 min进行萃取较为适宜。

2.2 解吸时间的选择

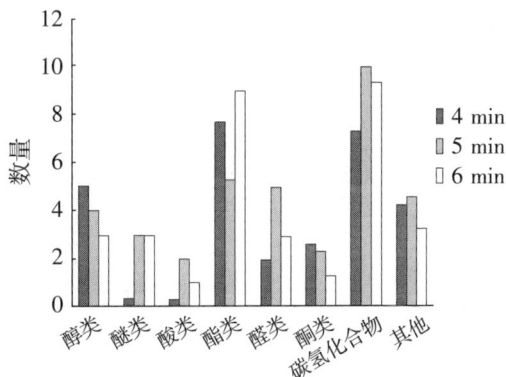

图2 3种解吸时间条件下玫瑰香葡萄挥发性物质数量的比较

由图2可知,当解吸时间为4 min时,共检测出31种化合物,其中醇类5种、酸类1种、酯类7种、醚类2种、酮类3种、碳氢化合物8种、其他物质5种。当解吸时间为5 min时,共检测出36种化合物,其中醇类4种、醛类3种、酸类2种、酯类4种、醚类5种、酮类2种、碳氢化合物10种、其他物质6种。当解吸时间为6 min时,共检测出26种化合物,其中醇类3种、醛类1种、酸类1种、酯类4种、醚类3种、酮类1种、碳氢化合物9种、其他物质4种。解吸时间为

5 min 时,醛类、酸类、醚类、酮类物质及碳氢化合物的数量均较多,醇类物质数量在解吸时间 4 min 时最多,6 min 时最少,说明解吸时间越长,醇类数量越少,而酯类物质数量在解吸时间 6 min 时最多。由表 1 可知,在不同解吸时间条件下,各挥发性物质差异显著,其中芳樟醇、橙花醚、玫瑰醚、香叶醇等均在不同处理方法中被检测出来,解吸时间 5 min 时峰面积显著大于其他两组。辛酸乙酯在解吸时间 5 min 时峰面积显著大于解吸时间 6 min 时,而在解吸时间 4 min 时并未检测到。橙花醇的峰面积在解吸时间 5 min 时显著大于解吸时间 4 min 时,而在解吸时间 6 min 时并未检测到。解吸时间 5 min 时,检测到葵醛、柠檬醛、环丙烯、缩水甘油、丙二烯、巴豆酸乙烯酯,而在其他处理中并未检测到。考虑到检测出来的挥发性物质的数量以及峰面积的大小,选择解吸时间 5 min 较好。

表1　3种解吸时间条件下玫瑰香葡萄主要挥发性物质峰面积比较

峰面积 化合物	解吸时间		
	4 min	5 min	6 min
芳樟醇	9135526±233	14491576±233207b	851613±217411a
橙花醚	135807±6772a	248589±11928b	134971±5471a
玫瑰醚	190737±1152a	280244±8543b	192982±4270a
辛酸乙酯	—	317812±5022a	217515±6589b
橙花醇	492741±2391a	3689941±89111b	—
香叶醇	3790142±73997a	6817333±44431b	1286115±6693c
葵醛	—	133924±4249a	—
柠檬醛	—	348273±5219a	—
甲酸香叶酯	—	—	138250±5689a
葵酸乙酯	—	—	108302±3542a
酞酸二甲酯	2338595±45796a	—	3210985±64494b
巴豆酸乙烯酯	—	12316±259a	—
正辛基醚	145275±12893a	—	245700±5235b
棕榈酸甲酯	719241±7997a	—	169065±5870b
环丙烯	—	35470±2567a	—
缩水甘油	—	13357±1439	—
丙二烯	—	12530±1033a	—

注:"—"表示未检出,不同字母代表有显著性差异($P<0.05$),下同。

2.3 萃取温度的选择

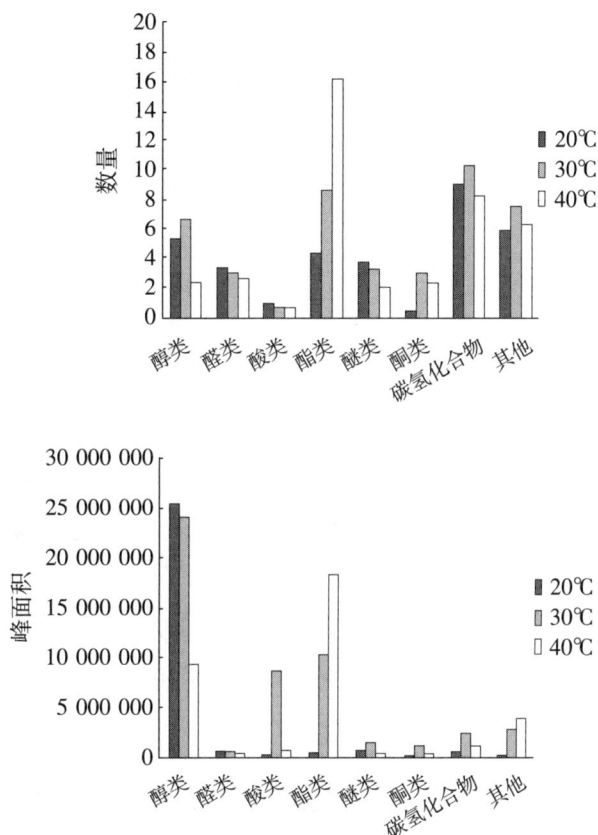

图3 不同萃取温度条件下玫瑰香葡萄挥发性物质数量以及峰面积的比较

由图 3 可知,当萃取温度为 20℃时,共检测出 34 种化合物,其中醇类 6 种、醛类 3 种、酸类 1 种、酯类 4 种、醚类 4 种、碳氢化合物 10 种、其他物质 6 种;当萃取温度为 30℃时,共检测出 44 种化合物,其中醇类 6 种、醛类 3 种、酸类 1 种、酯类 9 种、醚类 3 种、酮类 3 种、碳氢化合物 11 种、其他物质 8 种;当萃取温度为 40℃时,共检测出 42 种化合物,其中醇类 2 种、醛类 3 种、酸类 1 种、酯类 18 种、醚类 2 种、酮类 2 种、碳氢化合物 8 种、其他物质 6 种。当萃取温度为 40℃时,酯类物质数量明显增加,但其他类化合物数量较少,当萃取温度为 30℃时,除酯类物质外,其他各类挥发性物质数量较多。在 20℃、30℃和 40℃三种萃取温度下,各类挥发性物质峰面积差异也较为明显,萃取温度 40℃条件下醇类物质峰面积显著低于其他两种处理方法,其他两组无显著性差异;醛类、醚类、酮类物质和碳氢化合物峰面积均较小。萃取温度 30℃条件下酸类物质峰面积显著大于其他两组处理方法，不同温度下萃取的酯类物质峰面积差异显著，其中 40℃时最大，20℃时最小。由以上可以得出，考虑到检测到的挥发性物质的数量和主要挥发性物质的响应强度，选择萃取温度 30℃较好。

2.4 吸附时间的选择

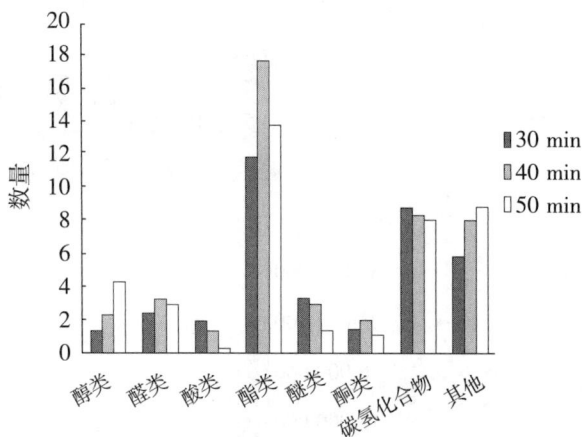

图 4　不同吸附时间条件下玫瑰香葡萄挥发性物质数量比较

由图 4 可知，不同吸附时间条件下，醛类、酮类和碳氢化合物在数量上无明显差异，酯类物质有明显差异，吸附 40 min 时数量最多，吸附 30 min 时数量最少。吸附 50 min 条件下萃取的醇类物质数量较其他两种处理方法多，吸附 30 min 时醇类物质数量较少。酸类、醚类在吸附 50 min 时较其他两种处理方法少。由表 2 可以看出，玫瑰醚、橙花醚、葵醛、香叶醇、肉豆蔻酸异丙酯的峰面积有显著性差异（$P<0.05$），吸附 40 min 条件下各物质的响应强度最高；芳樟醇、辛酸乙酯在吸附 50 min 条件下峰面积最大，酞酸二甲酯则在吸附 30 min 条件下峰面积最大。薄荷脑、香叶酸只在吸附 30 min 时被检测到；壬酸、大根香叶烯、水杨酸-2-乙基己基酯只在吸附 40 min 条件下被检测到，其他处理方法并未检测到；柏木脑、左旋乙酸冰片酯只在吸附 50 min 时被检测到。综合以上因素，考虑到各物质的数量和主要挥发性物质的响应强度，吸附 40 min 条件下各挥发性化合物数量均较多，且响应强度较高，故选择吸附 40 min 较为合适。

表2 3种吸附时间条件下玫瑰香葡萄主要挥发性物质峰面积比较

化合物 \ 峰面积	解吸时间		
	30 min	40 min	50 min
芳樟醇	8954006±41079a	—	10795460+536963b
玫瑰醚	169058±4745a	448028±6756b	175560+5525a
橙花醚	89500±896a	275614±7942b	134811±8156c
辛酸乙酯	446264±6124a	646097±6167b	943944±7986c
壬醛	53845±55la	l087532±34850b	—
癸醛	97336±613a	635601±6748b	143006±3656c
香叶醇	794875±4919a	4360996±59730b	813927±36524c
壬酸	—	575003±7814a	—
酞酸二甲酯	4598949±71569a	3319390±32179b	3093783±156555b
大根香叶烯	—	272682±9809a	—
水杨酸-2-乙基己基酯	—	383715±6749a	—
肉豆蔻酸异丙酯	39497±693a	374312±6766b	46724±878c
正辛基醚	140502±2949a	274336±6941b	—
棕榈酸甲酯	245348±5603a	—	267895±11813a
柏木脑	—	—	55346±640a
左旋乙酸冰片酯	—	—	38677±662a
薄荷脑	40252±423a	—	—
香叶酸	484971±6028a	—	—

2.5 最优萃取条件下的香气成分

在最佳萃取条件下,经 GC–MS 分析,共检出 70 种化合物,经与标准谱图比对以及去除杂质 5 种,共鉴定出 39 种主要挥发性化合物,匹配度均大于 70%,说明采用顶空固相微萃取方法能够定性分析玫瑰香葡萄的主要香气成分,结果见表3。由表3可知,39 种化合物峰面积之和占总峰面积的 96.54%,说明此种方法可快速、准确地定量分析玫瑰香葡萄的主要香气成分。

研究发现,萃取温度过高,会造成萃取出来的酯类物质含量偏高,而其他物质含量偏低,可能是由于温度较高,挥发性物质发生氧化,如醇类、醛类、酮类等物质被氧化而形成酯类物质。萃取温度过低,则挥发性物质不能很好地被萃取出来,造成挥发性物质含量偏低,数量偏少。在平衡和解吸的过程中,如果时间过长,则萃取出来的酯类物质较多,而其他种类的挥发性物质较少,可能是由于过长的时间使得一些挥发性物质经氧化形成酯类物质;时间过短,则萃取出来的物质种类较少,响应强度也较低。在吸附的过程中,随着相对分子质量的增大,化学物质的萃取平衡较难达到,延长吸附时间,有利于达到萃取平衡。相对分子质量较小的挥发性物质平衡容易达到,但吸附时间过长,因竞争吸附会造成小分子物质的脱附[18]。

表3 玫瑰香葡萄香气成分 GC-MS 分析结果

序号	保留时间/min	相对含量/%	化合物	匹配度/%
1	10.051	0.08	辛酸乙酯	70
2	11.100	0.18	2,7-二甲基-1,7辛烯	80
3	12.825	0.09	右旋萜二烯	84
4	13.000	0.12	2-乙基己醇	90
5	13.658	0.06	(Z)-3,7-二甲基-1,3,6-十八烷三烯	81
6	13.908	0.11	棕榈酸甲酯	89
7	14.642	0.13	顺-α,α-5-三甲基-5-乙烯基四氢化呋喃-2-甲醇	86
8	15.175	0.14	cyclohexene,3-methyl-6-(1-methylethylidene)-	87
9	15.817	35.24	芳樟醇	96
10	15.933	0.26	罗勒烯	91
11	16.008	0.14	壬醛	89
12	16.167	0.50	玫瑰醚	93
13	17.683	0.64	橙花醚	91
14	18.358	0.36	2,2,6-三甲基-6-乙烯基四氢-2H-呋喃-3-醇	90
15	19.233	2.02	alpha-松油醇	81
16	19.575	0.60	癸醛	94
17	19.708	0.02	3-甲基-4-戊烯基乙酸	71
18	20.000	0.10	正辛基醚	79
19	20.175	2.37	香叶醇	91
20	20.242	4.85	橙花醇	84
21	20.617	0.29	(S)-(±)-柠檬醛	86
22	20.983	22.11	3,7-二甲基-1,6辛二烯-3-醇	97
23	21.558	0.51	柠檬醛	91
24	21.725	0.02	薄荷脑	72

序号	保留时间/min	相对含量/%	化合物	匹配度/%
25	22.192	0.12	4-烯丙基苯甲醚	72
26	22.608	0.02	1-庚炔-4-醇	74
27	23.292	0.07	3,3-甲基-1,5-庚二烯	77
28	23.592	0.05	4-ethenyl-4-methyl-1-(propan-2-yl)-3-(prop-1-en-2-yl)cyclohexene	79
29	24.125	18.67	香叶酸	94
30	24.475	0.02	Z-9-十六烯醛	72
31	24.608	0.15	别香橙烯	76
32	24.867	0.42	大马士酮	94
33	25.250	0.85	癸酸乙酯	94
34	25.400	0.66	十四烷	87
35	25.700	0.31	正十五碳醛	81
36	26.083	0.23	1-石竹烯	73
37	26.283	0.17	伽马-榄香烯	73
38	26.733	1.27	香叶基丙酮	93
39	26.808	2.59	酞酸二甲酯	95

葡萄果实的风味主要由呈香物质(香气物质)和呈味物质(糖、酸)决定[19]。本研究检测出玫瑰香葡萄中醇类物质和酯类物质是主要的香气物质,其中芳樟醇的响应强度最高,达到 10^8;其次为香叶醇、酞酸二甲酯,响应强度达到 10^7;橙花醇、辛酸乙酯、癸酸乙酯、玫瑰醚等物质的响应强度为 10^6。这些物质中,橙花醇,有温和的香甜气味,辛酸乙酯有玫瑰、橙子的果香[13],癸酸乙酯具有椰子香型香气,香叶醇具有温和、香甜的玫瑰花气息,玫瑰醚有清甜的花香香气,似玫瑰和新鲜香叶的香气[20],这些物质均能表现出玫瑰香葡萄特有的香气。李凯等[21]研究表明,利用 GC-MS 技术进行分析,玫瑰香葡萄主要成分为 3,7-二甲基-1,6-辛二烯-3-醇(沉香醇)和 2-己烯醛,其相对含量分别为 21.043% 和 10.400%。本研究与该报道有相似之处,也检测出玫瑰香葡萄有沉香醇物质,在最佳萃取条件下相对含量为 22.11%,不同之处在于本研究检测出芳樟醇、香叶酸为主要物质,相对含量分别达到 35.24%、18.67%。刘万好等[22]研究表明,玫瑰香葡萄在萃取温度为 60℃时吸附 45 min,可萃取 24 种挥发性化合物,包括里那醇、2-己烯醛、β-月桂烯、蒎烯、紫苏烯、苯乙醇、异戊醇等物质,而本研究并未检测到,可能是

由于玫瑰香葡萄的产地不同,因而香气成分略有差异。但本研究萃取的化合物数量较多,萃取条件更优。

3 结论

本研究比较了平衡时间、解吸时间、萃取温度、吸附时间四个因素对玫瑰香葡萄检出的挥发性物质数量及峰面积的影响,最优组合为平衡时间 10 min、解吸时间 5 min、萃取温度 30℃、吸附时间 40 min。在此优化萃取条件下得到的挥发性物质的数量较多、响应强度较高,检测出玫瑰香葡萄的主要挥发性物质有芳樟醇、橙花醚、玫瑰醚、橙花醇、香叶醇、辛酸乙酯、柠檬醛、酞酸二甲酯、棕榈酸甲酯、正辛基醚等。本研究建立的 GC-MS 分析方法可以获得较全面的玫瑰香葡萄中挥发性物质的组成信息。

参考文献
[1]左俊伟,亓相媛,赵彩云,等.宁夏贺兰山东麓产区霞多丽、贵人香干白葡萄酒香气成分分析[J].食品与发酵工业,2016,42(10):149-155.
[2]Šuklje K,Antalick G,Buica A,et al. Inactive dry yeast application on grapes modify Sauvignon Blanc wine aroma[J]. Food Chem,2016,197(6):1073-1084.
[3]卓黎阳.超高效液相色谱—串联四极杆质谱测定酒中 15 种邻苯二甲酸酯[J].分析试验室,2013,32(9):68-73.
[4]陶永胜,刘吉彬,兰圆圆,等.人工贵腐浸渍葡萄香气的仪器分析与感官评价[J].农业机械学报,2016,47(2):270-315.
[5]徐亚男,刘秋萍,李琦,等.对非酿酒酵母菌发酵赤霞珠葡萄酒香气成分的检测[J].中国酿造,2014,33(6):135-139.
[6]周晓芳,张福庆,刘建福,等.我国玫瑰香葡萄品种栽培技术现状分析[J].天津农业科学,2014,20(6):97-102.
[7]李凯,田淑芬,黄建全,等.二氧化碳浸渍法和传统法酿造条件下玫瑰香葡萄酒香气成分的对比分析[J].食品与发酵工业,2018,44(4):204-211.
[8]Jiang B,Xi Z,Luo M,et al. Comparison on aroma compounds in Cabernet Sauvignon and Merlot wines from four wine grape-growing regions in China [J].Food Research International,2013,51(2):482-489.
[9]Slaghenaufi D,Perello M C,Marchand S,et al. Quantitative solid phase microextraction-gas chromatography mass spectrometry analysis of five megastigmatrienone isomers in aged wine[J].Analytica Chimica Acta,2014,813(16):63-69.
[10]Houtman A C,Marais J,Plessis C S D. Factors affecting the reproducibility of fermentation of grape juice and of the aroma composition of wines 1. Grape maturity, sugar, inoculum concentration, aeration,juice turbidity and ergosterol [J].Vitis,2016,19(1):37.

[11]Prat L,Espinoza M I,Agosin E,et al. Identification of volatile compounds associated with the aroma of white strawberries (Fragaria chiloensis)[J]. Journal of the Science of Food & Agriculture,2014,94(4):752-759.
[12]Cirlini M,Caligiani A,Palla L,et al. HS-SPME/GC-MS and chemometrics for the classification of balsamic vinegars of modena of different maturation and ageing[J]. Food Chemistry,2011,124(4):1678-1683.
[13]裴广仁.辽宁桓仁冰酒产区冰葡萄酒关键工艺研究[D].烟台大学硕士学位论文,2010.
[14]赵英莲,牟德华,李艳.顶空固相微萃取联合气相色谱-质谱检测葡萄酒中 2,4,6-三氯苯甲醚[J].食品科学,2016,37(10):219-222.
[15]薛妍君,张丽,冯莉,等.茉莉芳香成分的固相微萃取优化与分析[J].食品工业科技,2015,36(1):328-333.
[16]陈薇薇,孙海艳.枇杷香气成分固相微萃取条件的正交试验优化[J].食品科学,2015,36(39):35-39.
[17]张明霞,赵旭娜,杨天佑,等.顶空固相微萃取分析白酒香气物质的条件优化[J].食品科学,2011,32(12):49-53.
[18]夏亚男,李佳颖,陈建乔,等.红枣白兰地香气成分固相微萃取条件的优化[J].食品科技,2014(4):252-257.
[19]文彦.形成葡萄酒香气特征的关键香气成分及其呈香机制研究[D].西北农林科技大学硕士学位论文,2013.
[20]赵璐,赵树欣,王晓丽,等.GC-MS 法研究玫瑰香葡萄酒中的香气成分[J].中国酿造,2011,30(3):158-160.
[21]李凯,商佳胤,黄建全,等.应用顶空固相微萃取-气相色谱质谱技术分析不同商业酿酒酵母对玫瑰香葡萄酒香气成分的影响[J].食品与发酵工业,2017,43(10):213-219.
[22]刘万好,郑秋玲,张超杰,等.无核化处理 X 寸"玫瑰香"葡萄果实香气的影响[J].经济林研究,2014,9(3):171-174.

果实和种子性状对宁夏枸杞果实商品品质的影响 *

李　静　王秀芬　刘立轩　冷晓红

摘要:本研究以宁杞1号为实验材料,对5个产区枸杞果实和种子的性状指标进行测定,同时应用数理统计的方法对果实百粒重和单果种子数量进行统计,以期为不同产区同一品种枸杞的商品品质评价提供参考和依据。本研究通过传统性状鉴别和体式显微镜成像相结合的方法,对5个产区枸杞果实和种子性状进行观察、描述;采用SPSS 19.0统计软件对枸杞果实百粒重和种子数量进行统计。结果显示,宁夏、内蒙古产区枸杞果实为长纺锤形,引种甘肃、青海后果实形状趋于卵圆形和椭圆形;果实纵径、横径的变化规律一致,均表现为:青海>宁夏固原>宁夏中宁>甘肃靖远>内蒙古;枸杞种子纵径变化规律与果实纵径、横径变化规律一致;百粒重数理统计结果显示,5个产区均有显著差异;种子数量数理统计结果显示,内蒙古与宁夏中宁、宁夏固原、甘肃靖远、青海产区枸杞种子数量有显著差异,而其他4个产区枸杞种子数量没有显著差异。对不同产区宁夏枸杞果实和种子性状的对比研究,能够评价不同产区宁夏枸杞的商品品质。

关键词:果实和种子性状;宁夏枸杞;商品品质

作者简介:李静(1982—),女,硕士,讲师,研究方向为药用植物资源。
* 本文为宁夏高等学校项目(NGY2016252)成果,表发于《种子》2017年第8期。

宁夏枸杞(*Lycium barbarum* L.)属茄科枸杞属多年生落叶灌木,主要分布在宁夏、内蒙古、青海、甘肃等干旱、半干旱地区,作为栽培作物已有上千年的历史。我国现存最早的药学专著《神农本草经》对枸杞有"久服轻身不老"的评价[1]。现代药理学研究表明,枸杞子具有增强免疫力、防衰老、抗肿瘤、抗氧化等多方面的药理作用[2]。

因枸杞较高的药用价值,近年来我国枸杞种植面积不断扩大。宁杞1号是宁夏农林科学院选育的高产、优质、适应性强的枸杞新品种,是我国枸杞的主栽品种,在生产中表现出丰产、稳产、品质好、易制干、病虫害抗性强、管理简单等综合优势[3]。张晓煜等研究表明,即便是同一枸杞品种,受田间管理水平、施肥水平、气象条件的影响,各地出产的枸杞质量也不尽相同,消费者很难判断哪个地区出产的枸杞品质好[4]。枸杞的综合品质由药品品质和商品品质共同决定,一般判别枸杞商品品质主要看是否个大、肉厚、色红、味甜。然而,宁夏枸杞的主要药用部位为果实,种子也是果实的重要组成部分,对果实的发育起着重要作用。前人对其他植物果实的研究表明,果实内种子的数量与果实的大小之间存在相关关系。因此,研究枸杞种子的性状对枸杞商品品质的判别也显得尤为重要。

本研究对宁夏枸杞的5个主要产区进行取样,从果实和种子性状方面对影响枸杞商品品质的主要指标进行对比研究,以期明确宁杞1号在全国引种后商品品质的变化规律,建立不同产区宁夏枸杞商品品质评价依据。

1 仪器与材料

1.1 仪器

奥林巴斯 SZX 16 型变焦体式显微镜(日本奥林巴斯公司);Nikon Coolpix 4500 相机(日本 Nikon 公司);电子游标卡尺(精度 1 mm);电子分析天平(百分之一)。

1.2 材料

本实验材料采自宁夏中宁、宁夏固原、内蒙古、青海、甘肃靖远 5 个产区,经宁夏药检所韩义欣主任药师鉴定为茄科植物宁夏枸杞(*Lycium barbarum* L.)的干燥成熟果实,枸杞品种为宁杞 1 号。

2 方法与结果

2.1 样品的制备

取不同产区的枸杞干果,将其粘在载玻片上,固定载玻片,将镜头对准样品表面,调至拍摄部位清晰为止,转动微调,观察样品不同角度的表面微性状,并拍照。

2.2 果实的外观性状测定

随机抽取不同品种枸杞干果各 10 粒,用游标卡尺分别测定果实的纵径、横径,并对果实形状、色泽、味道进行鉴别,结果见表 1 和图 1。

表 1　不同产区枸杞果实性状比较

指标	宁夏中宁	宁夏固原	内蒙古	甘肃靖远	青海
果实纵径 /mm	17.84	18.98	13.39	15.92	20.91
果实横径 /mm	7.33	7.86	6.20	6.58	9.45
果实形状	长纺锤形,先端钝尖	长纺锤形,先端钝尖	长纺锤形,先端钝尖	卵圆形,先端钝尖	椭圆形,先端钝尖
果实色泽	暗红色	暗红色	暗红色	暗红色	紫红色
果实味道	先甜而后微苦	先甜而后微苦	甜	先甜而后微苦	甜

从表 1 和图 1 可以看出,不同产区枸杞果实性状存在一定差异,主要表现在:(1)果实形状由长纺锤形渐变为卵圆形、椭圆形;(2)果实纵径、横径:不同产

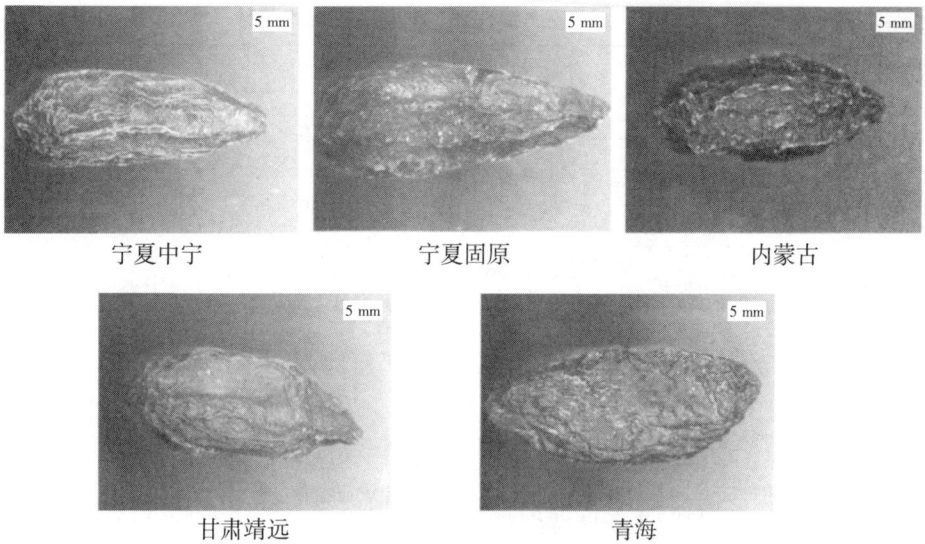

| 宁夏中宁 | 宁夏固原 | 内蒙古 |

| 甘肃靖远 | 青海 |

图1 不同产区枸杞果实微性状鉴别图

区枸杞果实纵径、横径变化规律一致,均表现为青海>宁夏固原>宁夏中宁>甘肃靖远>内蒙古,而且果实纵径均为横径的2倍多;(3)果实甜度:青海>甘肃>内蒙古>宁夏,宁夏中宁、宁夏固原和甘肃靖远枸杞味道先甜而后微苦。

2.3 种子的外观性状测定

将2.2项下经过测量的果实用清水浸泡过夜后,剥去果皮,采用体式显微镜测定枸杞种子的纵径、横径,对不同产区枸杞种子的形状、颜色进行鉴别,并拍

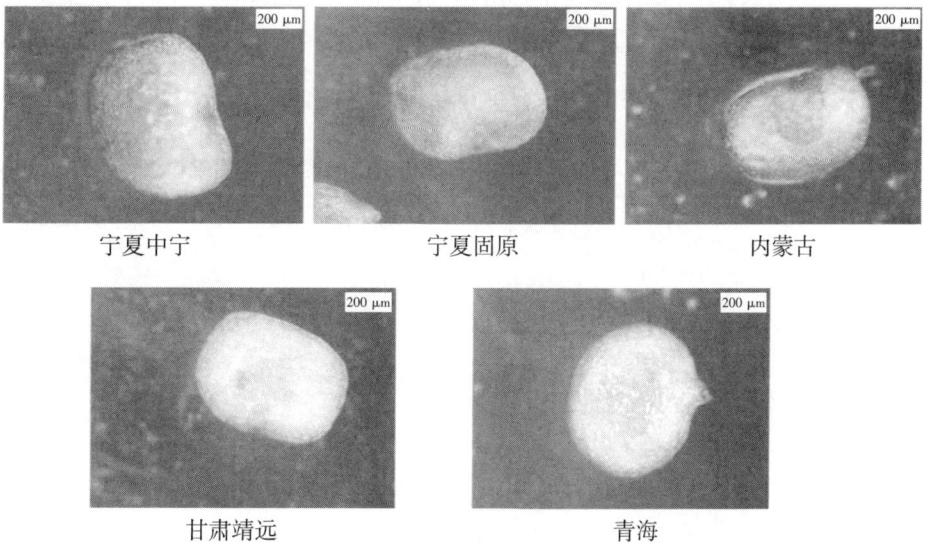

| 宁夏中宁 | 宁夏固原 | 内蒙古 |

| 甘肃靖远 | 青海 |

图2 不同产区枸杞种子微性状鉴别图

表 2　不同产区枸杞种子性状比较

指标	宁夏中宁	宁夏固原	内蒙古	甘肃靖远	青海
种子纵径 /mm	0.90	1.16	0.26	0.93	1.24
种子横径 /mm	0.71	0.89	0.20	0.75	0.87
种子形状	多呈肾形,种脐向内凹陷, 位于种子的中脊中部	同宁夏中宁	同宁夏中宁	同宁夏中宁	同宁夏中宁
种子色泽	棕黄色	棕黄色	棕黄色	淡黄色	棕黄色至黄色

照,结果见表 2 和图 2。从表 2 可以看出,不同产区枸杞种子性状存在一定差异,主要表现在:(1)种子纵径:青海>宁夏固原>甘肃靖远>宁夏中宁>内蒙古;(2)种子横径:宁夏固原>青海>甘肃靖远>宁夏中宁>内蒙古;(3)种子形状和颜色差异不显著。

从图 2 可以看出,不同产区枸杞种子微性状差异不显著,可能是由于种子性状是受基因控制的,不同产区的宁杞 1 号的基原植物均为宁夏枸杞(*Lycium barbarum* L.)。

2.4　枸杞果实百粒质量、单果种子数测定

枸杞果实百粒质量是枸杞商品等级划分的主要参考指标。宁夏枸杞果实类型为浆果,前人对其他果实的发育研究表明,浆果越大,浆果内种子的数量越多[5]。本实验随机抽取不同产区枸杞各 100 粒,分别测定果实的百粒质量(测定10 组)和单果种子数,结果见表 3。同时采用 SPSS 19.0 统计软件对枸杞果实百粒质量和单果种子数进行对比研究,结果见表 4。

表 3　不同产区枸杞果实百粒质量和单果种子数

指标	宁夏中宁	宁夏固原	内蒙古	甘肃靖远	青海
百粒质量 /g	18.92	15.89	17.70	11.26	29.42
单果种子数 /粒	33.30	34.46	27.03	33.90	34.00

从表 3 可以看出,百粒质量:青海>宁夏中宁>内蒙古>宁夏固原>甘肃靖远;单果种子数:宁夏固原>青海>甘肃靖远>宁夏中宁>内蒙古。

从表 4 可以看出,不同产区枸杞果实百粒质量有明显差异。

表 4　不同产区枸杞果实百粒质量的统计学分析

产区	n	alpha=0.05 的子集				
		1	2	3	4	5
内蒙古	10	17.704				
甘肃靖远	10		22.516			
宁夏固原	10			31.776		
宁夏中宁	10				37.848	
青海	10					55.832
显著性		1.000	1.000	1.000	1.000	1.000

注：使用 Student-Newman-Keuls 法；n 为样本数；alpha 为显著性水平。

2.5　种子数量范围的统计学分析

据文献记载，枸杞种子数量范围各不相同[6]。本实验运用数理统计分析方法，依据种子数量的具体数值，计算均值的95%置信区间，运用公式均值±1.960推断枸杞种子的数量范围，其中 σ 为均值的标准差。

采用 SPSS 19.0 统计软件对不同产区枸杞种子数量范围进行统计学分析，结果见表5。

表 5　不同产区枸杞种子数量范围的统计学分析

	宁夏中宁	宁夏固原	内蒙古	甘肃靖远	青海
均值	35.07	34.28	27.02	33.90	34.67
标准差	6.781	9.731	12.382	8.886	8.542
种子数量范围	［20.4,49.7］	［14.3,54.3］	［1.7,52.4］	［14.7,53.1］	［17.0,52.4］

从表5可以看出，宁夏中宁产区枸杞种子数量范围为20~50枚；宁夏固原产区枸杞种子数量范围为14~54枚；内蒙古产区枸杞种子数量范围为2~52枚；甘肃靖远产区枸杞种子数量范围为15~53枚；青海产区枸杞种子数量范围为17~52枚。

表 6　不同产区枸杞种子数量范围的统计学分析

产区	n	alpha=0.05 的子集	
		1	2
内蒙古	100	27.020	
甘肃靖远	100		33.900
宁夏固原	100		34.280
青海	100		34.670
宁夏中宁	100		35.070
显著性		1.000	0.626

注:使用 Student-Newman-Keuls 法;n 为样本数;alpha 为显著性水平。

从表 6 可以看出,内蒙古与宁夏中宁、宁夏固原、甘肃靖远、青海产区枸杞种子数量有显著差异,而其他 4 个产区枸杞种子数量差异没有统计学意义。

3　讨论

3.1　不同产区枸杞性状鉴别

本实验采用外观性状结合微性状鉴别的方法对不同产区枸杞果实及种子进行对比研究。结果显示,不同产区宁杞 1 号枸杞果实和种子性状有不同程度的差异。主要表现在:(1)宁夏、内蒙古产区果实为长纺锤形,引种甘肃、青海后果实形状趋于卵圆形和椭圆形;(2)果实纵径、横径的变化规律一致,均为青海>宁夏固原>宁夏中宁>甘肃靖远>内蒙古;(3)枸杞种子纵径变化规律与果实纵径、横径变化规律一致。(4)不同产区枸杞种子数量数理统计结果显示,内蒙古与甘肃靖远、宁夏固原、青海、宁夏中宁产区枸杞种子数量有显著差异,而其他 4 个产区枸杞种子数量没有显著差异。

种子是果实的重要组成部分之一,同时是产生多种激素的中心,而激素又是控制植物生长发育的物质之一,当然对果实的发育也产生重要的影响。因此,果实生长的真正原因并非种子本身,而是种子所产生的激素。郑国琦等研究表明,宁夏枸杞种子长度与果实纵径呈极显著正相关关系,种子重量与果实横径呈显著正相关关系[7]。本实验结果显示,内蒙古产区枸杞种子数量与其他产区有显著差异,种子纵径、横径最小,因此,果实纵径、横径也最小。

3.2 不同产区枸杞商品品质比较

张晓煜等对宁夏枸杞的商品品质进行评价,认为百粒质量对枸杞商品品质影响最大,果长反映消费者对枸杞果形的认可程度。一般来讲,果长越长,越受消费者欢迎。本实验应用数理统计的方法对不同产区枸杞百粒质量进行统计学分析,数据更客观。从商品品质的比较结果可以看出,青海产区宁夏枸杞的商品品质显著优于其他产区,表现为枸杞百粒质量最大、果实纵径和横径均最大,其次为宁夏固原、宁夏中宁、甘肃靖远产区,内蒙古产区枸杞商品品质最差。

魏玉清等对引种到不同产区的宁杞1号进行了RAPD分析,认为宁杞1号没有因环境的改变而发生变化,引起宁杞1号果实性状发生变化的主要因素是环境[8]。林楠等对枸杞性状与气候指标的相关性分析表明,在一定范围内,海拔越高的产区,其枸杞百粒质量越重、果粒越大[9]。本实验中宁杞1号的5个主要产区中海拔高度以青海最高,这可能是导致青海产区枸杞百粒质量最重和果实纵径、横径最长的主要原因。

参考文献

[1]吴普等述,孙星衍、孙冯翼辑.神农本草经[M].北京:人民卫生出版社,1963.

[2]国家药典委员会.中华人民共和国药典:一部[M].北京:中国医药科技出版社,2015.

[3]徐咸虎,吴立宏,赵志礼,等.宁杞1号枸杞栽培技术[J].现代农业科技,2011(9):132–133.

[4]张晓煜,刘静,吴连喜.枸杞品质综合评价体系构建[J].中国农业科学,2004,37(3):416–421.

[5]耿玉韬.种子与果实发育的关系[J].生物学通报,1988(12):4.

[6]张天天,侯芳洁,李英,等.不同产地枸杞子微性状鉴别研究[J].中药材,2016,39(5):1010–1013.

[7]郑国琦,苏雪玲,马玉,等.宁夏枸杞种子性状对果实大小的影响[J].北方园艺,2015(7):134–137.

[8]魏玉清,许兴,王璞.不同地区主要栽培宁夏枸杞品种的RAPD分析[J].西北农林科技大学学报:自然科学版,2007,35(1):91–95.

[9]林楠,杨宗学,蔺海明,等.不同产区枸杞质量的比较研究[J].甘肃农业大学学报,2013,48(2):34–39.

12 个紫花苜蓿品种在宁夏南部山区适应性评价 *

张学礼　张国玲　张玉荣

摘要：为了筛选出适合在宁夏南部山区推广种植的苜蓿品种，本试验对 12 个紫花苜蓿品种物候期、越冬率、株高、枝条数、茎叶比、年干草产量等农艺性状指标进行了测定，并运用聚类分析法进行综合评价。结果表明，各品种返青期有早有迟，整体上物候期的差异不明显。在生长特性、生产性能上差异较大，甘农 4 号、中兰 1 号、皇后等 3 个品种具有较好的生产能力和生态适应性，适合在该地区进行种植推广；WL232、勇士、WL319HQ 等 3 个品种越冬性较差，植株较矮，生产性能低下，不宜在该地区种植推广。

关键词：紫花苜蓿；宁夏南部山区；品种；聚类分析；适应性

作者简介：张学礼（1963—），男，副教授，本科，研究方向为饲草料及畜牧兽医。
* 本文发表于《黑龙江畜牧兽医》2017 年第 8 期。

　　紫花苜蓿（*Medicago sativa*）是世界上栽培和利用价值最高的豆科牧草[1-2]，适应性广，生物固氮能力强，草质优良，营养价值高，适口性好，素有"牧草之王"之美称[3]。紫花苜蓿不仅具有良好的抗寒、抗旱及再生性能，而且产量高，草质优，富含粗蛋白、维生素、无机盐以及动物必需氨基酸，是草产业发展的首选牧草之一[4-6]。宁夏是全国苜蓿主要产区之一。

　　随着 2000 年西部大开发、农业生产结构调整、退耕还林还草等政策的实施，紫花苜蓿在宁夏南部山区得到广泛种植。目前苜蓿品种老化、产量低、品质差，已经不能满足当地的需要。为了提高苜蓿产量和品质，避免苜蓿品种种植的盲目性，本试验对引进的 12 个国内外优质高产苜蓿品种进行了适应性综合分析和评价，以筛选出适合该地区种植的优质高产品种，为当地紫花苜蓿品种的推广提供科学依据，现报道如下。

1　研究区概况

　　试验地位于宁夏回族自治区彭阳县罗堡村，属半干旱黄土丘陵区。该地区平均海拔1600~1700 m，年平均气温为 7.7℃，≥10℃积温为2300~2700℃，年降雨量为 400~500 mm，降雨主要集中在 6~8 月份，降雨量小，蒸发量大，无霜期为 140~160 d。主要土壤类型为黑垆土，肥力中等，土壤基础养分状况见表 1。

表 1 试验地土壤基础养分含量

土层深度/cm	pH 值	全盐/(g·kg⁻¹)	有机质/%	全氮/%	全磷/%	全钾/%	速效氮/(mg·kg⁻¹)	速效磷/(mg·kg⁻¹)	速效钾/(mg·kg⁻¹)
0~20	8.55	0.39	1.08	0.095	0.071	1.83	49.78	9.52	293.5
20~40	8.42	0.36	0.92	0.074	0.062	1.79	46.12	8.31	267.4

2 材料与方法

2.1 供试品种

供试 12 个苜蓿品种中,国外引进品种 7 个、国内优良品种 5 个。播种前在实验室对每个品种进行纯净度、千粒重、发芽率的测定,具体品种名称及种子性状见表 2。

表 2 供试苜蓿品种来源及种子性状

序号	品种名称	产地	纯净度/%	千粒重/g	发芽率/%
1	中兰 1 号	中国甘肃	85	1.85	88
2	公农 1 号	中国吉林	83	1.95	86
3	勇士	美国	95	2.02	92
4	赛特	法国	96	2.09	90
5	陇东苜蓿	中国甘肃	80	1.78	82
6	龙牧 801	中国黑龙江	88	1.95	89
7	皇后	美国	95	2.01	94
8	甘农 4 号	中国甘肃	86	1.88	92
9	超音速	澳大利亚	90	1.96	90
10	阿迪娜	美国	90	2.06	95
11	WL319HQ	美国	98	3.85(包衣)	95
12	WL232	美国	98	3.81(包衣)	92

2.2 试验设计

试验采用随机区组排列,3 次重复,小区面积为 3 m × 5 m=15 m²,采用条播,行距 30 cm,播深 2~3 cm,播种量为 18 kg/hm²。试验地四周留有 1 m 宽的保护行。

2.3 测定项目

物候期:记录各品种的生育期,以观测其对当地气候条件的适应性。生育期的记录时间以该品种有一半植株到达该时期为准。

越冬率:在播种当年的入冬时节(10月下旬左右),每个小区内选择有代表性的1 m长样段,测定样段内的植株总数,并做好标记。翌年返青后(4月上旬左右)测定该样段内返青存活植株数,按下列公式计算越冬率,取3次重复平均值。

越冬率(%)=(返青植株数/越冬前植株数)×100%。

株高:每次刈割前每个小区随机取30株,测定植株绝对高度,取平均值。

枝条数:在小区测产时随机测定1 m样段内植株枝条数,每小区重复3次。

茎叶比:初花期刈割各品种植株,混合后取鲜草样500 g,在室外将茎叶分开,自然条件下风干后分别称重,计算茎叶比。

茎叶比=(风干样中茎的质量/风干样中叶的质量)×100%。

干草产量:各品种于初花期,每小区取样1 m²(用1 m×1 m样方框)刈割,草样自然风干,称重,3次重复,取平均值;计算每亩(1亩≈667 m²)干草产量。

2.4 数据的统计分析

试验数据应用Microsoft Excel和SARS 9.1软件进行处理、统计和聚类分析。

3　结果与分析

3.1　越冬率及物候期

对12个苜蓿品种的越冬率、返青期、分枝期、现蕾期、初花期等进行观测,结果见表3。

由表3可知,越冬率高于90%的有7种,低于90%的有5种。越冬率比较高的以国内品种居多,龙牧801越冬率最高(达100%),WL232越冬率最低(78%)。

不同品种的返青期差异比较明显,龙牧801返青最早,WL319HQ返青最迟,两者相差7 d。随着气温的回升,各品种物候期逐渐趋于一致。分枝期在4月底5月初,现蕾期在5月26日左右,初花期在6月13日前后。不同苜蓿品种在相同环境条件下的生育期不同,说明品种之间的遗传背景差异较大,因此,不同品种的生态适应性也不同。

表 3　不同苜蓿品种的越冬率及播种翌年主要物候期

序号	品种名称	越冬率/%	返青期	分枝期	现蕾期	初花期
1	中兰 1 号	94	04-06	04-28	05-25	06-13
2	公农 1 号	98	04-05	04-27	05-25	06-13
3	勇士	84	04-08	04-30	05-26	06-14
4	赛特	81	04-10	05-01	05-27	06-13
5	陇东苜蓿	95	04-06	04-28	05-25	06-13
6	龙牧 801	100	04-04	04-27	05-25	06-13
7	皇后	95	04-06	04-29	05-25	06-13
8	甘农 4 号	95	04-07	04-28	05-25	06-13
9	超音速	91	04-09	04-30	05-26	06-14
10	阿迪娜	87	04-10	04-30	05-27	06-14
11	WL319HQ	82	04-11	05-02	05-26	06-14
12	WL232	78	04-10	05-02	05-27	06-14

3.2　株高

表 4　不同苜蓿品种生物学指标

序号	品种名称	株高/cm	枝条数/ （根·m^{-1}）	茎叶比	年干草产量/ （kg·亩$^{-1}$）
1	中兰 1 号	86.3^a±2.8	155.2^a±16.1	1.15^d±0.08	551.44^{ab}±35.42
2	公农 1 号	78.5^b±2.9	144.2^{abc}±13.6	1.26^{bc}±0.14	509.52^c±28.58
3	勇士	71.9^{cd}±1.8	126.5^c±11.6	1.42^a±0.18	411.35^{fg}±21.52
4	赛特	70.1^d±1.8	131.9^{bc}±11.7	1.35^{ab}±0.14	455.59^{def}±23.46
5	陇东苜蓿	75.7^{bc}±1.4	138.6^{bc}±12.4	1.36^{ab}±0.15	446.14^{def}±34.73
6	龙牧 801	84.8^a±3.1	146.5^{ab}±15.3	1.25^{bcd}±0.15	511.65^c±21.33
7	皇后	82.4^a±2.7	151.4^{ab}±17.5	1.20^{cd}±0.09	543.56^b±22.18
8	甘农 4 号	88.7^a±3.2	145.5^{ab}±9.8	1.18^{cd}±0.11	571.51^a±27.29
9	超音速	74.2^{bcd}±2.4	148.8^{ab}±19.9	1.22^{cd}±0.13	480.94^{cd}±32.25
10	阿迪娜	77.6^b±2.6	140.5^{bc}±14.6	1.31^{abc}±0.21	462.37^{de}±25.19
11	WL319HQ	72.6^{cd}±1.6	133.4^{bc}±9.5	1.33^{abc}±0.11	418.86^{fg}±25.47
12	WL232	68.6^d±1.7	130.6^{bc}±14.3	1.39^a±0.12	389.36^g±29.01

注: 同列数据肩标字母完全不同表示差异显著($P<0.05$),含有相同字母表示差异不显著($P>0.05$)。

株高在一定程度上反映了牧草生长能力的强弱，是衡量牧草产量的一个重要指标[7-8]。由表4可以看出，12个供试品种整体株高68.6~88.7 cm，国内品种普遍比国外品种高。甘农4号苜蓿品种最高，达88.7 cm；WL232最低，为68.6 cm。甘农4号、中兰1号、龙牧801、皇后株高显著高于其他8个品种（$P<0.05$）。

3.3 枝条数

枝条数是反映分枝能力的重要指标，在一定程度上反映了苜蓿的生长状况。枝条数越多，说明生长得越好。由表4可知，不同苜蓿品种每米枝条数在126.5~155.2根/m²之间。勇士、WL232、赛特、WL319HQ枝条数少，中兰1号、皇后、超音速、龙牧801、甘农4号枝条数较多，说明后者具有较大生产潜力。

3.4 茎叶比

茎叶比指苜蓿单株中茎、叶的重量比，是衡量苜蓿经济性状的重要指标，能较好地反映牧草适口性和干草品质。茎叶比低的苜蓿蛋白质含量高，粗纤维含量低，适口性较好，品质好。由表4可知，不同品种的茎叶比在1.15~1.42之间，勇士的茎叶比最高（1.42），其次为WL232（1.39），中兰1号最低（1.15）。在实际观测中发现，勇士、WL232、陇东苜蓿植株偏低，叶片小且少，茎叶比偏大；而中兰1号、甘农4号等品种叶片多、大而绿，品质好。

3.5 产草量

产草量是衡量苜蓿生产能力和价值的重要指标，是适应性和生产性能的综合体现，对苜蓿的引选与评价具有重要意义。苜蓿产草量受遗传、生长环境和栽培条件等多种因素影响。来源不同的苜蓿品种因自身遗传特性不同，在同一地区的产草量也不同[9]。

由表4可知，不同苜蓿品种年干草产量存在很大差异，总体在389.36~571.51 kg/亩之间。产量以甘农4号、中兰1号、皇后较高，而WL232、勇士、WL319HQ较低。

3.6 品种间农艺性状的聚类分析

采用任何单一指标进行苜蓿品种评价都不能选出综合性强的品种。试验以各参试品种的越冬率、株高、枝条数、茎叶比、产草量等五个农艺性状为基础进行聚类分析，以期将适应性最强的品种聚为一个类群。结果见图1。

由图1可以看出，12个品种可划分为四类，甘农4号、中兰1号、皇后为一类，龙牧801和公农1号为一类，赛特、陇东苜蓿、超音速、阿迪娜为一类，勇士、

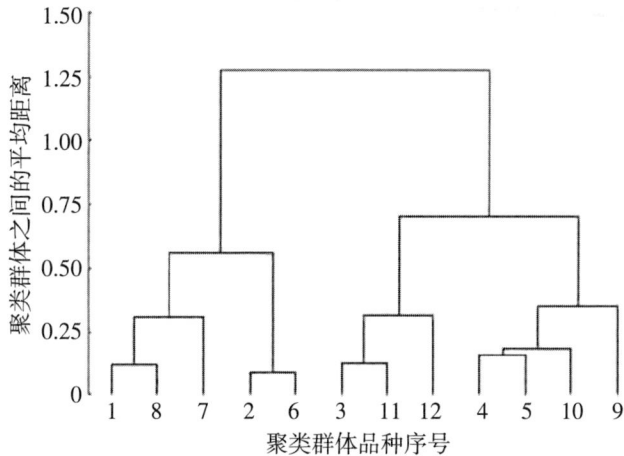

图 1　不同苜蓿品种农艺性状之间的类平均法谱系聚类图

WL232、WL319HQ 为一类。综合比较五个变量因子，甘农 4 号、中兰 1 号、皇后表现较好，能够较好地适应宁夏南部山区的生长环境，WL232、勇士、WL319HQ表现较差。

4　结论与讨论

宁夏苜蓿品种经多年种植，产草量出现不同程度下降，抗病、抗虫能力也逐渐减弱，已不能满足畜牧业产业结构调整的需要，引进国内外优良苜蓿品种进行适生性筛选具有重要意义。综合评定认为甘农 4 号、中兰 1 号、皇后具有较好的生产能力和生态适应性，适合在宁夏南部山区进行种植推广；公农 1 号和龙牧801 有较高的越冬率，说明抗寒性强，而且生产性能也不弱，可以考虑在海拔较高的丘陵梁峁上种植；而 WL232、勇士、WL319HQ 越冬率较低，植株较矮小，在本地区生产性能低，不宜推广种植。

参考文献

[1]高振生,王培,洪绂曾,等.苜蓿根蘖性状发生与生态适应性的研究[J].草地学报,1995,3(2):126-134.

[2]白静仁.我国苜蓿品种资源的发展及利用[J].中国草地,1990(4):57-60.

[3]王成章,齐胜利,史莹华,等.不同苜蓿品种比较试验[J].华中农业大学学报,2002,21(1):44-46.

[4]洪绂曾,卢欣石,高洪文.苜蓿科学[M].北京:中国农业出版社,2009.

[5]魏臻武,符昕,曹致中,等.苜蓿生长特性和产草量关系的研究[J].草业学报,2007,16(4):1-8.

[6]杨青川.苜蓿生产与管理指南[M].北京:中国林业出版社,2003.

[7]聂素梅,闫志坚.紫花苜蓿品比试验[J].中国草地,2005,2(5):27-32,37.

[8]杨伟,张晓波,黄文英,等.宁夏南部山区紫花苜蓿引种试验研究[J].黑龙江生态工程职业学院学报,2008,21(6):17-18,26.

[9]庞丹波,李生宝,潘占兵,等.基于主成分分析和隶属函数的紫花苜蓿引种初步评价[J].西南农业学报,2015,28(6):2815-2819.

饲粮中补充不同水平精氨酸
对肉鸡生长性能及免疫的影响*

陈西风　刘维平

摘要:为研究饲粮中补充不同水平精氨酸对肉鸡生长性能及免疫功能的影响,本试验选取平均体重接近的 21 日龄 AA 肉鸡 160 只,称重后随机分为对照组及试验 1、2、3 组,每组 4 个重复,每个重复 10 只鸡。对照组饲喂基础日粮,试验 1、2、3 组在基础日粮中分别添加 0.4%、0.8%、1.2%的精氨酸。试验结果表明,与对照组相比,试验 1、2 组平均末重分别增加 9.00%、11.85%(P<0.05),饲料转化率(F/C)分别降低 9.6%、11.2%(P<0.05);试验 1、2、3 组平均日增重(ADG)较对照组分别提高 13.02%、17.52%、15.21%(P<0.05)。试验 1、2、3 组血清中 IgG 浓度分别提高 10.14%、18.29%、10.93%(P< 0.05),IgM 浓度分别提高 12.08%、17.45%、10.74%(P<0.05);试验 2、3组血清中 IFN-γ 浓度较对照组分别提高 11.19%、10.47%(P<0.05)。其余指标无显著差异(P<0.05)。综上,饲粮中补充精氨酸可以显著改善肉鸡生长性能及免疫功能,补充量为 0.8%时效果最佳。

关键词:精氨酸;肉鸡;生长性能;免疫

作者简介:陈西风(1975—),副教授,本科,研究方向为动物营养和饲料科学及动物饲养技术。
* 本文发表于《中国饲料》2019年第 21 期。

精氨酸是动物的条件性必需氨基酸,而家禽体内不能合成精氨酸,只能从食物中获得(苟钟勇等,2017)。研究表明,精氨酸能改善动物生长性能,促进脂肪氧化,从而提高动物屠宰性能;除此之外,精氨酸还能促进肠道发育,增强机体免疫力(孙红暖等,2014;任善茂等,2014)。因此,饲粮中添加足够量的精氨酸对肉鸡生长发育及免疫十分重要,然而,精氨酸添加量过高时对动物的生长和健康有负面影响。目前,关于肉鸡饲粮中最佳精氨酸添加量的研究较少,精氨酸对肉鸡生长发育的影响有待进一步研究。本研究旨在评价精氨酸对肉鸡生长性能和免疫功能的影响。

1　材料与方法

1.1　试验材料
精氨酸购自某饲料添加剂公司。

1.2　试验设计
试验在四川某规模化肉鸡养殖场进行,选取平均体重接近的 21 日龄 AA 肉鸡 160 只,称重后随机分为对照组和试验 1、2、3 组,每组 4 个重复,每个重复 10 只鸡,鸡均单独笼养。对照组饲喂基础日粮,试验 1、2、3 组在基础日粮中分别添加 0.4%、0.8%、1.2%的精氨酸。试验持续 21 d,其间鸡可自由饮水和采食,基础饲粮组成及营养水平见表 1。

表 1 基础饲粮组成及营养水平

日粮组成	含量	营养水平	含量
玉米/%	67.86	消化能/(MJ·kg^{-1})	13.48
膨化玉米/%	19.18	粗蛋白质/%	18.91
麦麸/%	7.36	钙/%	0.87
碳酸钙/%	1.52	有效磷/%	0.38
碳酸氢钙/%	1.76	可消化赖氨酸/%	0.93
L-赖氨酸盐/%	0.70	可消化含硫氨基酸/%	0.39
DL-蛋氨酸/%	0.16	可消化精氨酸/%	0.70
L-苏氨酸/%	0.06	可消化色氨酸/%	0.20
L-色氨酸/%	0.05		
食盐/%	0.35		
预混料/%	1.00		

注:每千克饲粮提供铁 98 mg,锌 79 mg,铜 15 mg,锰 80 mg,硒 0.3 mg,碘 0.6 mg,维生素 A 6500 IU,维生素 D_3 1200 IU,维生素 E 20 mg,维生素 K_3 2.5 mg,维生素 B_1 1.5 mg,烟酸 45 mg,泛酸 12 mg,叶酸 1 mg。

1.3 指标测定

1.3.1 生长性能测定

分别在试验前 1 天和试验第 21 天称量幼鸡体重,记录每笼的给料量和饲料剩余量。计算试验期间肉鸡的平均日采食量(ADFI)、平均日增重(ADG)及饲料转化率(F/C)。

1.3.2 免疫功能测定

试验第 21 天时,每组选取与平均体重相近的肉鸡各 10 只,翼下静脉各采集 5 mL 血液,室温静置 1 h,离心后取上层血清。用 ELISA 试剂盒法测定血清中 IgA、IgG、IgM、白细胞介素 4(IL-4)和干扰素 γ(IFN-γ)的浓度。

1.4 数据统计

所有数据用 SPSS 20.0 进行方差分析,用 LSD 法进行多重比较。数据以平均值±标准误表示,$P<0.05$ 为差异显著。

2 结果

2.1 饲粮中添加不同水平精氨酸对肉鸡生长性能的影响

由表2可知,与对照组相比,试验1、2组平均末重分别增加9.00%、11.85%($P<0.05$),F/C分别降低9.6%、11.2%($P<0.05$);试验1、2、3组ADG较对照组分别提高13.02%、17.52%、15.21%($P<0.05$);而添加精氨酸对ADFI无显著影响($P>0.05$)。

表2 饲粮中添加不同水平精氨酸对肉鸡生长性能的影响

组别	平均初重/g	平均末重/kg	ADG/($g \cdot d^{-1}$)	ADFI/($g \cdot d^{-1}$)	F/C
对照组	656.59±9.87	2.11±0.041[a]	69.21±1.23[a]	136.71±1.24	1.98±0.04[a]
试验1组	657.41±11.36	2.30±0.022[b]	78.23±0.92[b]	140.35±1.26	1.79±0.02[b]
试验2组	651.96±10.31	2.36±0.034[b]	81.33±0.84[b]	142.68±1.01	1.75±0.02[b]
试验3组	655.36±9.24	2.28±0.030[ab]	79.74±0.81[b]	144.25±1.38	1.81±0.03[ab]

注:同列数据肩标不同表示差异显著($P<0.05$),下同。

2.2 饲粮中添加不同水平精氨酸对肉鸡免疫功能的影响

由表3可知,与对照组相比,试验1、2、3组血清中IgG浓度分别提高10.14%、18.29%、10.93%($P<0.05$),IgM浓度分别提高12.08%、17.45%、10.74%($P<0.05$);试验2、3组血清中IFN-γ浓度较对照组分别提高11.19%、10.47%($P<0.05$)。而饲粮中添加精氨酸对血清中IgA、IL-4含量无显著影响($P>0.05$),添加量为0.4%时对IFN-γ浓度无显著影响($P>0.05$)。

表3 饲粮中添加不同水平精氨酸对肉鸡免疫功能的影响

组别	IgA/($g \cdot L^{-1}$)	IgG/($g \cdot L^{-1}$)	IgM/($g \cdot L^{-1}$)	IL-4/($ng \cdot L^{-1}$)	IFN-γ/($pg \cdot L^{-1}$)
对照组	2.51±0.02	5.03±0.25[a]	1.49±0.05[a]	0.89±0.03	33.14±1.62[a]
试验1组	2.66±0.02	5.54±0.33[b]	1.67±0.08[b]	0.91±0.02	33.92±1.35[ab]
试验2组	2.70±0.05	5.95±0.31[b]	1.75±0.08[b]	0.90±0.03	36.85±1.66[b]
试验3组	2.61±0.04	5.58±0.27[b]	1.65±0.06[b]	0.90±0.05	36.61±1.22[b]

3 讨论

3.1 饲粮中添加不同水平精氨酸对肉鸡生长性能的影响

氨基酸对动物生长发育的影响被广泛研究，其中精氨酸在动物细胞内扮演着十分重要的角色，同时起着营养调控和保护肠道完整性的作用（李建慧等，2016；任善茂等，2014）。精氨酸是蛋白质的主要成分，能促进骨骼肌蛋白合成。精氨酸也是促分泌剂，可刺激泌乳素、生长激素和 IGF-1 的分泌，血液中生长激素浓度增高时，机体蛋白质合成增加，促进动物生长。当饲粮中缺乏精氨酸时，肉鸡体增重和采食量下降。本试验结果显示，饲粮中添加精氨酸时，肉鸡平均末重、ADG 显著增加，F/C 显著下降。姚康等（2008）研究发现，在哺乳仔猪饲粮中添加 0.2%~0.8% 的精氨酸，ADG 显著增加。麻名文等（2009）研究发现，在肉兔饲粮中添加 0.2%~0.8% 的精氨酸，ADG 显著高于对照组。以上研究与本试验结果相符，因此，饲粮中添加精氨酸能促进肉鸡生长。

3.2 饲粮中添加不同水平精氨酸对肉鸡免疫功能的影响

精氨酸对淋巴细胞发育必不可少，饲粮中精氨酸缺乏时肉鸡的免疫功能降低。本研究发现，饲粮中添加精氨酸能显著提高肉鸡血清中免疫球蛋白 IgG、IgM 以及细胞因子 IFN-γ 的浓度。血清免疫球蛋白参与体液免疫，精氨酸可能通过促进前体 B 淋巴细胞的分化和骨髓中 B 淋巴细胞的释放，促进 B 淋巴细胞分泌免疫球蛋白（Jonge 等，2002）。IFN-γ 是一种由单核细胞和淋巴细胞释放的细胞因子，与各种禽类疾病的免疫应答有关（Lowenthal 等，1998），血清中 IFN-γ 浓度增高，表明肉鸡免疫力增强。Tan 等（2009）研究表明，饲粮中添加 0.4%~0.8% 的精氨酸，仔猪血清中 IgG 和 IgM 含量均显著高于对照组。谭碧娥等（2008）报道，饲粮中添加精氨酸可显著提高早期断奶仔猪免疫水平。本试验结果与以上研究一致，表明饲粮中添加精氨酸能显著增强肉鸡免疫功能。

4 结论

饲粮中添加精氨酸能促进肉鸡生长，增强其免疫功能，在本试验条件下，添加量为 0.8% 时效果最佳。

参考文献

[1]苟钟勇,蒋守群,蒋宗勇,等.饲粮精氨酸水平对黄羽肉种鸡产蛋高峰期繁殖性能的影响[J].动物营养学报,2017,29(6):1904-1912.

[2]孙红暖,杨海明,王志跃,等.精氨酸对动物的营养生理及免疫作用[J].动物营养学报,2014,26(1):54-62.

[3]任善茂,陶勇.精氨酸对断奶仔猪肠道健康的影响及相关机制[J].动物营养学报,2014,26(8):2035-2039.

[4]李建慧,苗志强,车向荣,等.精氨酸对畜禽营养调控及肠道屏障功能的影响研究进展[J].中国畜牧兽医,2016,43(2):407-412.

[5]姚康,褚武英,邓敦,等.不同精氨酸添加水平对哺乳仔猪生长性能的影响[J].天然产物研究与开发,2008,1:121-124.

[6]麻名文,李福昌.日粮精氨酸水平对断奶~2月龄肉兔生长性能、免疫器官指数及血清指标的影响[J].动物营养学报,2009,21(3):405-410.

[7]谭碧娥,李新国,孔祥峰,等.精氨酸对早期断奶仔猪肠道生长、组织形态及IL-2基因表达水平的影响[J].中国农业科学,2008,9:2783-2788.

[8]Lowenthal J W,O'Neil T E,Broadway M,et al. Coadministration of IFN-γ Enhances Antibody Responses in Chickens[J]. Journal of Interferon & Cytokine Research,1998,18(8):617-622.

[9]Tan B,Li X G,Kong X,et al. Dietary Larginine supplementation enhances the immune status in early-weaned piglets[J]. Amino Acids,2009,37:323-331.

[10]De Jonge W J,Te Velde A A,Nolte M A, et al. Arginine deficiency affects early B cell maturation and lymphoid organ development in transgenic mice[J]. The Journal of Clinical Investigation,2002,110:1539-1548.

竞新集 2020

其他研究

"一带一路"背景下
高校图书馆开展留学生信息服务的思考 *

孙　萍　李晋瑞

摘要：本文通过对宁夏职业技术学院图书馆为以阿曼苏丹国留学生为代表的外籍学生提供信息服务的实践进行研究，分析了留学生在利用图书馆资源过程中信息需求的特点及图书馆服务的困境，并有针对性地提出了相应的对策与建议。

关键词："一带一路"；高校图书馆；留学生；信息服务；思考

作者简介：孙萍（1972—），女，宁夏职业技术学院图书馆馆员。

李晋瑞（1976—），男，大连理工大学图书馆副研究馆员。

* 本文系宁夏职业技术学院2018 年社会科学校级立项课题"高职院校留学生阅读现状分析与服务对策——以宁夏职业技术学院为例"（XJ201821）阶段性研究成果，发表于《图书馆工作与研究》2019 年第 11 期。

一、引言

随着"一带一路"倡议的深入推进，阿拉伯国家与我国在经济、教育、文化、旅游等领域的合作关系日益密切。2019 年 4 月 25 日至 27 日，北京主办了第二届"一带一路"国际合作高峰论坛。自首届高峰论坛提出"一带一路"倡议后，各国政府、企业等达成一系列合作共识，提出的重要举措等获得了推动与落实，促进了智库、媒体等领域多边交流合作走深走实，为各国共建"一带一路"营造了良好的人文环境[1]。

在这一背景下，宁夏职业技术学院在宁夏回族自治区政府的大力支持下，依托丝绸之路发展机遇，与"一带一路"沿线的阿曼苏丹国（简称阿曼）建立了人才培养双向合作关系。宁夏职业技术学院受委托在2016—2023 年期间，为在阿曼杜库姆经济特区建设的中国产业园区分期分批培养 1000 名阿曼本土技能型员工。截至目前，两批阿曼留学生赴宁夏职业技术学院学习。图书馆是学校的文献信息中心，如何为留学生提供优质的文献信息资源及个性化服务，就成了当前亟须思考和解决的课题。

二、留学生信息需求特点分析

1. 留学生获取信息能力相对较弱

对于留学生而言，良好的语言环境是沟通和信息传递最基本的依赖[2]。包括阿曼留学生在内的很多外籍学生,由于自身文化背景、知识结构和语言习惯等差异,中文水平普遍较低,而图书馆也缺乏针对留学生群体信息需求的服务研究,直接影响了留学生使用图书馆信息资源。留学生对图书馆的馆藏布局、图书分类、书刊排架、数据库使用、规章制度和服务内容等缺乏必要的了解,查找信息资源费时、费力,甚至无法精准定位图书所在位置,这在很大程度上影响了他们利用图书馆信息服务的需求。

2. 留学生个性化需求比较明显

留学生较中国学生来说更加独立、开放,表现欲较强,有迫切了解中国文化及融入陌生环境的基本需求。由于留学生的母语不是汉语,其生活环境和文化背景与国内学生迥异[3]。他们的知识结构、兴趣、获取信息习惯不同,对信息服务的需求也不尽相同。比如,留学生掌握汉语的水平参差不齐,汉语水平较弱的留学生对图文并茂、英汉对照版的书刊比较感兴趣,而汉语水平较高的留学生更多侧重于基础语言类及专业课等方面的信息资源。例如,阿曼留学生专业课自主学习时间占有很大比重,因此部分留学生偏爱全英文版教材和专业书籍[4]。除对专业书籍的需求外,留学生还希望图书馆能够为他们提供相对独立的学习交流空间,为学习专业知识和研习中国传统文化提供场所。

3. 留学生获取信息内容呈多样性

留学生不单要学习专业课,还要学好一门语言,了解这门语言背后的文化和历史[5]。阿曼留学生学习的专业涵盖教育、电子商务、物流、建筑材料、石油化工、现代农业、清真食品等。他们对专业书籍的需求强烈,特别是对外文专业书籍的需求尤为突出[6]。留学生对图书馆信息服务最直接的要求,就是能够让他们提高专业相关信息的查询能力,能够快速有效地在图书馆查找到与其专业相关的知识,从而解决学习过程中遇到的问题。同时,留学生还渴望能够从多角度学习、交流,了解中国历史和文化。此外,网络数据库、电子期刊、搜索工具等电子信息资源具备快速便捷、内容新颖、传递及时、易于获取等特点,因此受到他们的偏爱[7]。

三、留学生利用图书馆信息服务的困境

1. 馆员和留学生之间交流不畅

交流困境是影响图书馆为留学生提供信息服务的首要因素,甚至会造成留

学生利用图书馆信息服务的心理障碍[8]。调查数据显示,留学生进馆频率较低,不进馆的留学生多达 61.2%,双方交流不畅是造成留学生利用图书馆信息服务的最大障碍。从服务主体的一线图书馆馆员来看,其英文水平相对偏弱,在为留学生提供信息服务时双方存在较为严重的交流困难,在很大程度上影响留学生利用图书馆信息资源。从服务对象的留学生群体来看,汉语水平相对较好的留学生并不算太多。语言沟通的不畅对留学生获取中文信息无形中造成了很大的阻碍。

2. 馆员对留学生群体服务意识不强

首先,缺乏双语信息服务。图书馆没有设置留学生信息服务岗位,也没有完善的英文网站及英文对照标识导览。传统服务模式让交流不畅的留学生对图书馆敬而远之。其次,馆员缺乏主动服务意识。馆员在积极深化和细化为读者服务方面,往往由于留学生群体数量相对比较少、双方交流存在诸多困难以及文化和价值认同方面存在差异,容易忽略留学生小众团体,缺乏对他们的主动服务意识。馆员这种被动等待式服务很容易流失掉大量心理羞怯、有语言沟通困难的留学生读者群体[9]。

3. 图书馆缺乏针对留学生的特色资源

从留学生使用图书馆的情况来看,现有馆藏资源远远不能满足留学生对跨文化资源的实际需求。目前,宁夏职业技术学院图书馆供阿曼留学生汉语学习和专业课学习的文献信息资源种类非常少,多语种外文专业图书文献和教学参考书几乎没有。图书馆现有馆藏资源基本是中文资料,而石油化工、建筑材料等专业亟须的专业文献资源甚至连中文资料都比较匮乏,外文专业文献馆藏信息资源则更加贫乏。调查显示,有 84%的留学生认为现有馆藏资源不能满足他们的信息需求;不论是图书馆馆员还是留学生,都认为图书馆应该加强馆藏建设,增加有针对性和有效性的特色信息资源。

四、"一带一路"背景下高校图书馆开展留学生信息服务的策略

图书馆应在"一带一路"倡议深入实施的新形势下,努力寻求合理的角色定位,搭建文化平台,充当文化传播的使者[10],以留学生实际信息需求为核心开发服务内容和服务功能,提高图书馆的服务效率和服务的针对性[11],力求为留学生提供更好的信息服务。

1. 转变服务意识,营造双语环境

图书馆是开展信息服务的主体,要转变服务意识,充分调动馆员服务留学生的主动性和创造性[12],营造双语环境,多提供适合留学生深度聚合和广泛关联的信息资源和文化交流活动[13]。

(1)构建与留学生互帮互助的融合式服务模式。图书馆要积极转变服务方式,针对留学生自身的信息需求特点及优势,从需求和兴趣出发,结合留学生的性格特点,开展内容丰富、形式多样的校园文化交流活动,吸引中外学生共同参与。如开展"聆听'一带一路'故事,感受异国风土人情"专题活动,让留学生体验中国的风俗习惯;还可以开展端午节包粽子、中秋节学做月饼、春节包饺子等互帮互助文化交流活动,使留学生切身感受到中国传统文化的博大精深和民间文化的丰富多彩。这些活动的开展,有助于提高"一带一路"沿线国家来华留学生的学习兴趣,激发他们对学习和传播中国文化的热情,同时加深中外学生对不同国家、不同民族、不同地域文化的了解,既可宣传中国文化,又可增进各国同学之间的相互了解和友谊,还能逐步提高他们的汉语水平和获取信息的能力。

(2)主动为留学生营造双语交流和学习的环境。图书馆应该积极应对服务中的薄弱环节,解决"一带一路"沿线国家来华留学生因语言障碍而影响图书馆信息资源利用和服务的难题。首先,图书馆要建立和完善英文版网页,对图书馆的馆藏布局、图书分类等使用双语标识,方便留学生查找信息资源时能精准定位图书所在位置。其次,图书馆作为自由开放、环境优雅的学习场所,要充分为留学生读者群体营造"一带一路"人文交流氛围和人性化、个性化、休闲化的学习交流环境。如打造典雅古朴的阅读空间、提供高性能视听设备、开展中外学生双语沙龙座谈、播放中英文古典音乐、推送"每周一书"经典读物、举办双语朗读比赛等,为留学生创造一个集图书阅览、上网查询、自主学习和中外学生共同交流研讨为一体的自主学习区,方便留学生自主、快速、便捷、高效利用图书馆的信息服务。

2. 嵌入合作服务,促进多元文化融合发展

"一带一路"沿线国家来华留学生有着不同的肤色、不同的宗教信仰、不同的民族风俗、不同的文化背景,但图书馆是他们文化传承的共同载体[14]。文化的多元化特征,要求不同类型的文化在相互碰撞和交融中得到共同发展[15]。

(1)在常规服务中嵌入留学生服务专职人员。图书馆要不断加强馆员的专业技能培训,提升馆员口语水平和技能服务能力,逐步消除语言沟通障碍。图书馆

在信息服务过程中可以增设留学生服务专职馆员,也可以积极发展汉语水平较高的留学生或者英文水平较高的本校学生为图书馆志愿者,鼓励中外学生互相结对子,让留学生积极主动地参与和协助馆员共同为留学生开展相关信息服务。这种互助式服务可加强馆员与留学生的交流,使得留学生在图书馆学习的过程中进一步了解中国文化。同时,图书馆馆员通过与留学生馆员的交流,能更快地学会与留学生交流的方式方法,既能及时了解、掌握留学生对图书馆服务的意见及建议,又能让自己融入留学生的学习生活中,还会获得生活、学术、时政等方面的信息,并更好地利用这些信息提供服务。

(2)在信息服务中嵌入留学生群体专业学科服务。学校教学计划规定,对"一带一路"沿线国家来华留学生采取的不是单纯的学历教育,而是校企合作模式教育,主要是为来源国的企业培养专业性技能型员工。所以,对留学生专业课程学习和岗位技能实操的要求较高,而留学生对多语种外文专业图书文献和教学参考书的需求尤为突出。留学生对图书馆信息服务最直接的要求就是能够让其快速有效地在图书馆查找到与其专业相关的知识。增设留学生学科服务窗口,有利于为留学生提供多维度、大范围、个性化的特色信息服务渠道,满足不同层次留学生的个性化需求以及他们对专业信息的实际需要。专业的学科服务能够为留学生提供全方位的专业信息指导与帮助,如提供信息推送、参考咨询、嵌入式课程、文献传递、文献翻译等信息服务。图书馆可结合留学生的专业需求和基础知识课,对留学生开设相关的文献信息检索课。

3. 结合专业学科,增加特色馆藏

随着"一带一路"倡议的深入推进,沿线国家的来华留学生也给高校图书馆的资源建设、信息服务等带来了挑战。在文献信息资源建设方面,图书馆要做到"人无我有、人有我精、人优我特"[16],增加留学生所需要的各类文献信息资源。

(1)重点建设专业学科信息文献及教学参考资源。图书馆应主动与留学生管理中心、教务处及任课教师沟通,掌握不同专业学科留学生的培养目标、课程内容等信息,以保证所采购文献资源的科学性、系统性、专业性和针对性。文献资源内容要深浅结合,既能丰富教学科研资源,又适合留学生专业学习需求,还能保障留学生对图书馆信息资源的高效利用;可收集整理任课教师的教学课件、教学图片库、微课、教学参考资料作为馆藏,对留学生实现实时开放共享。

(2)增加基础语言类图书文献及相关数字资源。图书馆应根据留学生的培养计划和文化背景,增加适合留学生需求的特色文献资源。通过英汉对照版图书,帮助他们学习,提高其汉语水平,拓展其阅读范围,如中国传统的经典人文、诗词歌赋、休闲娱乐性书刊等。数字阅读是国际发展趋势,数据库贮存着丰富的数字资源[17]。高校图书馆应积极搭建与数据库商等的合作平台,共建"一带一路"数据库,实现互通互联、资源共享。这将是高校图书馆的一种发展方向[18]。图书馆可采购和建设一批外文版数字文献资源,如 Nature、Cambridge Journals、Science Online 等期刊数据库,Emerald、MyLibrary、KingBook 等电子书,Video Library、CAMIO、iLearning 等视频资源,以方便留学生利用网络下载或在线阅读。

参考文献

[1]熊争艳."一带一路"智库与媒体交流合作的成果正扎实推进[EB/OL].[2019-05-08].http://politics.people.com.cn/n1/2019/0508/c1001-31072698.html.

[2]徐晓,方向明.高校图书馆留学生信息服务问题研究——基于上海大学留学生信息服务现状的调查分析[J].大学图书情报学刊,2017,35(3):65-70.

[3]李德娟.高校图书馆留学生信息服务现状及提升研究——基于北京交通大学100名留学生的调查分析[J].图书馆学研究,2014(11):73-76.

[4]张大亮.高校图书馆留学生信息服务模式初探[J].农业图书情报学刊,2017,29(1):181-183.

[5]王茜,陈鹤阳.高校图书馆留学生信息服务探索[J].图书馆工作与研究,2012(6):105-107.

[6]晏自勉."一带一路"背景下地方高校图书馆留学生服务研究[J].贵图学苑,2018(1):51-53,66.

[7]王宇.高校图书馆留学生读者服务研究[D].东北师范大学硕士学位论文,2010.

[8]巩梅.外籍读者的阅读、需求现状与图书馆服务创新——以北京大学图书馆外籍读者服务为例[J].大学图书馆学报,2011,29(2):86-90.

[9]张馨允,刘华.留学生利用高校图书馆的行为归因及决策引导模型研究[J].图书情报工作,2016,60(8):44-52.

[10]刘一梅."一带一路"视域下的高校图书馆发展探析[J].现代经济信息,2017(11):392-393.

[11]邱均平,田磊.我国高校图书馆个性化信息服务的调查与分析[J].图书馆工作与研究,2016(12):84-92.

[12]唐芳,史小仙.面向来华留学生的高校图书馆信息服务研究[J].常州大学学报:社会科学版,2014,15(5):136-140.

[13]李梅.高校图书馆"互联网+阅读推广"服务模式实现路径探析——以吉林大学图书馆阅读推广实践为例[J].图书馆工作与研究,2019(5):112-116.

[14]田丽梅.谈"一带一路"战略下的图书馆发展[J].图书馆学刊,2017,39(2):1-3,17.

[15]周定财.高等教育国际化背景下高校对外交流与合作的反思[J].当代教育科学,2015(5):37-40,43.

[16]黄长伟,陶颖,孙明.高校图书馆参与智库信息服务保障体系建设研究[J].图书馆工作与研究,2018(7):11-14.

[17]孟艳丽."一带一路"环境下中国与东盟国家数字图书馆主题共现可视化分析[J].图书馆工作与研究,2016(11):50-53.

[18]刘开娥.谈"一带一路"战略下的高校图书馆建设[J].传播与版权,2016(4):143-146.

生态移民区用户阅读行为及影响因素分析

——以宁夏闽宁镇为例*

张 萍 王 岗

摘要：以宁夏闽宁镇生态移民区用户为对象进行实证调研，运用二项 Logistic 回归模型统计分析数据，研究此区域用户阅读行为及影响因素，提出移民区阅读相关对策、建议，旨在倡导全民阅读，促进形成民族团结、阅读融合的社会氛围，为宁夏乡村过渡地域文化建设和公共阅读推广服务提供参考。

关键词：生态移民区；闽宁镇；阅读行为；二项 Logistic 模型

作者简介：张萍（1976—），女，满族，硕士，宁夏职业技术学院副研究馆员，研究方向为图书馆阅读推广。

王岗（1966—），女，宁夏图书馆研究馆员，研究方向为图书馆学。

* 本文为 2016 年宁夏哲学社会科学规划项目"宁夏地区图书馆阅读推广机制与实证研究"（16NXBTQ01）的阶段性研究成果，发表于《图书馆理论与实践》2017 年第 4 期。

近年来，全民阅读被提升到国家战略层面，"开展全民阅读活动"被写进党的十八大报告，特别是 2014 年以来，政府工作报告连续四年提到"全民阅读"，并提出："倡导全民阅读，建设书香社会，构建现代公共文化服务体系。"这充分表明开展全民阅读活动已成为国家一项长期系统的利民工程，是文化建设和文化传承的重要部分，是公共文化服务的基本组成。但是，受城乡二元结构影响，我国公共文化服务在城市和乡村出现了两极分化现象。城乡公共文化服务水平的落差既反映了城乡经济社会发展水平的差距，又助长了城乡差别的持续扩大。[1]城乡公共文化服务水平的落差表明城市阅读推广相对容易，乡村阅读推广相对困难，对实现城乡阅读推广的均等化、公平性有较大影响。本文以宁夏闽宁镇生态移民区用户为对象进行实证调研，以期为乡村向城市过渡地域文化建设和公共阅读推广服务提供参考。

一、实证调研与数据来源、研究方法、变量设定

1. 研究问题的提出

宁夏人民政府自实施扶贫开发移民工程以来，相继迁移了 80 多万中南部山区贫困人口，从根本上解决了部分经济贫困问题，经济状况有很大改观。移民区经济社会快速发展的同时，现有移民文化素质、公共文化服务是否满足区域内经济社会发展的需要是值得探讨的问题。本文以闽宁镇作为实证个案。闽宁镇是乡村向城市转化和过渡的典型

区域之一,在国家移民工程扶持下,经济相比宁夏其他移民区发展较快。闽宁镇现有 6 个行政村,移民约 6.4 万人,其中回族占 80%以上;有中学 2 所,小学 7 所,在校生达 6493 人,教师 283 人,每年有 15%初中生能升学进入六盘山中学和育才中学就读。葡萄、养殖、菌草、劳务输出为闽宁镇四大支柱产业,为闽宁镇经济社会快速发展提供了有力保障。闽宁镇经济社会的快速发展在一定程度上促进了移民社区文化教育事业的发展,但由于历史原因、客观因素,以及移民户迁出地经济社会、教育理念及文化观念等的影响,该地区公共文化建设相对城市仍然面临着诸多现实问题,比如文化阅读氛围尚未形成,公共文化服务及阅读推广服务水平均等化、公平性与城市还有一定差距。进行实证调研有助于估测、检验所要研究的问题。

2. 数据来源

本文数据主要来源于课题组 2016 年 7 月至 10 月对宁夏生态移民区——闽宁镇居民用户阅读行为的调查。本次调研基于抽样问卷及面对面现场访谈填写,共发放问卷 330 份,收回 322 份,得到有效问卷 303 份,有效率达 91.8%。调研区域为闽宁镇中小学、玉海村、原隆村等,调研对象主要是中小学生、职业院校学生及部分移民家庭成员。其中,男性占 57.8%,女性占 42.2%;30 岁以下的人占71%,30~55 岁的人占 21.1%;回族占 71.8%;汉族占 27.9%;小学文化程度的人占 44.6%,初中文化程度的人占 46.2%,在读大专生占 2.6%,文盲占 6.6%。

3. 研究方法

本文调查研究的是用户阅读行为及其影响因素,被解释变量为因变量,即用户阅读行为。问卷统计数据显示,被解释变量可选择:是否愿意参与文化活动和是否愿意参与阅读活动,用户阅读行为只能选择愿意或者不愿意。借鉴相关研究成果,在研究中选择二项 Logistic 模型,对用户阅读行为及其影响因素进行回归分析。模型可以表示为:$\text{Logit}P_k = \text{Ln}(P_k/P_n) = \alpha_k + \beta_{k1}X_1 + \cdots + \beta_{ki}X_i + \cdots + \beta_{kn}X_n$ ($k=1$, $\cdots$, $n-1$),其中,P 为用户阅读行为可能发生的概率,X 为影响用户阅读行为的自变量,β 为自变量回归系数,α 为常数项。

4. 变量设定

解释变量为自变量,本文解释变量主要包括用户个体特征、家庭特征、个人阅读状况以及阅读的社会环境与条件四个方面。解释变量各指标名称、定义描述和基本统计数据见表 1。

表 1　自变量和因变量定义描述及统计数据

变量名称		变量描述	极小值	极大值	均值	标准差
自变量	个体特征	1.性别:A01 — 1= 男;2= 女	1	2	1.42	0.495
		2.年龄:A02 — 1=30 岁以下;2=30~55 岁;3=56 岁以上	1	3	1.37	0.627
		3.民族:A03 — 1 = 回族;2 = 汉族;3 = 其他民族	1	3	1.50	0.527
		4.文化程度:A04 — 1 = 小学;2 = 中学(含初中及中专);3 = 大专及以上;4 = 没有上学	1	4	1.71	0.810
		5.从事职业:A05 — 1= 务农人员;2= 在校生;3= 公职人员;4= 经商人员;5= 外出打工人员	1	5	2.70	1.347
	家庭特征	6.您家庭的主要收入来源:B06 — 1= 种地、养殖;2= 打工;3= 经商;4= 财政;5= 社保	1	5	2.23	0.736
		7.您家庭的年衣食住行费用大概占总收入的多少:B07 — 1=100%;2=70%以上;3=50%~70%; 4=30%~50%;5=30%以下	1	5	2.92	1.039
		8.您家庭的年教育费用大概占总收入的多少:B08 — 1=15% 以下;2=15%~30%;3=31 %~50% ; 4=51~80 % ;5=80%以上	1	5	2.31	0.949
		9.您家庭有无专门的阅读学习环境:B09 — 1=有书房;2= 无书房;3= 书房与卧室共用	1	3	2.37	0.535
		10.您家庭的成员数:B10 — 1=1~2 人;2=3 人;3=4 人;4=5 人以上	1	4	3.47	0.690
		11.是否为移民户:B11 — 1= 是;2= 否	1	2	1.21	0.405
	个人阅读状况及阅读的社会环境与阅读条件	12.您的阅读形式:C12 — 1= 纸质阅读;2= 电子阅读;3= 不确定	1	3	1.74	0.696
		13. 您一年能读多少本书:C13 — 1=0本;2=1~3本;3=4~10 本;4=11 本以上	1	4	2.07	0.879
		14.您是否有进一步改善或提高阅读(图书)消费的打算:C14 — 1= 有;2= 没有;3= 不确定	1	3	1.60	0.778
因变量	用户阅读行为	15.您家距离最近的公共阅读场所、学校、文化活动中心有多远:D15 — 1= 步行 10 分钟以内;2= 步行 10~30 分钟;3= 步行 30 分钟以上	1	3	1.87	0.815
		16.如果在您居住区举办艺术 / 棋牌 / 运动 / 读书 / 技术培训等文化活动,您是否愿意参与:D16 — 1= 愿意;2= 不愿意	1	2	1.48	0.500
		17.如果在您居住区举办读书交流会、亲子阅读互动体验等阅读活动,您是否愿意参与:D17 — 1= 愿意;2= 不愿意	1	2	1.63	0.484

二、实证结果分析

在实地调研和现场数据收集的基础上,使用 EpiData3.02 软件建立数据库,使用 SPSS18.0 统计软件进行统计,运用二项 Logistic 模型分析用户阅读行为的主要影响因素。模型估计结果显示,检验水准=0.05,回归模型较合理,预测效果较理想。模型估计结果中的变量系数及显著性程度见表 2。

表 2   用户阅读行为影响因素的二项 Logistic 模型估计结果

	用户阅读行为					
	是否愿意参与文化活动			是否愿意参与阅读活动		
	B	Sig.	Exp(B)	B	Sig.	Exp(B)
A01	1.858	0***	6.409	−0.254	0.418	0.775
A02	−0.056	0.868	0.946	0.142	0.744	1.153
A03	0.182	0.582	1.199	−0.209	0.559	0.812
A04	−0.019	0.922	0.982	0.068	0.079*	0.934
A05	0.040	0.720	1.041	−0.070	0.612	0.933
B06	0.217	0.283	1.242	0.157	0.492	1.170
B07	−0.358	0.015**	0.699	−0.365	0.024**	0.694
B08	−0.183	0.249	0.833	−0.524	0.007***	0.592
B09	−0.191	0.483	0.826	−0.247	0.404	0.781
B10	0.410	0.058*	1.506	0.713	0.006***	2.039
B11	0.201	0.624	1.222	−0.840	0.083*	0.432
C12	−0.506	0.128	0.603	0.299	0.414	1.349
C13	−0.502	0.045**	0.605	−1.198	0***	0.302
C14	0.072	0.718	1.075	0.122	0.560	1.129
D15	0.533	0.003**	1.704	0.449	0.027**	1.566
常量	−2.478	0.159	0.084	3.560	0.065*	35.160

注:***、**、* 分别表示在 1%、5%、10%的统计水平上显著。

根据模型估计结果,对用户阅读行为影响因素分析如下。

1. 用户个体特征对其阅读行为的影响

统计结果显示,用户个体特征中性别和文化程度对其阅读行为有影响。性别对是否愿意参与文化活动有显著的正向影响,显著性水平 $P<1\%$。男性比女性更

愿意参与文化活动,主要由本地区移民家庭成员在贫困山区农村的生活习惯所致,男主外女主内的传统性别角色使得男性更愿意抛头露面,参与社会活动和公共治理。[2]同样,在校学生中男学生比女学生更愿意参加文化活动,可见男学生相对于女学生而言性格外向、大胆,交际面广、行为约束少,关注视野宽,活动空间、范围大,参与文化活动的可能性大。在乡村家庭传统观念里,当教育资源有限时,家庭在对子女的教育投入上就因教养方式、成才期望、教育期望等关注点的不同而出现明显的性别偏向[3],导致男性比女性参与文化活动的可能性更大。用户的文化程度对是否愿意参与读书会等阅读活动有正向影响,显著性水平$P<10\%$。用户阅读行为主要受个人学识及阅读认知影响,个人学识和阅读认知相对越高,对知识信息的接受能力越强,理解力、自信心也越强,越有可能参与提高阅读能力的活动。另外,文化程度相对较高的用户对阅读质量和阅读氛围的需求更高,为满足深层次阅读意愿,参与阅读活动的可能性就偏大,移民区实地调研中这样的用户也很多。

2. 用户家庭特征对其阅读行为的影响

用户家庭成员数量对其是否愿意参与文化活动和阅读活动均有正向影响,显著性水平$P<10\%$。因为用户家庭成员越多,家庭总收入相比成员少的家庭会增加,收入较高是用户家庭阅读需求的基础和保障。收入越高越能满足用户最基本的生理需要,用户才越有可能追求较高层次的精神需要,积极参与文化活动和阅读活动则是用户较高层次精神追求的反映。用户家庭年衣食住行费用对其是否愿意参与文化活动和阅读活动有显著的负向影响,显著性水平$P<5\%$。家庭年衣食住行费用越高意味着用户家庭日常生活消费占家庭总收入的比例越高,教育投入就会相对减少,买书、看书意识就会随之减弱。值得注意的是,家庭教育费用对用户是否参与阅读活动有显著的负向影响作用,显著性水平$P<1\%$。家庭教育投入越多,用户越不愿意参与阅读活动。实地调查证明,受升学和就业压力影响,学校和家庭往往把学生的学习成绩放在首位,相对不重视学生的课外阅读,有些家长甚至认为课外阅读会影响学生的学习成绩。

3. 用户个人阅读状况对其阅读行为的影响

用户一年读书数量对其是否愿意参与文化活动和阅读活动均有显著的负向影响,显著性水平分别为$P<5\%$、$P<1\%$。数据显示,用户读书越多,反而越不愿意参与文化活动和阅读活动。主要原因在于,调查用户以学生为主,一是学生学习

任务重,作业量大,阅读局限于课本和教辅之类,课外阅读量并不大,但不愿意花费时间参与文化、阅读活动;二是与学生个人秉性有关,迁出地人们的生活方式单调、思想保守,致使部分学生逆反,不愿意参加文化、阅读活动;三是性别差异,女学生课内读书数量比男学生多,受传统的性别意识影响,女学生参与文化、阅读活动人数较少。另外,阅读是否重要性的变量没有进入回归方程,但实地调查情况是成年人的文化程度普遍偏低,大多数是文盲,说明家长既不能给予子女良好的教育,也无法意识到教育对子女、家庭、社会的重要意义和价值[4],对阅读重要性认知低于校内学习认知的可能性较大。

4. 阅读的社会环境与条件对用户阅读行为的影响

用户住宅与公共阅读场所之间的距离对其是否愿意参加文化、阅读活动产生正向影响,显著性水平分别为 $P<1\%$、$P<5\%$。用户住宅离公共文化场所越近,越愿意参加活动,反之则不愿意参加。国际图书馆协会联合会标准规定,每 1.5公里半径内要设置一所公共图书馆。我国现行标准规定大型公共图书馆的服务半径不超过 9 公里,小型图书馆的服务半径不超过 2.5 公里。按此标准,2.5 公里大约步行 20 分钟。统计数据显示,步行 10~30 分钟为较近距离,而中学生家庭住所大多数离学校较远,这也证实公共文化场所的空间距离是影响用户参加阅读活动的重要因素之一。

三、主要结论与对策、建议

1. 主要结论

(1)用户个体特征、家庭特征、个人阅读情况、阅读的社会环境与条件对生态移民区用户阅读行为均有较大影响。其中,用户性别、文化程度、家庭成员数量、住宅与公共阅读场所之间的距离对用户阅读行为有显著正向影响。用户年读书数量、家庭年衣食住行费用、年教育费用对用户阅读行为有显著负向影响。这表明生态移民区经济生活和学生升学率较迁出地有明显提升。但当地移民的阅读观念仍很薄弱,实地调研中,升入大中专的学生以汉族居多,回族学生多数初中毕业后便随父母经商。接受采访的回族经商者普遍认为,由于家庭成员普遍文化程度不高,缺乏自信和威信,管不了学生的学习,也无法引导其成长,还不如早早让其经商赚钱。阅读与学习可以提升学生的学习能力,开发智力,也可以消弭教育鸿沟、传承民族文化、帮助学生了解和适应社会。[5]因此，应转变移民文化观念和教育理念，加强公共文化服务和学校教育。

（2）用户家庭特征、阅读的社会环境与条件是影响其阅读行为的重要因素。其中，家庭经济收入和教育投入直接决定用户参与阅读活动的能力，住宅与公共阅读场所距离远近是参与阅读活动的重要推动力。

（3）实证调查中的隐性因素间接影响移民区用户阅读行为，主要表现在以下5个方面。一是已婚家庭妇女文化程度低，阅读人数非常少。家庭妇女受早期"重男轻女""早婚习俗""迟早是别人家的人"等传统观念影响，受教育程度低，阅读意识较淡薄，基本不愿意参加阅读活动。二是学前儿童（3~6岁）阅读行为差。移民家庭大多数都有2~3个孩子，亲子阅读行为极少，3~6岁儿童几乎无阅读行为。三是老年人不阅读。老年人文盲较多，无阅读能力，参与文化、阅读活动的可能性较低。四是在校学生（中小学生）阅读量偏小，课外书、经典文学著作阅读量少。在校生受家庭收入、年龄、教育程度和阅读认知等因素影响，阅读量非常有限。部分学生受个人秉性、性别及学习压力影响，不愿意参加阅读活动。五是文化程度稍高的中青年都外出打工或经商，偏向电子阅读，为了学习技能及致富，经常使用电子设备获取信息，进行随意性较强的网络阅读。

2. 对策与建议

（1）更新传统观念，加强移民区幼儿园共读氛围的营造，培养学前儿童的阅读习惯。在西方发达国家，亲子共读作为儿童早期教育的重要环节备受重视，美、英等国的幼儿阅读占到幼教的80%以上。目前，我国的早期教育越来越受到城市家庭的重视，大多数城市家庭不惜代价加大低幼儿童的智力投资，对儿童阅读的投入也相对多于过去。2013年我国发布的《中国儿童发展纲要（2011—2020年）》中坚持了"儿童优先"的指导思想和基本原则，提出国家在制定法律法规、政策规划和配置公共资源等方面需优先考虑儿童的利益和需求。生态移民区是介于城市和农村的特殊地域，在这样多元文化的生活环境中，学前儿童的阅读更值得重视。生态移民区的政府及儿童家长应改变传统的教育观念与阅读认知，认识到学前儿童阅读的重要性，制定适宜的儿童阅读措施，以逐步缩小城市与生态移民区早期教育差距，培养新一代阅读人。目前，针对移民家庭对儿童阅读思想上不够重视、经济上购买力差、时间上没有闲暇、行动上力不从心、阅读能力低下的状况，政府应首先重视起来，发挥主导作用，借助行政力量采取人性化措施，从政策上倡导营造公益性共读环境,鼓励个人和社会力量在村、镇社区兴办、多办幼儿园,改变移民区学前儿童散养的状态,以幼儿教育为基点,培育新一代阅读人;同时,招募有一定文化程度的人做保育员以及阅读推广志愿者,实施共读教育,使移民村镇的学前儿童都能像城市儿童一样,接受公平的公共阅读服务。

（2）加强生态移民区女童阅读素养和阅读能力的培养,开展介入式阅读活动。移民的文化程度、教育观念、教育投入等影响女童受教育的机会和程度,传统的重男轻女观念对女童的阅读素养和学校教育极为不利,不仅影响女童自身发展,还制约其成为母亲后对子女的教育观念。范并思先生提出的阅读推广需要介入式服务,不但可以直接介入从文献选择到内容解读的整个阅读过程,而且可以通过各种措施鼓励读者阅读他们指定或推荐的读物。[6]此论点非常适合移民区针对女童的儿童阅读服务工作的开展,为此,移民区文化大院或图书馆（室）应在"平等服务"理念的指导下推广针对女童的介入式阅读活动,重视女童的阅读素养与教育,将女童（尤其是回族女童）的阅读素质教育放在服务首位,这也是民族复兴伟大工程的需要。

（3）完善移民区教育政策,引导学生阅读,推进学校阅读活动。政府应进一步制定和细化移民区教育改革政策,根据移民区多元文化特点,开展阅读推广系列活动,并将其纳入学校日常教学中。教师要启发学生多思、多想、多说,培养学生的阅读兴趣,使其能积极地参与阅读互动,克服个人秉性和性别差异带来的影响,认识到阅读的益处,养成良好的读书习惯;同时,安排专门课程或开展形式多样的读书活动,丰富学生在校学习生活,使学生深刻意识到阅读对个人学业和未来发展的重要性;并且,将阅读推广活动开展情况纳入学校管理考核与绩效评估体系当中,建立阅读长效机制,设立阅读推广活动专项经费,制定相关预算政策,调动学校和教师开展阅读工作的积极性;提升学校图书室文献资源质量,充分发挥学校图书室在阅读推广中的作用,营造书香校园。

（4）重视文献资源后续保障,建立移民村镇阅读组织,优化阅读环境,丰富用户文化生活。闽宁镇移民工程是政府的形象工程,基础设施较齐全,几乎村村有文化大院,调研显示,文化大院基本闲置,文献资源匮乏,文献资源内容针对性不强,专业服务人员短缺,管理缺失。为此,政府部门应重视移民区文献资源建设,根据用户群体特征及时供给、更新文献;并依托村镇文化大院建立阅读组织,改善阅读环境与氛围;同时,加强管理,配备专门人员或实行公共图书馆、高校图书馆馆员下基层,开展面向村镇适龄群体的分级阅读活动,引导适龄用户阅读并参与阅读活动,解决因空间距离等影响不同年龄移民用户阅读的问题。聘请教师参与村镇社区阅读组织与管理,给予适当经济补贴,形成推广村镇阅读的常规服务机制。

(5)移民用户家庭收入提高是移民区精神文明建设与发展的基础。政府相关部门应根据移民区职业特点,加大对中青年用户多媒体培训力度,针对当地种养殖、特色产业等技术性强的职业,制作相关技术技能及科普培训微视频、微电影或微课程,如葡萄、种养殖、菌草、劳务输出等是闽宁镇的支柱产业,可积极针对这些产业开展科普、人文、实用技术等网络培训讲座、微活动,引导移民用户有目的性地使用网络、手机资源,营造科普知识普及及技术推广氛围,使科普知识、技术成为移民用户家庭收入提高的助推器。

参考文献

[1]张继涛.公共文化服务:从城乡均等化到城乡一体化[N].中国教育报,2016-04-14.

[2]孔炜莉.生态移民地区留守儿童课外阅读的性别差异和权益保障[J].图书馆理论与实践,2013(7):63-66.

[3]管雪梅,王立明.生态移民区女童教育问题及对策探究——以酒泉市瓜州县移民区为例[J].甘肃广播电视大学学报,2014(3):60-63.

[4]罗玲.公共图书馆少儿阅读推广障碍与对策[J].图书馆理论与实践 2016(10):16-19.

[5]邹华华.论社区图书馆与低幼阅读[J].图书馆界,2016(1):78-81.

[6]范并思.阅读推广与图书馆学:基础理论问题分析[J].中国图书馆学报,2014,40(5):4-13.

网络语言文化与高职校园文化融合发展的路径探析 *

马　宁

摘要:网络语言文化具有强烈的渗透性和跨领域的功能,高职校园文化建设必须正视网络语言文化的影响,因势利导,合理应对网络语言文化的虚构特征、演进方式、个性特征带来的负面影响,使高职校园文化建设与网络语言文化的健康思想、正面内容、交流媒介等形成合力,优势互补,融合发展,形成高职校园文化的特色化发展之路。

关键词:网络语言文化;高职校园文化;冲突;融合发展

作者简介:马宁(1979—),男,宁夏西吉人,副教授,研究方向为汉语言文学、职业教育管理。
* 本文为宁夏回族自治区教育厅高教课题"网络语言文化与高职校园文化融合性研究——以宁夏职业技术学院为例"(NGY2017261)的研究成果,发表于《武汉冶金管理干部学院学报》2019 年第 1 期。

网络语言文化是借助网络媒介而改革传统语言文化形成的一种变体。网络语言文化的研究从语言学开始,后来逐渐演变成为社会学、传播学、心理学等其他学科均有涉及的热门对象,表明网络语言文化具有强烈的渗透性和跨领域的功能。我们研究的高职校园文化本身就是文化研究类别中的分支,新形势下,如何使网络语言文化服务于校园文化,趋利避害,融合发展,是一个值得我们好好探讨的问题。

一、网络语言文化与高职校园文化建设不相融合的表现

1. 网络语言文化的虚构特征与高职校园文化建设的回环性有相互交叉的痛点

网络语言文化从诞生起就带有虚拟化的标签,它是信息交流方式的重大变革的连锁反应。表面上看,网络语言文化的介入唤醒了高职学生的主体意识,但当网络语言文化不分主次、不加取舍地进入高职校园后,可能造成高职学生对主流意识的认同感削弱,导致价值观和人生观的偏差,甚至背离。高职校园文化是一个现实—精神—现实的回环过程,并且这种回环是在不断更新的,这与网络世界语言文化的虚拟性和相对单向接受有明显的不同。所以,当网络语言文化一旦进入校园文化的范畴,其虚构特征在一定程度上消解了校园文化的回环中精神到现实的实践指导过程,造成二者之间相互交叉的痛点,如果引导不当就会把校园文化引向虚无缥缈的方向,最终使其无法落地。

2. 网络语言文化的演进方式与高职校园文化建设的内在要求具有明显的差异

网络语言文化因网络而生，网络母体的包容性使得网络语言文化带有与生俱来的自由化的基因。高职校园文化建设和发展受高职教育理念、教育目标、人才培养模式以及地域和环境因素等影响，无论如何，不能单单依靠网络来赋予它不加约束的育人功能，它更需要校园主体的亲力亲为，从这个角度来说，它们二者之间具有明显的差异。

3. 网络语言文化的标签化特征与高职校园文化社会化特征存在一定程度的排斥

首先，网络语言文化的开放性和高职校园文化的相对封闭性相斥。网络语言文化是功利性明显的"快餐"文化体系，而校园文化建设是非功利性的长期工程，它需要春风化雨般的长时间积淀和不断凝练升华，所以校园文化相较于网络语言文化具有一定的稳定性。其次，网络语言文化的娱乐性与高职校园文化的正面严肃性相斥。在后现代主义影响下，网络语言文化呈现出许多"泛娱乐化"的特性，这与校园文化建设的正向传输、主流引导大相径庭。再次，网络语言文化跨领域衍生特征与高职校园文化的综合性是不同意义的概念。如今的高职校园文化是在普通校园文化的基础上更多地融入职业文化、企业文化等形成的一个社会化文化综合体，而网络语言文化则是更广泛意义上的不同文化碰撞形成的衍生体，它甚至超出了文化的范畴，显示了人和物在不同时空的存在和状态。所以，高职校园文化特点与网络语言文化特性存在一定程度的排斥，它们之间具有天然的矛盾。

二、网络语言文化与高职校园文化融合发展的路径

1. 坚定政治方向，保持思想统一，是二者融合发展的前提

互联网开启了一个新的时代，凡是有互联网的地方就避免不了网络语言文化的影响。高职校园文化为了减少网络语言文化强制渗透后的负面影响，与其退避三舍后避无可避，不如因势利导，借鉴优势，顺势发展。首先，高职院校的校园文化建设要有正确的目标引领。在经济社会发展相对滞后的内陆民族地区，高职院校的校园文化建设的目标和方向问题更是首当其冲。习近平总书记在 2017

年全国高校思想政治工作会议上强调,我国的高等教育必须坚持正确的政治方向。所以,宁夏职业技术学院在建设校园文化时深刻把握这一内涵要求,明确提出以社会主义核心价值观为统领,在继承和发扬优秀传统文化的基础上,将产业文化、企业文化、职业文化融入高职教育,带入高职校园,深入高职课堂,形成独具特色的先进校园文化。其次,民族地区的高职院校容易受复杂的国内外局势的干扰,更应该有的放矢,批判吸收网络语言文化的健康先进思想。网络语言文化的借鉴和使用应当以扩大学生视野、增长学生见识、排解学生不良情绪等为出发点,以激发学生兴趣和创新意识为目标,把网络语言文化健康的积极向上的内容与传统文化的精髓以及校园文化的要求结合,形成共向共行的合力,让校园文化在弘扬民族文化、提高学校凝聚力、促进学生全面发展以及服务地方经济、增进民族团结等方面起到积极作用。

2. 发挥载体作用,形成品牌推动,是二者融合发展的关键

高职校园文化要借助网络语言文化来促进建设,就应该重视借鉴使用优秀的网络文化载体,让校园文化与网络语言文化的正面内容形成交集。应积极创建网络文化载体,将和谐网络文化的内涵与精髓贯穿并融入制成的文化产品中,使民众在网络娱乐消费时悄无声息地将主流意识形态渗透到其日常生活的方方面面。在"互联网+"的文化热门产业中,高职校园文化首先应选择具有弘扬社会主义核心价值观内容的网络文化产品,积极宣传和使用互联网上传统文化、经典文化、红色文化等优秀文化内容,融合发展。比如,宁夏职业技术学院注重以重大纪念活动、重要纪念日、民族传统节日为载体,融合校园文化并将其转化成网络文艺精品和网络文化品牌。2018年学校利用现代化信息技术手段制作微电影《那一刻》,主动将校园文化育人实践转变为网络数字化作品,形成新型的校园文化成果,得到了全校师生的广泛关注和热烈响应。未来,高职院校还可以网络文学、网络视频、网络动漫、网络音乐等为载体,形成更为丰富多彩的结合体,让二者完美结合。其次,破除校园内的师生文化二元体系壁垒,将企业文化、职业文化融入高职校园文化,形成独树一帜的高职多元化特色校园文化。如宁夏职业技术学院通过举办"大国工匠进校园""博士团进校园""劳模精神进校园"系列活动,让学生在面对面倾听、交流中,切身感受精益求精、持之以恒、卓尔不凡的工匠精神,并将这样的活动通过多种网络信息化手段向全区乃至全国进行宣传推广,在更大范围内营造劳动光荣、崇尚技能的良好氛围,使校园文化在这些活动中潜移默

化地得到推动和发展。

3. 变革交流方式,重视媒体对接,是二者融合发展的手段

当今时代是一个多种媒介形态并存的时代,媒体间的融合已经由一种趋势发展成为必然。比如笔者在网络问卷调查过程中发现,有51.18%的学生使用手机完成填写,有48.82%的学生通过微信社交平台完成填写,手机微信平台在校园媒体交流中承担着越来越重要的角色。因此,作为承担着高校舆论引导、思想教育、文化建设等重要职能的校园媒体,必须积极调整媒介发展策略,适应社会发展。高职校园文化建设应充分借鉴网络语言文化发展的媒介,主动变革交流方式,重视媒体对接,大胆尝试通过网络方式建立学校官方论坛、博客圈、微信公众号等网络平台,利用博客、BBS 和 QQ 等网络载体,在师生之间以及在学校和外界之间搭建沟通交流的桥梁。针对新时代教师和学生的特点,专门开辟个性化博客、特色化论坛、微信公众号和 QQ 空间等网络阵地,在这些平台上发布各类正面内容,设立网络化的学术和思想交流的场所,设立帮助师生解决各类问题的交流营地等。只有因势利导,网络语言文化才有更多的机会与校园文化建设形成合力。

4. 扩大开放特征,增强自我管理,是二者融合发展的动力

高职院校相较于本科院校,容易接受更多的新理念、新信息,这有助于促进校园文化建设主体的创造性思维发展。校园文化创建的学生群体的思维方式和行为方式的转变,使得高职校园文化建设具有更高程度的自主特征。所以,高职校园文化创建更趋向于互动性、开放性、平等性,这与网络语言文化的开放性、平等性有相互契合的地方。高职学生不仅是网络中信息资源的消费者,同时也是信息资源的生产者。因此,高职校园文化建设应该给予高职学生更多的自主性,扩大学生的参与面,让学生自我约束、自我管理。如面向本校广大学生开放的公众号、微博、QQ 群等网络平台,宁夏职业技术学院大胆让学生自我管理,让他们自我辨别、自我反思、自我教育,学校把握正确的方向,给予适当的指导和帮助,从而实现网络语言文化与高职校园文化和谐共生、共同发展。这样,每个学生因校园文化的网络化建设而开拓了视野,提升了创造力;反之,网络语言文化也因高职校园文化的正确引导而规范发展,客观上更进一步促进了社会主义先进文化的快速发展。

总之,网络语言文化的优势和弊端越来越被人们所认识和重视,高职校园文

化建设要充分借鉴网络语言文化的优势,让它在新的网络环境中焕发出崭新的活力,而特色化的高职校园文化一旦建立起来,就能为建设特色鲜明、独树一帜的优质高职院校提供强大的内涵支撑。

参考文献

[1]邓海林.网络文化自觉:论网络文化建设中的价值引领及其路径构建[J].江苏社会科学,2018(3).

[2]姜洁,张宝石.网络文化"泛娱乐化"下的社会主义核心价值观认同培育[J].教书育人:高教论坛,2018(12).

[3]李文明,吕福玉.网络文化通论[M].北京:学习出版社,2012.

[4]张元,丁三青,李晓宁.网络道德异化与和谐网络文化建设[J].现代传播(中国传媒大学学报),2014(4).

[5]张俊.高校网络文化的育人功能研究——以南昌高校为例[D].江西财经大学硕士学位论文,2017.

[6]周文清.社会主义核心价值观视角下的网络文化发展研究[D].太原理工大学硕士学位论文,2017.

大数据环境下如何提升大学生的创新创业能力 *

李 华

摘要:21 世纪是大数据时代,大数据的广泛运用引发各行各业发生变革,为高校人才培养带来了新的机遇和挑战。当前高校人才培养面临创新创业体系建设不全面、课程缺乏实效性等问题,需要高校应用大数据调整大学生创新创业的培养路径。

关键词:大数据;大学生教育;创新创业能力

2015 年李克强总理在"两会"上提出将"双创"打造为推动中国经济发展的引擎,提出加快发展众创空间等新型创业服务平台。高校毕业生数量随着高校扩招不断增多,大学生就业面临激烈的竞争。人社部提出实施大学生就业促进计划等,推进青年群体就业。积极响应国家"双创"的号召,做好高校大学生创新创业能力培养工作具有重要意义。

一、大学生创新创业能力培养的意义

21 世纪,第三次工业革命浪潮席卷全球,大数据以其海量数据及与工业化的融合,深刻影响着人类社会。互联网时代最大的特征是运用大数据创新管理方式。广泛运用于社会各领域的大数据引发各行各业的变革。新时期技术型人才供需矛盾突出,社会对一线高级技术型人才需求剧增,党和政府提出"双创"设想,以解决新形势下大学生就业的难题。高校应以服务地方经济社会发展为办学导向,做好学生创新创业能力培养工作,培养适应时代发展的应用型技能型人才[1]。

培养学生的创新创业能力十分重要。当前,普通高校、高职院校等教育主体多元化,以培养应用型人才为主,要求高校必须提升学生的综合素养。而社会对应用型技术人才的需求要求高校转变办学模式,让学生掌握专业知识技能,使其在毕业时拥有较强的创新创业能力,更好地在激烈的竞争中赢得胜利。

作者简介:李华(1968—),女,本科,教授,研究方向为市场营销、工商管理。
* 本文发表于《现代职业教育》2019 年第 32 期。

二、高校大学生创新创业教育的现状

大学生创新创业能力培养是学生就业指导工作中的重要环节,当前高校在学生创新创业能力培养中存在一些问题,主要包括课程体系建设不全面、大学生创新创业能力不足等。

1. 创新创业课程体系建设不全面

各大高校对学生创新创业能力的培养及就业指导工作日益重视,纷纷开设各种促进学生创新创业能力发展的就业指导课程,以提升学生的就业竞争力。不少学校就业指导课程体系不全面,影响了学生创新创业能力培养的效果。如很多学校未考虑从大一到大四建立系统的就业指导课程体系,通常将就业指导课程安排在大三下学期,导致学生的实践创新能力培养欠缺。

部分高校就业指导课程建设缺失系统性,没有根据办学定位与教育形势制定统一的教学大纲,在大学生就业指导课程教学中采用的教学方式较为随意,教材以高校编订的讲义为主,课程内容缺乏实效性,对大学生的就业指导针对性不强。课程考核方式较为随意,不能有效发挥教学考评的导向作用。大多数高校就业指导课程考核方式为让学生提交毕业论文,根据学生的毕业论文考查学生的各种能力缺乏科学性[2]。

2. 创新创业课程缺乏实效性

高校毕业生就业形势日益严峻,高校创新创业指导课应帮助学生树立正确的择业观,培养学生的创新创业能力,提升学生的就业竞争力。实践教学中,很多学生反映学校开设的创新创业指导课实用性不强,没有对自身的就业提供实际的帮助[3]。创新创业课程教学中,很多教师采用传统灌输式教学法讲授枯燥的理论知识,学生对所学知识不感兴趣,教学理论脱离学生的实际;教学内容多围绕就业政策等简单的理论知识,未突出实效性,不能有效帮助学生解决实际就业问题。高校开展创新创业课程教学没有专门的师资队伍,而是由就业部门工作人员兼任,兼任辅导员虽然有丰富的学生管理经验,但缺乏系统的就业培训,一些教师是直接从高校毕业的青年教师,没有工作经验,不了解当前社会的就业形势,开展大学生就业指导难以达到预期的效果。

3. 大学生创新创业能力不足

当前大学毕业生就业压力不断增大,原因是高校扩招导致毕业生人数不断增加,加剧了大学生的就业竞争。大学生创新创业能力不足是大学生就业难的重要原因。当前,高校教育存在人才结构与社会需求对接不匹配的结构性矛盾,限制了大学生创新创业能力的发展。

高校对大学生的创新创业能力培养不足,使大部分学生毕业后需要较长时间才能适应岗位需求,需要企业承担学生就业初期的人才培养成本,导致很多企业不愿录用无经验的应届毕业生,而倾向聘用具有社会经验的员工。解决大学生就业难题,培养大学生创新创业能力,促进大学生顺利就业,高校需要积极运用大数据技术创新教学方式,提升大学生创新创业教学效果。

三、大数据环境下大学生创新创业教育的机遇

2016年政府工作报告强调政策向新产业等倾斜,这表明我国政府已经意识到大数据环境下新技术可以为传统产业的改造升级创造条件。高校与地方各级政府应积极出台鼓励大学生创新创业的政策,把握好大数据时代的机遇[4]。

互联网前沿技术与企业新型发展模式,为大学生创业提供了更多的选择,以创新带动创业成为社会的共识。各级政府高度重视大学生创新创业教育,出台了大量大学生创新创业优惠政策。但需要注意的是,在大数据环境下,政府要根据互联网背景下大学生创新创业的意愿及创新创业的形势变化,及时出台相应的政策措施。

"双创"政策的提出向大学生创新创业教育提出了新的要求,大数据时代下,大学生创新创业教育迎来新的机遇。大学生是充满活力的群体,能承受失败的挫折;大学生具有较强的社会适应性,对大数据等信息技术接受能力强;大学生自主学习意识强,具有良好的创新意识。这些为创新创业教育提供了有利条件。

2016年《国家创新驱动发展战略纲要》指出,"到2020年进入创新型国家行列""科技进步贡献率提高到60%以上"。推动"互联网+创新创业"与其他传统行业融合,有利于推动产业结构优化升级。我国正逐渐建立完善支撑"互联网+创新创业"的商业服务体系,这是大数据时代下赋予大学生创新创业的独特机会。要激发大学生创新创业的热情,为大学生创新创业提供良好的发展环境。

四、大学生创新创业能力培养策略

1. 探索创新创业教育路径

大数据颠覆了高校传统的授课方式,为高校教育改革提供了新的工具。高校可建设大数据平台,让创新创业能力培养贯穿于大学生在校学习的全过程。高校应将提升创新创业能力作为人才培养工作的重要任务,改革传统的人才培养模式,为学生提供多种形式的实习机会,培养学生的创新创业能力。

高校应将教学重点放在学生的实际能力培养上,积极利用大数据做好创新创业能力培养工作。如利用大数据挖掘学生的客观需求,让就业指导工作更具针对性。利用大数据预测社会对人才的需求,积极做好大学生就业择业工作。

2. 完善创新创业指导课程建设

高校应改变以往仅面向大三学生开设就业指导课的做法,结合就业形势调整教学内容。利用大数据挖掘学生的实际需求,制定教学大纲,让就业指导课发挥应有的效果。

高校要围绕创新创业教育,依托众创空间开展创客教育。高校可以大力开展大学生创业辅导培训。如浙江大学 e-WORKS 创业实验室立足自身优势专业,开展多元化的创新创业教育,让学生具备创客基本素质。高校要加强指导课师资队伍建设,通过进修等方式提升教师业务素质,组建具有学科背景的师资队伍。针对学生对社会缺乏了解的现状,高校可以聘请创业成功的校友返校进行案例讲解,帮助大学生认清创业形势。

3. 运用大数据提升学生的创新创业能力

大数据可以提供实时的市场需求,从而合理预测就业形势,高校可以根据就业前景有针对性地培养学生的创新创业能力。

目前高校创新创业能力培养主要针对大四学生,应在大一开始就培养学生运用大数据提升创新创业能力的意识,使学生在大数据的帮助下根据自己的兴趣和能力,做好学习生涯规划。高校应积极引导大学生根据社会就业形势变化,善用大数据调整自己的就业择业路径,为顺利就业做好充分准备。

五、结语

大数据时代下,高校创新创业教育迎来了新的机遇。利用大数据进行创新创业能力培养具有良好优势,但目前大学生创新创业教育存在许多问题,这就要求高校认识到大数据时代学生创新创业能力培养的重要性,充分利用大数据创新教育模式,帮助大学生顺利就业,促进社会经济发展。

参考文献
[1]冯静.基于大数据的大学生创新创业能力提升方法[J].文教资料,2019(2):150-151.
[2]唐佳,杨力,王晶.基于大数据时代的大学生创新创业能力培养[J].现代经济信息,2019(1):453.
[3]詹秀菊,刘丽蓉,李学征.大数据时代下探索大学生创新创业能力的培养[J].现代计算机:专业版,2018(32):47-49,56.
[4]姚圆鑫.大数据环境下大学生的创新创业问题研究[J].改革与开放,2018(4):114-115.

浅议"三全育人"综合改革下的课程思政教学思考*

范惠芳　李献智　邱一宸

摘要：思政教学是高校教育学生、培养学生道德素质的重要途径，对学生未来的学习、工作以及生活会产生重要影响。思政教学是高校教育的核心课程，高校需加强对学生思想道德的教学，从全员育人、全方位育人以及全过程育人（"三全育人"）出发，培养学生综合素质，促进学生政治思想观念正确发展，培养全面发展的新时期社会主义建设者和社会主义接班人。

关键词："三全育人"；课程思政；教学思考

作者简介：范惠芳（1964—），本科，副教授，研究方向为公共事业管理。
　李献智（1972—），硕士，教授，研究方向为计算机控制。
　邱一宸（1992—），硕士，研究方向为管理类。
* 本文发表于《速读》2019 年第 11 期。

课程思政是指"将高校思想政治教育融入课程教学和改革的各环节、各方面，实现立德树人润物无声"，即寻求各科教学中专业知识与思想政治教育内容之间的关联性，并在课程开展的过程中，将思想政治教育的相关内容融于学科教学当中，通过学科渗透的方式达到思想政治教育的目的。学生的思想政治教育工作是高校教育不可忽视的一部分，因此高校要积极推进思政教学的战略改革，改变传统教学模式，寻求更高效的课堂教学方式，构建"三全育人"体系，培养学生的实践能力、学习能力和自主能力。

一、课程思政教学在"三全育人"背景下存在的问题

1. 对学生思政教育不够重视

在高校教育过程中，个别高校教师被传统思想束缚，过于注重学生学业成绩，不重视学生思想政治教学，教师会采取多种教学方法致力于提高学生的学业成绩，而不是对学生进行思政教育。因此，学生学习压力不断升高，思想政治意识比较淡薄。高校教师对学生思想政治教育不够重视，高校课程思政教学的效果也并不明显，所以教师普遍不愿意开展课程思政教学活动。

2. 教学方法过于单一，未进行教学创新

高校课程思政教学需要按照学生对思想政治的理解、课堂教学的目标、教学方法的创新开展。然而，高校实际的教学方法过于单一，高

校教师在思政课堂教学中,只是口头对学生进行道德教育,或者照本宣科,未依照课堂需求选择多样化的思想政治教育方式。

二、课程思政教学在"三全育人"背景下的改进策略

习近平总书记在全国高校思想政治工作会议上明确指出,要用好课堂教学这个主渠道,使各类课程与思想政治理论课同向同行,形成协同效应。在此背景下,课程思政的发展既顺应了课程改革的要求,也是提高高校思政教育实效性的积极探索。

1. 加强思政教师思想建设

课程思政教学中,高校教师对指导学生课堂学习具有重要作用。因此必须加强教师对课程思政教学的重视,转变教师教学观念,令教师认识到对学生进行思政教育的重要性,主动进行课程思政教学方法的改革,开展课程思政项目的建设,依据学生实际情况创新课堂教学策略,促进学生道德素质培养。教师首先要加强自身的职业道德建设和思想道德建设,同时提高自身教学能力、教学素养、道德水准。在"三全育人"背景下,教师应不断深入学习与思想政治相关的理论知识,提升自身知识的宽度、深度和广度,从而有效开展课程思政教学建设,实现对学生的全面教育。

2. 选择适合学生的课堂教学内容

由于生活环境以及高中时期所受教育不同,大学生个体差异比较明显,教师应根据学生实际情况制定课程思政教学内容。在课程教学中,教师应在"三全育人"战略指导下,开展思想道德观念、思想政治观念、爱国主义思想等教学。课程思政教学也能够帮助学生培养良好的思想品德,因为思政教育能让学生学会尊重他人、互敬互爱,培养学生的团结意识,让学生能够在竞争之中合作、在合作之中发展,促进学生社会化发展,让学生在人际交往中提高表达能力与合作能力。因此,要多方面选择课程思政内容,满足学生的不同学习需求。

3. 利用新兴教学方法,大力推进精准思政

教师在进行课程思政教学时应结合生活实例,强化学生对生活中思想政治的认识。实践是高校开展课程思政教学的重要途径。在课程思政教学中教师应尽可能将教学与实践相结合,帮助学生全面发展。实践活动与课程思政相结合可以

提高学生的思想政治水平,提升教师的教学质量。

4. 采取请进来、走出去的方式,加大课程思政培训

通过示范课观摩,学习从不同角度融入思政元素,将思想政治教育的目标融于各科教学中,使得各门课程都能参与到学校育人的过程当中,形成一个完整的课程育人体系,达到教师相互学习、相互交流、共同提高的目的。

加强课程思政改革工作的指导和培训,提高课程思政的专业内涵,拓宽专业课与思政课融合的设计思路:一是丰富教学内容,让学科内容更具深度;二是创新教学方法,让课堂氛围更有温度;三是提升教学效果,让思政教育更有力度,增强教师教书育人的责任感。

三、结束语

综上所述,高校应明确课程思政教学的根本,坚持课程思政教学为先、育人为本。教师应主动转变教学理念,主动创新教学方式方法,不断实践和探索多样化的课程思政教学方式方法,丰富课堂教学内容,促进学生整体素质的提高。高校要开展课程思政项目建设,着力推进精准思政,构建"三全育人"体系,将课程思政建设落到实处,为今后学生健康良性发展奠定良好基础,提升学生综合素质。

参考文献
[1]叶佳. 新时代高校"三全育人"的工作机制研究[J]. 高教学刊,2019(15):46–48.
[2]安静,牟艳娟."三全育人"理念融入高校思想政治教育的三个维度[J].太原城市职业技术学院学报,2019(6):73–75.
[3]刘璐,王天龙."三全育人"视阈下创新海外交流学生思想政治教育探究[J].山东教育:高教,2019(6):47–50.

精细化学品分析技术课程
混合式教学改革的探究和实践 *

江　慧

摘要:在"互联网+教育"的改革趋势下,依托阔知平台,将"互联网+"信息技术引入精细化学品分析技术课程,以培养学生自主学习能力、提高教学质量为目标,探究多种教学方式,开展线上线下相融合的混合式教学。

关键词:混合式教学;精细化学品分析技术;互联网+教育

精细化学品分析技术课程是化工专业的一门专业基础课,重在培养学生的职业技能和职业素养。在互联网与信息技术快速发展的时代,为了适应智能化教学新形态的需求,互联网手段与传统教学方式相结合的教学模式逐渐被推广[1]。本研究在课程教学实施过程中引入线上线下相结合的混合式教学模式,以提高学生的学习兴趣和学习主观能动性,加快教学模式和手段的改革和优化,体现了"主导—主体"的教育思想[2]。下面介绍精细化学品分析技术课程混合式教学设计思路。

一、剖析课程现状,通过知识梳理,确定教学设计思路

精细化学品分析技术课程内容主要包括各种分析方法的基本原理和基本操作要点,规范操作各类仪器设备等,培养学生实践操作能力和分析解决问题的能力。教学改革前主要是课上教师讲授,课下师生互动较少,缺乏有效的交流互动平台;属于被动的知识传授模式,不利于开展互动教学和个性化的施教,很难保证教学质量和效果;缺少有效的考察互动效果的平台,有针对性的监管措施实施起来比较难;课中限于时间问题,需要课后互动中巩固练习,课后也缺乏有效的互动交流方式,因此教与学在这种方式下都存在一定的问题。

阔知平台作为教学改革的工具,将其应用在精细化学品分析技术课程的教学中,能解决上述教与学中存在的问题,可优化课程内容,构建化工分析基本操作技能、滴定分析法、紫外可见分光光度法知识模

作者简介:江慧(1985—),硕士,研究方向为化工分析技术、高等职业教育。
*本文为宁夏职业技术学院混合式教学改革项目成果,发表于《广东化工》2020年第14期。

块,开发微课、动画、习题库等资源,构建学习平台、教材、富媒体资源等学习资源体系。以精细化学品分析技术的分析检测过程为线索,搭建由待测样品的采集及制备、方法的选择、结果的分析讨论等工作环节构成的结构化课程,构建以专业技术应用能力和综合素质培养为主线的理论与实践相结合的教学体系,形成线上线下理实一体化混合式教学模式[3]。

二、项目驱动,任务引领,确定教学内容

依据典型工作任务及认知规律,以产品检测和组成鉴定为驱动,将分光光度法学习领域设计为六个工作项目,每个项目包括若干个进阶式(基础→提高→拓展)的学习性工作任务,以学习过程为中心,关注学生基本技能的培养,形成教、学、练一体的教学模式[4]。

通过对学习性工作任务的组织实施,训练学生对分光光度计的操作能力,同时使学生具备较强的方法能力和社会能力,见表1。

表1　精细化学品分析技术课程学习项目划分表

序号	学习项目	工作任务
1	项目一:认识分光光度法	任务一:分光光度法的概述　任务二:光的吸收定律
2	项目二:分光光度计的组成	任务:五大基本部件
3	项目三:分光光度计的分类	任务一:分光光度计分类　任务二:仪器波长的校验和维护
4	项目四:操作条件的选择	任务一:显色反应及其要求　任务二:测量条件的选择
5	项目五:定性分析方法	任务一:标准溶液的配制　任务二:溶液的稀释及其计算
6	项目六:定量分析方法	任务一:吸收曲线的绘制　任务二:工作曲线的绘制

三、依托阔知平台应用混合式教学模式,运用线上线下融合的教学方式

利用阔知平台的校本课程,开展混合式教学,教学过程分为三个重要环节。

课前自主学习环节:教师根据学习任务需求设计教学活动,在阔知平台发布任务,并通知学生按时完成。发布与本次课程相关的微课和视频"容量瓶的使用""分光光度计的操作",在阔知平台发布在线测试题。学生接受任务,组建团

队,按照任务查阅国家标准,初步拟定实验方案;查找资料,明确此次具体任务与完成项目之间的关系;在线自主学习、在线测试并互动留言。教师通过系统数据反馈了解学生预习任务完成情况,督促学生学习,确定线下教学内容侧重点。

课中知识内化环节:(1)问题反馈。教师根据在线测试及留言情况,分析问题类别、聚焦点等,采用动画、微课、视频等手段组织解答。学生根据分组情况进行小组间提问及互答。(2)任务布置。下发工作任务书。(3)任务实施。教师对学生进行初步指导,包括系列铁标准溶液配制是否规范、显色剂加入是否过量、比色皿操作是否规范、吸收曲线绘制是否正确、分光光度计使用是否规范等;讲解注意事项、答疑、记录学生表现,对思路不清的同学进行辅导。学生在操作前观看演示实验视频,依据实验原理,明确实验方法,利用仿真软件模拟实验,熟悉实验步骤,明确检测要领,独立练习,规范操作,强化技能。(4)归纳总结。归纳本次课的主要任务,总结任务实施中出现的问题,提出排故方法。要求将本次任务以规范的格式提交。课上借助网上教学平台的点名答题、一句话问答、头脑风暴、抢答环节等多种互动方式,实时掌握学生学习效果,及时调整讲解策略。

课后巩固提升环节:学生可以通过随机测试、课后作业、内容展示等多种方式巩固知识。教师根据学生的完成情况及时掌握学生学习情况,并有效地反馈学习效果,及时进行答疑解惑及教学反思。

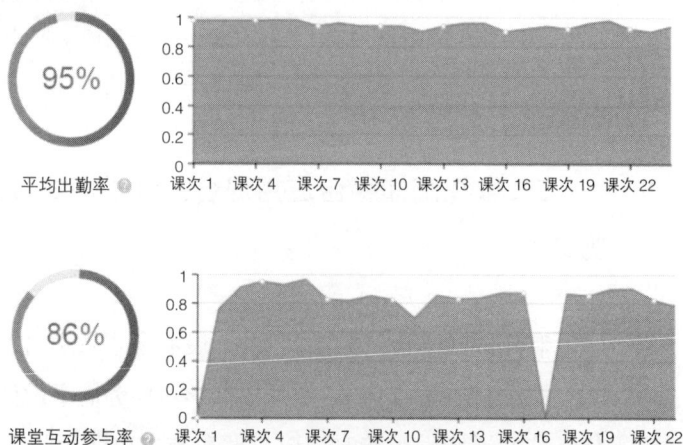

图1 学习数据统计

四、设计开发具有短、小、精特色的移动学习资源和课程资源

精细化学品分析技术课程的混合式教学模式以满足学生自主学习和个性化学习的需求并实现学生的共性与个性发展为目标。为了更好地开展线上线下混合式教学活动，我们进行了课程资源建设，以基本能力训练为主线进行教学单元设计，开发具有短、小、精特色的移动学习资源。我们构建了化工分析基本操作技能、滴定分析法、紫外可见分光光度法等知识模块；各个任务的知识点以小视频、微课、动画、PPT 等多种精美的形式呈现，使学习内容更加生动有趣。同时，充分利用具有短、小、精特色的移动学习资源，使学生可以利用碎片时间自主完成学习、练习与测试，使之在短时间快速获得知识。在教学过程中引入丰富的信息化教学资源，使得教学过程生动直观，既具典型性，又具创新性，不仅可以激发学生的学习效率与兴趣，而且可以使学生逐渐养成自主学习态度和习惯，同时教师也能够很好地指引、督查学生的学习状况，教学效果得到了很大的改善。

五、线上线下综合考核，构建多元化过程评价体系

单一模式化的考核方式已逐渐被取代，改进教学考核方式，切实考查学生对所学知识的吸收内化情况，督促教师实现教育目标，是时代赋予我们的使命。我们采用混合式教学模式，将线上线下考核相结合，构建多元化过程评价体系。教师根据课前任务完成情况能实时把握学情、精准设计教学，根据课中课后的互动和表现及时调整教学。除此之外，还能根据数据进行分层、个性化辅导。混合式教学大大增加了师生、生生间的互动，为形成多元过程评价体系提供了保障，可提高学习主体的参与度，增强教学效果。教师应积极探索多种考核方式，采用笔试、现场演示、讨论分析、设计方案、答辩等多种途径的考核评估模式，形成过程性综合考核模式。如精细化学品分析技术课程中，知识要点的考核采用笔试的方式，分析实践能力的考核则选择在实验室进行，并严格按照考核评分标准进行考核。学习借鉴全国分析检验大赛和职业技能鉴定的思路，建立知识要点评分标准，包含技能评分标准，并且建立相对应的在线题库。此外，注重对学生独立分析解决问题的能力、创新能力和职业技能的考核[5]。

六、混合式教学效果反馈

混合式教学中两个班对课程满意度为 95% 以上。这种教学模式有以下几个特点:(1)信息化活动,提高教学效率;课前自主学习,课中知识内化,课后巩固提升;运用信息化技术有针对性地解决了每个教学项目的重难点,能够激发学生的学习主观能动性。(2)梯度化任务,实现分层教学;课外课内设计不同难度的任务,推送拓展学材,借助阔知平台实现分层教学,因材施教。(3)多元化评价,推进考核改革;混合式教学改革增加了师生、生生间的互动,提高了学习主体的参与度,增强了教师的授课效果,还为形成过程性评价体系提供了有效的保障,推进了教学改革的发展。

七、结语

总之,线上线下相融合的教学手段的实施,可以帮助教师理清教学脉络,丰富教学内容,整合教学资源;混合式教学的实践可以有效提高教学效果,培养学生的学习积极性,激发学生的学习兴趣,可有效增加师生、生生间的互动,帮助学生完成知识的巩固提升。混合式教学模式在实践中已经发挥了它的优势,随着实践的深入以及"互联网+教育"改革的不断推进,我们相信将信息技术融入课程教学中将会发挥更大的作用。混合式教学作为现代新型的教学模式已应用于高职高专的课程教学中,但是仍然存在很多问题,需要在今后的教学实施过程中不断探索,不断改进。

参考文献

[1]蓝华英,陈克,刘悦.面向混合式教学的精品在线课程建设与实践——以"含量测定技术"课程为例[J].天津化工,2019,33(4):88-92.

[2]冯晓英,王瑞雪."互联网+"时代核心目标导向的混合式学习设计模式[J].中国远程教育,2019(7):19-26.

[3]李涛,高利敏.材料化学专业《材料化学》课程教学内容的探讨及设计[J].广州化工,2016,43(13):161-163.

[4]杨宇翔,吴占雄.线上线下混合教学模式实施方案设计[J].课程教育研究,2015(5):3-4.

[5]杨桂霞.信息技术环境下高校教育的"混合教学模式"探讨[J].科技与企业,2015(21):175.

中国画基础教学与传统工艺品设计与制作教学衔接研究[*]

马宝军

摘要：本文主要阐述了传统工艺品的设计与制作教学在文化理念和技术层面上与中国画教学的衔接，可达到创新文化产品的目的。

关键词：中国画；工艺品；教学衔接

中国传统工艺品作为文化产物，在历史上的每一项创造都具有深厚的文化内涵，是中华民族智慧的结晶。作为一种审美与造物活动，它体现了中华民族的历史与文化，充满了创造力和民间智慧。中国画作为国学的一部分，具有两千多年的历史，从哲学理念到具体手法都彰显着先贤的智慧和对传统文化的追求。将传统工艺品设计与制作技艺引入高校设计教学，将之与中国画基础教学相结合，对提高当代社会文化整体性和历史连续性的认识、加强中华民族的文化自觉和文化认同、促进工艺品的创新和文化产业的发展具有重要的理论价值与现实意义。其衔接途径主要有以下两点。

一、相同文化基因的衔接

中国传统绘画与工艺品设计及制作在哲学范畴上是一致的，都是在"天人合一"的哲学框架之下，注重主观情思、意境和气韵的表现，都追求至真、至善、至美的境界，区别之处只是工具及手法的不同。在艺术效果上，中国画不似之似的意象造型观念，清雅浓郁的色彩和丰富多变的构图，对金石、文学、音乐等艺术营养的吸收，都是工艺品可以借鉴的元素。衔接的主要方式是通过传统绘画了解传统文化，以绘画说文化，以文化说内涵，以内涵说创新，以创新说创作，这是二者在基因上的直接传承。民间工匠的创造体现了劳动者丰富的想象力和无与伦比的创造力。促使工艺品可持续发展最有效的方法之一就是保证传承人进一

作者简介：马宝军（1983—），讲师，硕士，研究方向为中国画实践与理论研究、专业基础研究。
* 本文发表于《美术大观》2018年第9期。

步发扬这些知识和技能,并在此基础上提高传承人的文化素养和综合能力,让其把所掌握的知识和技能传给下一代,使传统文化得以传承。这种生产性和传承性保护,同时满足了当代人不断增长的审美和生活需要。

二、创作手法的衔接

创作手法的衔接主要体现在教学中探求工艺品的美学特征,分析手工艺人的审美心理和审美理想,通过加深对中国画的研习与借鉴实现工艺品的创新,提升文化产品的内涵。主要途径有以下两点。

1. 对中国画形式语言的借鉴

在创作过程中,将中国画元素经过提炼,作为一种创作语言运用到当代工艺品设计与制作中去,使现代工艺品的艺术创作更具民族特征。比如作为文房四宝之一的砚石本身具有很高的审美和收藏价值,经过传承人精雕细刻、夺造化之功的设计之后,更增加了它的附加值。可以在教学中借鉴传统中国画的造型元素,把山水画、人物画和花鸟画的造型进行提炼,选取典型形象,运用中国画线条的组合形式,把诗、书、画、印相结合的文人艺术引入砚石雕刻中,因材施工,因材施艺。同时尝试把当代工笔画的造型意趣和构成形式引入雕刻,使雕刻样式不专注于某家某派或固定的样式,形成具有现代审美意识的文化艺术品,以满足多样化的审美需求。

2. 对中国画审美趣味的吸收

传统工艺品具有极强的民间性和世俗化特征,以剪纸为例,在传统的创作中有"三羊开泰""五福临门""老鼠嫁女""步步登高"等固有样式,在此基础上可以借鉴中国绘画中院体画和文人画的审美趣味进行创作,从而产生更具文化色彩的工艺品。

(1)恰当的题材选择:选择与剪纸语言相契合的审美题材,如"梅兰竹菊""高士观瀑""踏雪寻梅"等文人题材,在保留剪纸语言的基础上,追求文人色彩,提高文化品位。

(2)审美元素的借鉴:吸收中国画在线条和造型上的优势,结合色彩学原理,变传统的一次性剪法为套色、套剪、贴剪相结合。其方法是把不同颜色的纸剪好物象后,再拼贴、上色、叠压到另一幅剪纸上,并在此基础上进行二次创作,形成色彩明快、绚烂多彩的艺术形式。这样既保留了原有的剪纸技法,又有了新的形式,实现了"成果转化",丰富了创作主体的面貌。

(3)形式语言的转换:利用剪纸与中国画语言的对接,使剪纸呈现出具有文人色彩的面貌,以适应人们对传统艺术根深蒂固的认识,例如对经典中国画作品的二次创作。《清明上河图》是人人皆知的绘画作品,从艺术水准及历史价值上看都属于经典之作。可以利用剪纸手法从造型、线条上对其进行艺术创作,用剪刀呈现作品,使之既有文化内涵,又保留剪纸特色。

中国画的审美趣味可以运用到砖雕、玉雕、核雕等立面作品中去,也可以运用到漆画、烙画等平面作品中去,创作出既有文化意蕴又形式丰富的工艺品。它在审美理念上既有民间审美的热烈,又存在文人艺术的含蓄,是东方审美在不同艺术形式上的体现。因此,中国画基础教学与工艺品设计及制作的衔接,是文化上的精神追求,是思维方式和表现方式在技术和内涵上的衔接,可以使工匠精神在某种程度上更具有人文精神。不断提升人文内涵和艺术素养,创造出具有新意的文化产品,以适应现代社会多样化的消费需求,最终的目的还在于提升工艺品设计与制作的开发水平。

参考文献
[1]王树良.中国工艺美术史[M].重庆:重庆大学出版社,2010.
[2]傅抱石.中国绘画理论[M].南京:江苏教育出版社,2011.

《红楼梦》人物塑造中茶起到的点睛作用 *

侯俊晖

摘要：作为我国古代历史上涉及社会、历史、人文等内容的百科全书式小说，《红楼梦》运用了大量的笔墨来描写中国传统的茶文化。《红楼梦》里不仅蕴含着丰富的茶文化知识，而且将茶文化与人物描写、故事结构有机结合起来，通过对茶文化的细致描写，凸显了不同人物的特征，拓展了艺术空间，从而形成了有别于其他作品的独特艺术风格。

关键词：《红楼梦》；茶文化；人物

作者简介：侯俊晖（1971—），本科，副教授，研究方向为汉语言文学、广告学。
* 本文发表于《福建茶叶》2018 年第 12 期。

作为我国古代历史上涉及社会、历史、人文等内容的百科全书式小说，《红楼梦》运用了大量的笔墨来描写中国传统的茶文化。曹雪芹在《红楼梦》中将饮茶作为一种文化习俗来描写，通过对茶具、煎茶的水、用茶祭祀、年茶、用茶敬客等的描写，展现出中国传统茶文化产生的深远影响以及 18 世纪中国封建社会的相关习俗，十分精彩。

《红楼梦》中很多人物都经过雅文化的熏陶，这些人物的言谈举止往往包含了很多文化因素。我们只有透过现象看本质，才可以领会到《红楼梦》语言的精妙之处，才可以更好地理解在当时的文化背景下塑造的各个人物的内在精神世界。《红楼梦》中不仅蕴含着丰富的茶文化知识，而且将茶文化与人物描写、故事结构有机结合起来，与作品整体的艺术性融合在一起，表明《红楼梦》汇总了多方面的文化成就，这也是《红楼梦》这部作品最独特之处。

一、通过茶、茶具表现人物的不同地位和身份

《红楼梦》将茶的描写与人物的身份、地位紧密联系起来，比如在小说第四十一回，贾母带领众人去参观大观园，并让妙玉把自己的好茶拿来，妙玉奉上茶后，老太太说不吃六安茶，妙玉笑道她知道老太太不喜爱六安茶，这是老君眉。六安茶也是享誉九州的名茶，老太太为什么不喜欢呢？六安茶与老君眉在口感方面有很大的不同，六安茶口感发涩，味道略苦，而老君眉香气扑鼻，口味甘醇。老太太年迈又体弱多病，喜爱

甜食,因此喜欢老君眉,不喜六安茶。而且老君眉叶片弯曲,白净如寿星之眉,含有祝人长寿之意,更加凸显出贾母德高望重的地位和当家主母的身份。十分有趣的是,老太太将吃了一半的老君眉递给刘姥姥,刘姥姥接过以后一饮而尽,说道:"茶是好茶,就是味道略淡一点,要是熬浓点就更好了。"刘姥姥长年居住在乡下,干着繁重的体力活,平时饮食方面口味偏重,因此嫌茶淡也在情理之中。这段描写将贾母和刘姥姥的社会地位和身份刻画得非常生动。在我国封建时代,喝茶是分社会等级的,茶的好坏表明了一个人的身份地位。在贾府,只有当家主母才有资格吃老君眉。

林黛玉多愁善感,尽显江南女子的柔弱之美,因此她饮用的是清新淡雅的龙井茶;贾宝玉一生放浪不羁,无牵无挂,如神仙一般快活自在,因此他饮用的是神仙茶;而用人只能饮用劣等茶。

在《红楼梦》第十七回,贾宝玉去探望袭人,袭人出身贫寒,拿不出上好的窑杯来招待贾宝玉,更不必说贾宝玉喜爱的神仙茶了,只好用自己的茶杯沏了茶叶来款待宝玉,这已经是非常高的待遇了。在第七十七回,晴雯被放逐,因病居住在赖大家中,此时喝的是闻起来有油膻之气且味道苦涩不堪的茶,但晴雯接过之后还是一饮而尽。从这段关于晴雯喝茶的描写,可以看出晴雯心比天高、命比纸薄、出身贫贱、天性风流、惨遭人恨的悲惨生活遭遇。

此外,《红楼梦》中有关茶具的描写也很好地凸显了人物的身份和地位。贾母是有爵位的太夫人,所用的茶具是有规格的。宝玉使用的茶具类型是最多的,比如茶壶、茶盅,以及在夜间使用、具有保暖功能的暖壶。凤姐出门都有家仆带着茶具以备不时之需,家常使用的茶盘是填漆茶盘,茶杯经常使用的是复古的小盖钟,这些细节都体现了凤姐的社会地位。

贾宝玉和林黛玉之间的爱情故事全府知晓,他们两人使用的茶盘是连环式的,非常新颖别致,含有天作之合的寓意。

二、通过茶表现人物的心理和性格

《红楼梦》中运用了很多方法来刻画人物形象,借茶刻画人物心理是其中一种方法。在第六回,王熙凤接见刘姥姥,当刘姥姥进来的时候,她既不接茶,也不抬头,反而一直低着头在拨弄烧茶炉子里的灰,边拨弄边慢慢问道……通过描写,王熙凤的心理状态跃然纸上。她明明知道刘姥姥是她的长辈,应该尊敬长辈,但是因为她出身高贵,内心深处有着对穷人的轻视,因此在听到刘姥姥讲话后,故意让她在炕头边站着,假装没听到,过了一会儿才缓慢地抬起头来,微微一笑,只是口头上的客气,身子并未动弹,这一切刻画得恰到好处。

在第八回,贾宝玉因为一杯凝露茶就要赶走乳母,充分表现出贾宝玉性格暴躁的特点。在第四十一回,刘姥姥用了成窑的茶杯,妙玉便将刘姥姥用过的茶杯收起来,搁置在外面,还说道:"幸亏我没有用过那个杯子,若是我用过的,就是砸碎了也不能给她。"这段描写充分刻画了妙玉孤傲自大、以仙人自居、难与人相处的性格。妙玉用雪水煮茶,表明她品质高洁;妙玉备茶的过程以及关于茶的言论都展现出她聪明伶俐、志趣高雅的一面;妙玉可以拿出很多稀奇古怪、令人惊奇的茶具,就连荣国府都不能与之相比拟,充分表明妙玉出身的不同寻常。

三、以茶为媒介展示人伦、人际关系

《红楼梦》里提到了很多烧水和管理茶具的人,谁应该烧水、谁应该管理茶具、谁伺候谁都是分等级的,这是一种规矩,是不允许被破坏的。在第三回,王熙凤亲自给林黛玉奉茶,一方面是出于对贾母的尊敬和爱戴,另一方面也是出于对林黛玉的喜爱。在第四十回,黛玉用小茶盅亲自给贾母敬茶,而没有给别人敬茶,这里面既有情分,也有礼仪,展现了外孙女对祖母的感激及恭敬之情。在第八十二回,贾宝玉放学之后就急忙去潇湘馆看望林黛玉,林黛玉赶忙吩咐她的丫鬟给贾宝玉沏了一杯龙井茶。这段描写说明贾宝玉在林黛玉心中的重要地位。

《红楼梦》不仅向我们展示了丰富多彩的茶文化,而且将茶文化与故事情节描写和人物性格刻画联系起来,对人物形象的塑造起到了重要作用,丰富了故事情节,突出了小说的主题思想。如果茶文化没有与故事情节紧密联系起来,也没有刻画人物的性格特点,那么《红楼梦》中的茶文化就失去了依附的主体。